JUS PUBLICUM

Beiträge zum Öffentlichen Recht

Band 277

Mathias Hong

Abwägungsfeste Rechte

Von Alexys Prinzipien zum Modell
der Grundsatznormen

Mohr Siebeck

Mathias Hong, Studium der Rechtswissenschaften an der Georg-August-Universität Göttingen; 1997 Erste juristische Staatsprüfung; Referendariat in Berlin; 1999 Zweite juristische Staatsprüfung; Promotionsstipendium des Evangelischen Studienwerks Villigst; 2006 Promotion (Bremen); 2005–2008 wissenschaftlicher Mitarbeiter am Bundesverfassungsgericht; 2016 Habilitation (Freiburg i.Br.).

Gedruckt mit Unterstützung des Förderungs- und Beihilfefonds Wissenschaft der VG WORT.

ISBN 978-3-16-156626-4 / eISBN 978-3-16-156627-1
DOI 10.1628/978-3-16-156627-1

ISSN 0941-0503 / eISSN 2568-8480 (Jus Publicum)

Die Deutsche Nationalbibliothek verzeichnet diese Publikation in der Deutschen Nationalbibliographie; detaillierte bibliographische Daten sind über *http://dnb.dnb.de* abrufbar.

© 2019 Mohr Siebeck Tübingen. www.mohrsiebeck.com

Das Werk einschließlich aller seiner Teile ist urheberrechtlich geschützt. Jede Verwertung außerhalb der engen Grenzen des Urheberrechtsgesetzes ist ohne Zustimmung des Verlags unzulässig und strafbar. Das gilt insbesondere für die Verbreitung, Vervielfältigung, Übersetzung und die Einspeicherung und Verarbeitung in elektronischen Systemen.

Das Buch wurde von Computersatz Staiger in Rottenburg/N. aus der Stempel-Garamond gesetzt und von Gulde-Druck auf alterungsbeständiges Werkdruckpapier gedruckt und gebunden.

Printed in Germany.

Meinen Eltern

Vorwort

Diese Untersuchung ist die überarbeitete Fassung eines Teils meiner Habilitationsschrift, die der Rechtswissenschaftlichen Fakultät der Albert-Ludwigs-Universität Freiburg im Breisgau im Wintersemester 2015/2016 vorgelegen hat. Weitere Teile dieser Habilitationsschrift werden unter den Titeln „Der Menschenwürdegehalt der Grundrechte – Grundfragen, Entstehung und Rechtsprechung" und „Todesstrafenverbot und Folterverbot – Grundrechtliche Menschenwürdegehalte unter dem Grundgesetz" veröffentlicht.

Karlsruhe, im Mai 2019　　　　　　　　　　　　　　　　　　Mathias Hong

Inhaltsübersicht

Vorwort VII
Inhaltsverzeichnis XIII

Einleitung 1

   I. Alexys Einwand gegen absolut geschützte Rechte 2
  II. Abwägungsfeste Rechte als Ergebnis einer Abwägung
      von Grundsatznormen 5
 III. Fünf gute Gründe, sich mit Alexys Prinzipientheorie
      (weiterhin) auseinanderzusetzen 10
 IV. Gang der Untersuchung 31

1. Kapitel
Grundeigenschaften von Prinzipien nach Alexy

   I. Optimierungscharakter und Kollisionsverhalten 35
  II. Kollisionsgesetz und Theorie bedingter Vorrangrelationen 38
 III. Die beiden Abwägungsgesetze und die Gewichtsformel 39
 IV. Indifferenzkurven – Gesetz der abnehmenden Grenzrate
      der Substitution (I) 41
  V. Abwägung und Verhältnismäßigkeitsgrundsatz 42
 VI. Alexysche Prinzipien und grundrechtliche Argumentation 43

2. Kapitel

Die Unschärfeannahme Alexys und die prinzipientheoretische Exklusivitätsthese

I. Graduierbare Inhalte auch bei Regeln 49
II. Die Alexysche Unschärfe 50
III. Die Unschärfebedingung (Einzelfallvorbehalt) zum Kollisionsgesetz 53
IV. Unschärfebedingungen zu den beiden Abwägungsgesetzen und zur Gewichtsformel 57
V. Die Exklusivitätsthese – Prinzipienabwägung als einzig rationale Form der Entscheidung juristischer Zweifelsfälle 58

3. Kapitel

Relativierungen der Trennungsthese durch Alexy selbst

I. Prinzipienabhängigkeit von Regeln durch Einfügung von Ad-hoc-Ausnahmen 63
II. Abwägungsbezogene Tatbestandsmerkmale von Regeln 70
III. Grundrechtsnormen mit unklarem ‚Doppelcharakter' 71
IV. Alles-oder-Nichts-Charakter von Prinzipien durch Formulierung als Regeln mit Ausnahmeklauseln 73
V. Optimierungsgebote als Regeln 75
VI. Fazit 78

4. Kapitel

Nichtexistenz und Überflüssigkeit von Prinzipien? – Die Alexy-Poscher-Debatte

I. Prinzipientheorie als „Theorie eines Phantoms"? – Die Kritik Ralf Poschers 81
II. Der Begriff der Normenkollision und die Unterscheidung
III. Optimierungsgebote als definitiver Gehalt von Prinzipien – am Beispiel des Lüth-Urteils 86

IV. Zum Kollisionsverhalten von Prinzipien und Regeln und zum Verständnis von Ausnahmen von einer Norm: Ein zweiter Blick nach dem Zusammenbruch der normstrukturellen Trennungsthese 91
V. Der klassifikatorische Unterschied zwischen prinzipienabhängigen und sonstigen Normen – zugleich „Mehr oder Weniger" und „Alles oder Nichts" 98
VI. Theorie eines Phantoms? – Norminhaltliche statt normstrukturelle Trennungsthese: Prima-facie-Maximierungsregeln als ‚Prinzipien als solche' 100
VII. ‚Zu optimierende' Gebote? 101
VIII. Fazit: Von der normstrukturellen zur norminhaltlichen Trennungsthese 102

5. Kapitel

Grundrechte und grundrechtliche Kerngehalte nach Alexy

I. Grundrechte als durch Abwägungen relativierbare Rechte 105
II. Entwicklung der Position Alexys zu „absoluten Prinzipien" 111
III. Die Argumentation Alexys gegen absolut geschützte Rechte im Überblick 112
IV. Menschenwürde als nur scheinbar absolute Norm 113
V. Wesensgehalt 118
VI. Kernbereich des allgemeinen Persönlichkeitsrechts – Epistemische Kernpositionsthese (III): Annäherung an eine absolute Theorie 122
VII. Zusammenfassung: Abwägung als zwingender Modus jeder rationalen juristischen Begründung 124

6. Kapitel

Kritik der Exklusivitätsthese und der Kernpositionsthese

I. Epistemische Relativität absolut geschützter Rechte 125
II. Hinreichende versus absolute Gewissheit über die Ausnahmslosigkeit von Rechten 128

III. Zurückweisung der Exklusivitätsthese: Abwägen von Prinzipien und Abwägen von Gründen 130
IV. Zurückweisung der Kernpositionsthese als Satz ‚In dubio pro exceptionem' 132
V. ‚Distinguishing' versus ‚Overruling' 134
VI. Einzelfallinvarianz als eigenständiger Begründungsgegenstand: Die fehlende Abwägungsebene der Alexyschen Theorie 136
VII. Exklusivitäts- und Kernpositionsthese bei anderen Prinzipientheoretikern 137
VIII. Fazit 150

7. Kapitel
Von Alexys Prinzipien zu Grundsatznormen – Kristallisation abwägungsfester Normen in der Abwägung der Gründe

I. Aufspaltung der Prinzipientheorie 154
II. Abwägungsfeste Rechte als „Ergebnis einer Abwägung" 159
III. Wie sehen absolut geschützte Rechte aus? – Indifferenzkurven absolut geschützter Rechte 162
IV. Inhalt und Definition absolut geschützter Rechte 167
V. Drei Formen der Einzelfallprüfung und Einzelfallabhängigkeit ... 173
VI. Definition von abwägungsfesten Begriffen durch graduierbare Merkmale 174
VII. Sprachliche Unmöglichkeit abwägungsfester Definitionen aufgrund der Unbestimmtheit graduierbarer Begriffe? – Der Sorites-Fehlschluss 179
VIII. Abgrenzung zu Matthias Herdegens Konzept der ‚bilanzierenden Gesamtwürdigung' 180

Fazit 183

Literaturverzeichnis 185

Sachregister 197

Inhaltsverzeichnis

Vorwort VII
Inhaltsübersicht IX

Einleitung 1

  I. Alexys Einwand gegen absolut geschützte Rechte 2
 II. Abwägungsfeste Rechte als Ergebnis einer Abwägung
     von Grundsatznormen 5
III. Fünf gute Gründe, sich mit Alexys Prinzipientheorie
     (weiterhin) auseinanderzusetzen 10
    1. Justitias Waage – Abwägen als Grundzug juristischer
       Argumentation 11
    2. Nachhaltiger Einfluss auf die deutsche Diskussion –
       drei Formen der Reaktion auf Alexy 15
       a) Reduzierung des materiellen Gehalts der Menschenwürde
          (Enders, Hain) 17
       b) Abwägbarkeit des Höchstrangigen (Herdegen, Teifke, Wittreck) 19
       c) Kombination von Reduzierung und Öffnung
          für Abwägungen (Goos) 20
       d) Fazit: Wirkungsvolle Unterhöhlung der Fundamente
          der herrschenden Lehre durch Alexy 21
    3. Prophet im eigenen Lande –
       Die internationale Bedeutung Alexys 22
    4. Analyse der weltweiten gerichtlichen Praxis der Abwägung 23
    5. Normative Berechtigung der Praxis der Einzelfallabwägung 27
 IV. Gang der Untersuchung 31

1. Kapitel
Grundeigenschaften von Prinzipien nach Alexy

I. Optimierungscharakter und Kollisionsverhalten 35
II. Kollisionsgesetz und Theorie bedingter Vorrangrelationen 38
III. Die beiden Abwägungsgesetze und die Gewichtsformel 39
IV. Indifferenzkurven – Gesetz der abnehmenden Grenzrate
  der Substitution (I) 41
V. Abwägung und Verhältnismäßigkeitsgrundsatz 42
VI. Alexysche Prinzipien und grundrechtliche Argumentation 43
  1. Geltung von Prinzipien – Prinzipien und Gründe 43
  2. Grundrechtsbestimmungen, Grundrechtsnormen,
    Grundrechtspositionen 44
  3. Grundrechtliche Argumentation –
    Sonderfallthese und Diskurstheorie 45

2. Kapitel
Die Unschärfeannahme Alexys
und die prinzipientheoretische Exklusivitätsthese

I. Graduierbare Inhalte auch bei Regeln 49
II. Die Alexysche Unschärfe 50
III. Die Unschärfebedingung (Einzelfallvorbehalt)
  zum Kollisionsgesetz 53
  1. Die zwei Varianten des Einzelfallvorbehalts (Ceteris-paribus-
    oder Ausnahmeklausel) 53
  2. Allgemeine Formulierung der Unschärfebedingung 54
  3. Die Vorrangrelationen im Lebach-Urteil als Beispiel 55
  4. Begrenzung der konkretisierenden Rolle gerichtlicher
    Präjudizien durch die Unschärfebedingung 56
IV. Unschärfebedingungen zu den beiden Abwägungsgesetzen
  und zur Gewichtsformel 57
V. Die Exklusivitätsthese – Prinzipienabwägung als einzig rationale
  Form der Entscheidung juristischer Zweifelsfälle 58
  1. ‚Kommen Zweifel auf, so ist eine Abwägung unausweichlich.' ... 59
  2. Prinzipienabwägung oder Intuitionismus als abschließende
    Alternativen 60

3. Begrenzung des Festsetzungsgehaltes von Regeln auf eindeutig
   aus dem Wortlaut folgende Fälle 61

3. Kapitel

Relativierungen der Trennungsthese durch Alexy selbst

I. Prinzipienabhängigkeit von Regeln durch Einfügung
   von Ad-hoc-Ausnahmen 63
   1. Prinzipienbegriff bei Dworkin und Alexy –
      Nichtaufzählbarkeit von Gegenbeispielen für Prinzipien 64
   2. Unterscheidung von Prinzipien und Regeln nach ihrem
      definitiven Charakter – Ad hoc-Ausnahmen als Grund
      auch gegen dieses Unterscheidungskriterium 66
   3. Ausnahmeverbote und ‚strikt geltende' Regeln 68
II. Abwägungsbezogene Tatbestandsmerkmale von Regeln 70
   1. Abwägungsbezogener Einzelfallvorbehalt – positive Ceteris-
      paribus-Klausel oder negative Ausnahmeklausel 70
   2. Abwägungsbezogene Ergebnisbegriffe 71
III. Grundrechtsnormen mit unklarem ‚Doppelcharakter' 71
IV. Alles-oder-Nichts-Charakter von Prinzipien durch Formulierung
    als Regeln mit Ausnahmeklauseln 73
V. Optimierungsgebote als Regeln 75
   1. Regelstruktur von Optimierungsgeboten 75
   2. Optimierungs- oder Maximierungsregeln in der Theorie
      der Grundrechte 75
   3. ‚Prinzipien als solche' als Prima-facie-Gebote
      (‚ideales Sollen' oder ‚zu optimierende Gebote') 77
VI. Fazit 78

4. Kapitel

Nichtexistenz und Überflüssigkeit von Prinzipien? – Die Alexy-Poscher-Debatte

I. Prinzipientheorie als „Theorie eines Phantoms"? –
   Die Kritik Ralf Poschers 81
II. Der Begriff der Normenkollision und die Unterscheidung
    von prima facie und definitiv geltenden Normen 83

	1. Drei-Normen-Modell der Kollision	83
	2. Prima-facie-Normen als bloße Normvorstufen (Klement)?	85
III.	Optimierungsgebote als definitiver Gehalt von Prinzipien – am Beispiel des Lüth-Urteils	86
	1. Abstrakte definitive Rechte	87
	2. Konkret-individuelle definitive Rechte – reine Fallvorschriften .	87
	3. Fallbezogene definitive Rechte	89
	4. Alexysche Prinzipien als Normen mit definitiver Festlegung auf einen minimalen definitiven Gehalt	90
IV.	Zum Kollisionsverhalten von Prinzipien und Regeln und zum Verständnis von Ausnahmen von einer Norm: Ein zweiter Blick nach dem Zusammenbruch der normstrukturellen Trennungsthese	91
	1. Partielle Gültigkeitslücken von Prinzipien nach Kollisionen	92
	2. Unversehrtheit von Prinzipien in neuen Kollisionen für alle praktischen Zwecke	94
	3. Prima-facie-Geltung von Regeln nach Einfügung einer Ausnahmeklausel	94
	4. Prima-facie-Normen und die hinter ihnen stehenden Argumente	97
V.	Der klassifikatorische Unterschied zwischen prinzipienabhängigen und sonstigen Normen – zugleich „Mehr oder Weniger" und „Alles oder Nichts"	98
VI.	Theorie eines Phantoms? – Norminhaltliche statt normstrukturelle Trennungsthese: Prima-facie-Maximierungsregeln als ‚Prinzipien als solche'	100
VII.	‚Zu optimierende' Gebote?	101
VIII.	Fazit: Von der normstrukturellen zur norminhaltlichen Trennungsthese	102

5. Kapitel

Grundrechte und grundrechtliche Kerngehalte nach Alexy

	I. Grundrechte als durch Abwägungen relativierbare Rechte	105
	1. Grundrechtsnormen mit Doppelcharakter und Doppelcharakter von Grundrechtsbestimmungen.....................	105
	2. Prinzipiencharakter der Wortlautbindung	106

	3. Weite Schutzbereichsbestimmung	107
	4. Relativierbarkeit durch Abwägung aufgrund von Schrankenregelungen	108
II.	Entwicklung der Position Alexys zu „absoluten Prinzipien"	111
III.	Die Argumentation Alexys gegen absolut geschützte Rechte im Überblick	112
IV.	Menschenwürde als nur scheinbar absolute Norm	113
	1. Menschenwürde-Regel und Menschenwürde-Prinzip als abwägungsbezogene Regeln	114
	2. Scheinbare Absolutheit durch hohe Sicherheit: Die epistemische Kernpositionsthese (I)	116
	3. Rechtsprechung des Bundesverfassungsgerichts	117
V.	Wesensgehalt	118
	1. Epistemische Kernpositionsthese (II)	118
	2. ‚Normale' und ‚extremste' Umstände	119
	3. Alexy zum Folterverbot	120
	4. Analytischer Schwerpunkt und Hobbesianische Unterströmungen der Alexyschen Prinzipientheorie	121
VI.	Kernbereich des allgemeinen Persönlichkeitsrechts – Epistemische Kernpositionsthese (III): Annäherung an eine absolute Theorie	122
VII.	Zusammenfassung: Abwägung als zwingender Modus jeder rationalen juristischen Begründung	124

6. Kapitel
Kritik der Exklusivitätsthese und der Kernpositionsthese

I.	Epistemische Relativität absolut geschützter Rechte	125
	1. Allgemeiner Irrtumsvorbehalt – Anwendungs- und Begründungsdiskurs	125
	2. Epistemische Relativität absolut geschützter Rechte – Keine methodischen, philosophischen oder theologischen Absolutheitsansprüche	126
II.	Hinreichende versus absolute Gewissheit über die Ausnahmslosigkeit von Rechten	128
III.	Zurückweisung der Exklusivitätsthese: Abwägen von Prinzipien und Abwägen von Gründen	130

IV. Zurückweisung der Kernpositionsthese als Satz
   ‚In dubio pro exceptionem' 132
V. ‚Distinguishing' versus ‚Overruling' 134
   1. Aktivierung des allgemeinen Irrtumsvorbehalts als Overruling:
      Ausnahmen bei einem bislang für absolut geschützt
      gehaltenen Recht 134
   2. Anwendung des Alexyschen Abwägungsvorbehalts
      als bloßes Distinguishing 135
VI. Einzelfallinvarianz als eigenständiger Begründungsgegenstand:
    Die fehlende Abwägungsebene der Alexyschen Theorie 136
VII. Exklusivitäts- und Kernpositionsthese bei anderen
     Prinzipientheoretikern 137
     1. Marius Raabe 138
     2. Martin Borowski 139
     3. Nils Teifke 142
     4. Matthias Klatt und Moritz Meister 146
     5. Matthias Klatt und Johannes Schmidt 147
     6. Nils Jansen 148
VIII. Fazit 150

7. Kapitel

Von Alexys Prinzipien zu Grundsatznormen – Kristallisation abwägungsfester Normen in der Abwägung der Gründe

I. Aufspaltung der Prinzipientheorie 154
   1. Der fortbestehende genuine Anwendungsbereich
      der Prinzipientheorie 154
   2. Grundsatznorm: Oberbegriff für abwägungsfeste Normen,
      Alexysche Prinzipien und Kombinationen beider 154
   3. Jenseits der Alexyschen Unschärfe: Kollisionsgesetz,
      Abwägungsgesetze und Gewichtsformel für Grundsatz-
      normen (ohne Unschärfebedingung und mit
      Aushärtungsklausel) 157
II. Abwägungsfeste Rechte als „Ergebnis einer Abwägung" 159
    1. Abwägungsfeste Rechte können kein Ergebnis einer
       Abwägung im Sinne Alexys sein 159
    2. Abwägungsfeste Rechte können jedoch das Ergebnis
       einer Abwägung von Grundsatznormen sein 161

III.	Wie sehen absolut geschützte Rechte aus? – Indifferenzkurven absolut geschützter Rechte	162
	1. Indifferenzkurven relativer Normen	162
	2. Indifferenzkurven im Kernbereich absolut geltender Grundsatznormen – Zur Frage eines unendlichen Gewichts in der Abwägung	164
IV.	Inhalt und Definition absolut geschützter Rechte	167
	1. Definitiver Gehalt: mehr als fallbezogene Festlegungen	167
	2. Kollisionsverhalten: kategorischer Vorrang vor Alexyschen Prinzipien	167
	3. Definition absolut geschützter oder abwägungsfester Rechte ...	168
	4. Leges-speciales-Charakter – innentheoretische Konstruktion ..	169
	5. Innentheoretische Rechte und Kollisionen	170
	6. Gründe und Gegengründe bei Kollisionen mit absolut geschützten Rechten	171
	7. Gründe für die Einzelfallinvarianz eines Rechts – formelle Grundsätze	171
V.	Drei Formen der Einzelfallprüfung und Einzelfallabhängigkeit ...	173
	1. Prinzipienbezogene Einzelfallabwägung	173
	2. Infragestellung der Absolutheit im Einzelfall	173
	3. Tatsachenprüfung im Einzelfall	174
VI.	Definition von abwägungsfesten Begriffen durch graduierbare Merkmale	174
	1. Definition von Eingriffsschwellen durch graduierbare Merkmale – Mindestanforderungen bei Gefahrenschwellen und die „fünf Techniken" im Nordirland-Urteil des EGMR von 1978 als Beispiele	176
	2. Familienähnlichkeiten, Stereotypen, Prototypen	178
VII.	Sprachliche Unmöglichkeit abwägungsfester Definitionen aufgrund der Unbestimmtheit graduierbarer Begriffe? – Der Sorites-Fehlschluss	179
VIII.	Abgrenzung zu Matthias Herdegens Konzept der ‚bilanzierenden Gesamtwürdigung'	180

Fazit 183

Literaturverzeichnis 185

Sachregister 197

Einleitung

Kann es absolut geschützte Normen geben, also Normen, die beanspruchen, nicht durch Abwägungen gegen gegenläufige Normen oder Belange relativierbar zu sein?

Die verfassungsgebende Gewalt des Grundgesetzes verstand, wie andernorts gezeigt, die Achtungspflicht für die Menschenwürde und einen abwehrrechtlichen Menschenwürdekern aller Grundrechte als abwägungsfest,[1] zu dem etwa auch das Verbot der Todesstrafe und das Folterverbot zählen sollten.[2] Selbst wenn die verfassungsgebende Gewalt das aber so gewollt haben sollte: Lässt sich eine solche Absicht rechtstheoretisch überhaupt verwirklichen?

Robert Alexy hat die rationale Begründbarkeit absoluter Rechte ganz grundsätzlich mit dem Argument bestritten, dass in Zweifelsfällen stets Grund und Gegengrund gegeneinander abgewogen werden müssen.[3] Weil solche Rechte schon aus norm- und begründungstheoretischen Gründen ausgeschlossen seien, soll es ihm zufolge im Streit um absolut geschützte Rechte also auf rechtsdogmatische Argumente gar nicht mehr ankommen können. Mit anderen Worten: Mag der Verfassungsgeber es auch noch so sehr gewollt haben, er konnte schon deshalb keine absolut geschützten Rechte normieren, weil es solche Rechte – solange denn der Anspruch auf rationale Argumentation nicht aufgegeben werden soll – gar nicht geben kann.

Die vorliegende Untersuchung verteidigt die norm- und begründungstheoretische Möglichkeit absoluter Rechte gegen diese Grundlagenkritik Alexys. Sie setzt sich dazu mit seiner Prinzipientheorie der Grundrechte ausführlich auseinander. Sie verwirft diese Theorie keineswegs als solche, sondern schlägt vor, sie zu einem Modell der Grundsatznormen fortzuentwickeln, in dem sich das Abwägen von Gründen und die Abwägungsfestigkeit von Normen mit-

---

[1] *Mathias Hong*, Der Menschenwürdegehalt der Grundrechte – Grundfragen, Entstehung und Rechtsprechung, 2019.

[2] *Ders.*, Todesstrafenverbot und Folterverbot – Grundrechtliche Menschenwürdegehalte unter dem Grundgesetz, 2019.

[3] Vgl. zunächst nur *Robert Alexy*, Theorie der Grundrechte, 1985, S. 113 f., unter Verweis auf die „norm- und begründungstheoretischen Einsichten der Prinzipientheorie"; *ders.*, Menschenwürde und Verhältnismäßigkeit, in: AöR 140 (2015), S. 497 (512 f.) (die „nicht abwägenden Alternativen" zur Abwägung der Menschenwürdegarantie seien letztlich auf „ein Bekenntnis zur Irrationalität" vewiesen").

einander vereinbaren lassen. Sie antwortet also auf Alexys Einwand mit einem Versöhnungsangebot: Absolut geschützte Rechte und das Abwägen von Gründen schließen einander, recht besehen, keineswegs aus.

Rechte können hinterfragbar sein und sich der Abwägung gegen Gegengründe stellen, aber *zugleich* beanspruchen, einer solchen Abwägung in allen Anwendungsfällen standzuhalten und deshalb absolut geschützt zu sein. Sie können dann durch Abwägung schlicht „nicht überwunden werden".[4] Man muss nicht annehmen, dass solche Rechte gar nicht gegen Gegengründe abgewogen werden können – entscheidend ist, dass sie in einer solchen Abwägung jedenfalls stets den Vorrang behalten: Sie gelten dann „abwägungsfest".[5]

Alexys Prinzipienmodell lässt sich deshalb – freilich nur mit entscheidenden Korrekturen – zu einem Modell der Grundsatznormen weiterentwickeln, nach dem sich in der Abwägung der Gründe auch abwägungsfeste Norminhalte aushärten können. Das Modell der Grundsatznormen erkennt an, dass in Zweifelsfällen stets Gründe abgewogen werden müssen, hält aber trotzdem daran fest, dass Normen gleichwohl beanspruchen können, in allen ihren Anwendungsfällen mit hinreichender Sicherheit definitiv zu gelten.

I. Alexys Einwand gegen absolut geschützte Rechte

Für das Projekt, absolut geschützte grundrechtliche Kerngehalte zu ermitteln, fehlt es nicht an verfassungsjuristischen Sympathiebekundungen. Allein, der Glaube daran, dass es methodisch durchführbar ist und praktisch durchgehalten werden kann, ist schon seit geraumer Zeit nicht mehr sonderlich ausgeprägt. So stellte etwa die Richterin des Bundesverfassungsgerichts Osterloh schon zum fünfzigsten Jahrestag des Grundgesetzes 1999 fest, die bisherige Kritik an der Abwägung im Verfassungsrecht sei vor allem deshalb „praktisch folgenlos" geblieben, weil es an Alternativen fehle: „Ein Modell etwa, nach dem sich

---

[4] Vgl. (zum Planungsrecht) BVerwGE 71, 163 (163 [Ls.], 165) – *Planungsleitsätze* (1985) (163 [Ls.]: „Vorschriften, die bei der öffentlichen Planung strikte Beachtung verlangen und deswegen nicht durch planerische Abwägung überwunden werden können").

[5] Vgl. auch bereits *Mathias Hong*, Das grundgesetzliche Folterverbot und der Menschenwürdegehalt der Grundrechte – Eine verfassungsjuristische Betrachtung, in: Gerhard Beestermöller/Hauke Brunkhorst (Hrsg.), Rückkehr der Folter – Der Rechtsstaat im Zwielicht?, 2006, S. 24 (34). Für den Begriff der Abwägungsfestigkeit vgl. etwa auch *Winfried Hassemer*, Unverfügbares im Strafprozeß, in: Arthur Kaufmann/Ernst J. Mestmäcker/Hans F. Zacher (Hrsg.), Rechtsstaat und Menschenwürde – Festschrift für Werner Maihofer zum 70. Geburtstag, 1988, S. 183 (197–199, 201, 203). Für den Gedanken „eines ‚*ausnahmefesten*' Grundrechtsminimums" im Kontext der von ihm de constitutione ferenda vorgeschlagenen Notstandsregelungen s. *Ernst-Wolfgang Böckenförde*, Ausnahmerecht und demokratischer Rechtsstaat, in: Hans J. Vogel/Helmut Simon/Adalbert Podlech (Hrsg.), Die Freiheit des Anderen – Festschrift für Martin Hirsch, 1981, S. 259 (270) (Hervorh. hinzugef.).

Prüfungsmaßstäbe orientieren könnten an ‚absoluten' grundrechtlichen [...] [G]ehalten [...], die ohne entsprechende Abwägung formuliert wären, hat bisher niemand überzeugend entwerfen können."[6] Diese Untersuchung hofft, ein solches Modell vorstellen zu können. Wenn es tragfähig sein soll, führt allerdings kein Weg an einer intensiven Auseinandersetzung mit Alexys Prinzipientheorie vorbei.

Für den schweren Stand, den absolute Kernbereichstheorien heute haben, sind nicht zuletzt jene Einwände mitverantwortlich, die Alexy in seiner Habilitationsschrift, der 1985 veröffentlichten „Theorie der Grundrechte", dagegen erhoben hat.[7] Es sind Einwände, wie sie sich grundsätzlicher kaum denken lassen. Alexy beansprucht mit seiner „primär analytisch"[8] argumentierenden Prinzipientheorie, die Frage nach der Möglichkeit abwägungsfester Norminhalte einer allgemeingültigen Antwort zuzuführen. Er geht zwar von einer „empirisch-analytischen" Untersuchung der ‚Struktur' der Grundrechtsnormen aus, deren „wichtigster Stoff [...] die Rechtsprechung des Bundesverfassungsgerichts" ist.[9] Er verbindet jedoch die so gewonnene „Strukturtheorie der Grundrechte"[10] mit „normativ-analytischen" Thesen zur „richtigen grundrechtlichen Entscheidung" und zur „rationalen grundrechtlichen Begründung".[11]

Mit seiner begründungstheoretischen Argumentation will Alexy letztlich zeigen, dass die Prinzipienstruktur der Grundrechte nicht nur die Rechtsprechung tatsächlich prägt, sondern auch die einzig vernünftige „Normstruktur" ist, weil nur sie den Anforderungen an eine rationale juristische Begründung genügen kann. Nach Alexy kann es eine Normanwendung ohne Einzelfallabwägung nur in eindeutigen Fällen geben. Sobald hingegen Zweifel auftauchen und geklärt werden müssen, wird das „Spiel von Grund und Gegengrund"[12] und damit – ihm zufolge – eine Prinzipienabwägung unausweichlich.

Alexy geht damit von einer These aus, die hier als seine „Exklusivitätsthese" bezeichnet werden soll: Nur eine Prinzipienabwägung kann in Zweifelsfällen – exklusiv – eine rationale juristische Begründung sicherstellen.[13] Die Unmöglichkeit absolut geschützter Rechte folgt danach, wie etwa auch Martin Borowski in engem Anschluss an Alexy argumentiert, letztlich aus nichts Geringerem

---

[6] *Lerke Osterloh*, Die Verfassung der Freiheit, in: Bundesministerium des Innern (Hrsg.), Bewährung und Herausforderung – die Verfassung vor der Zukunft, 1999, S. 79 (4).
[7] *Alexy*, Theorie der Grundrechte; bekräftigend: *ders.*, Menschenwürde und Verhältnismäßigkeit, in: AöR 140 (2015), S. 497 ff.
[8] *Alexy*, Theorie der Grundrechte, S. 32.
[9] Ibid., S. 32.
[10] Ibid., S. 32.
[11] Ibid., S. 32.
[12] Ibid., S. 289 f.
[13] S. näher unten S. 58 ff.

als aus dem „Gebot der rationalen Begründung rechtlicher Entscheidungen" selbst.[14]

Abwägungsfeste Norminhalte sind danach keineswegs nur im Verfassungsrecht ausgeschlossen, sondern ganz generell in allen Rechtsgebieten. Abwägungsfestigkeit ist in Zweifelsfällen begründungstheoretisch *stets* unmöglich.

Für Alexy sind absolut geschützte Rechte auf eine irrationale Leugnung der Fehlbarkeit wissenschaftlicher Erkenntnis angewiesen. Sie sind unfähig, den graduellen und abwägenden Charakter juristischer Argumentation, das Spiel von Grund und Gegengrund, in den stets unausweichlichen Zweifelsfällen angemessen methodisch nachzubilden. Juristische Argumentation und das Abwägen von Prinzipien sind für Alexy so eng miteinander verbunden, dass eine *Begründung* abwägungsfester Normgehalte geradezu zu einem Widerspruch in sich wird, zur contradictio in adjecto.

Nur grundrechtliche Rechte, die für eine Einzelfallabwägung mit gegenläufigen Prinzipiennormen zugänglich bleiben, genügen dem für die Wissenschaft schlechthin konstitutiven Rationalitätspostulat. Auch für die Menschenwürde kann danach nichts anderes gelten: Trotz des Eindrucks der Absolutheit, den sie auf den ersten Blick erweckt, lässt sich nach Alexy auch sie im Zweifel nur durch Abwägungen im Einzelfall konkretisieren.[15]

Im Kern ist dieser grundlegende Einwand Alexys bislang, soweit ersichtlich, unbeantwortet geblieben. Etliche verfassungsrechtliche Qualifikationsschriften der letzten Jahrzehnte weichen ihm entweder aus – oder aber sie schließen sich Alexy an.[16]

Ein gutes Stück weit gibt auch diese Untersuchung Alexy Recht. Sein Einwand bezieht seine berechtigte Kraft daraus, dass die allgemeine Einsicht in den abwägenden Charakter der juristischen Argumentation in Zweifelsfragen schlicht und einfach zutrifft. Das Prinzipienmodell Alexys bildet *insoweit* lediglich die methodische Binse ab, dass es in juristischen Zweifelsfällen keine intersubjektiv zwingenden Argumente gibt, sondern die Richtigkeit der Antwort eine Frage der Gewichtung, des „Mehr oder Weniger" ist.

Alexys Prinzipientheorie, die er in enger Anlehnung an Ronald Dworkin entwickelt hat und deren Kern das „Kollisionsgesetz" und die beiden „Abwägungsgesetze" bilden, fordert insoweit individuelle Gewichtungskonsistenz ein und zeigt, worüber gestritten werden muss. Soweit sie auf dieser allgemeinen begründungstheoretischen Einsicht beruht, ist der anhaltende und hartnäckige Widerstand zwecklos, der in der deutschsprachigen Staatsrechtslehre vielfach

---

[14] *Martin Borowski*, Grundrechte als Prinzipien – Die Unterscheidung von Prima-facie-Position und definitiver Position als fundamentaler Konstruktionsgrundsatz der Grundrechte, 1. Aufl., 1998, S. 221. Zur Position Borowskis näher unten S. 139 ff.
[15] Vgl. *Alexy*, Theorie der Grundrechte, S. 95 ff., sowie näher unten S. 112 ff.
[16] Siehe näher unten S. 15 ff.

dagegen geübt wird. Nicht nur der internationale Erfolg des Abwägungsgedankens[17] und – in seinem Gefolge – auch der Alexyschen Prinzipientheorie sollte den Kritikern Alexys insoweit zu denken geben.[18]

Diese Untersuchung schließt sich also keineswegs den Positionen einer grundlegenden Abwägungsskepsis an.[19] Auch in streitigen Abwägungsfragen kann die Hoffnung auf eine bessere Antwort gerechtfertigt sein. Sicherlich eröffnen der graduelle Charakter der Abwägung und die unausweichlichen epistemischen Unsicherheiten Argumentationsspielräume, die auch zu anderen Zwecken als dazu genutzt werden können, die methodisch zutreffende Antwort zu suchen. Soweit die Skepsis gegenüber der Abwägung sich aus der Sorge vor einem solchen Missbrauch der Abwägung speist, ist jedoch zu berücksichtigen, dass die Abwägung „als methodischer Schleier für verfassungsgerichtlichen Aktivismus eher ungeeignet ist" und es zudem neben den methodischen Bindungen institutionelle Sicherungen gibt, die dazu beitragen, dass Grundrechtsgerichte von der Abwägung empirisch einen eher zurückhaltenden Gebrauch machen.[20]

II. Abwägungsfeste Rechte als Ergebnis einer Abwägung von Grundsatznormen

Das Problem der Alexyschen Prinzipientheorie besteht nicht in dem Abwägungsgedanken selbst, sondern darin, dass Alexy es bei der allgemeinen Einsicht in den Zusammenhang von Abwägen und Begründen nicht bewenden lässt. Er leitet daraus vielmehr die inhaltliche Schlussfolgerung ab, es könne keinerlei Norminhalte geben, die einer solchen Abwägung in jedem Einzelfall im Ergebnis standhalten.[21] Das begründungstheoretische Argument trägt jedoch eine inhaltliche Stellungnahme von so atemberaubender inhaltlicher Reichweite

---

[17] Siehe unten S. 22, 23 ff.
[18] Zu fünf guten Gründen, sich mit Alexys Theorie näher auseinanderzusetzen, unten S. 10 ff.
[19] Siehe auch unten S. 27 ff.
[20] *Niels Petersen*, Verhältnismäßigkeit als Rationalitätskontrolle – Eine rechtsempirische Studie verfassungsgerichtlicher Rechtsprechung zu den Freiheitsgrundrechten, 2015, S. 6 (Zitat), 9, 269 ff. Vgl. auch die ausf. Untersuchungen zur Abwägungskontrolle des Gesetzgebers durch das Bundesverfassungsgericht, das südafrikanische Verfassungsgericht und den kanadischen Supreme Court ibid., S. 136 ff., 221 ff., 247 ff.
[21] Vgl. die treffende Diagnose bei *Jochen v. Bernstorff*, Der Streit um die Menschenwürde im Grund- und Menschenrechtsschutz: Eine Verteidigung des Absoluten als Grenze und Auftrag, in: JZ 2013, S. 905 (914): „Das Problem ist nicht das in der Tat wohl unumgänglich abwägende juristische Denken als solches, sondern der Verlust von regelhaft konkretisierten Grenzen bei besonders intensiven Eingriffen in Grund- und Menschenrechte. Unter dem Primat einer unbegrenzten Einzelfallabwägung hat nichts Regelhaftes Bestand."

nicht. Warum sollte es nicht ebenso auch Norminhalte geben können, bei denen die Abwägung der Gründe ergibt, dass sie der Abwägung gegen gegenläufige Belange mit hinreichender Sicherheit in allen Fällen im Ergebnis standhalten?

Der Grundgedanke, dass es gerade das Ergebnis einer Abwägung sein kann, Einzelfallabwägungen auszuschließen, lässt sich zu Recht immer häufiger antreffen, und zwar sowohl in der deutschsprachigen[22] als auch in der internationalen Diskussion.[23] Er liegt namentlich auch schon dem Soldaten-Urteil des Bundesverfassungsgerichts zugrunde, das den absoluten Vorrang der Menschenwürde als kategorische Vorentscheidung einer Kollision und Abwägung

---

[22] Vgl. den Gedanken des normativ fixierten Abwägungsergebnisses etwa schon bei *Gertrude Lübbe-Wolff*, Rechtsstaat und Ausnahmerecht – Zur Diskussion über die Reichweite des § 34 StGB und über die Notwendigkeit einer verfassungsrechtlichen Regelung des Ausnahmezustandes, in: Zeitschrift für Parlamentsfragen 11 (1980), S. 110 (115 f.); insoweit zust. *Ernst-Wolfgang Böckenförde*, Rechtsstaat und Ausnahmerecht – Eine Erwiderung, in: Zeitschrift für Parlamentsfragen 11 (1980), S. 591 (592) („[…] ist diese Abwägung bereits durch den Gesetzgeber […] geleistet"; „Für eine nochmalige Rechtsgüter-Abwägung […] ist bei diesen in sich bereits abgewogenen Regelungen daher kein Raum."); *Wolfram Höfling/Steffen Augsberg*, Luftsicherheit, Grundrechtsregime und Ausnahmezustand, in: JZ 2005, S. 1080 (1084 mit Fn. 60) („diese Güterabwägung hat das Grundgesetz bereits vorgenommen"); *Dieter Grimm*, Die Würde des Menschen ist unantastbar, 2010, S. 17 („wie eine vorweggenommene Abwägung, die die Abwägung im konkreten Fall überflüssig macht"); s. auch LG Frankfurt, NJW 2005, 692 (694) („Das strikte Verbot […] ist bereits das Ergebnis einer Abwägung aller zu berücksichtigenden Interessen. Diese wurde bei der Errichtung des Grundgesetzes vorgenommen."; s. aber auch die Relativierung, ibid., S. 695 [keine Entscheidungserheblichkeit]); vgl. ferner zu den Quoren für parlamentarische Minderheitenrechte als abschließende Konkretisierungen des verfassungsrechtlichen Grundsatzes der effektiven Opposition: BVerfGE 141, 25 (67) – *Oppositionsrechte* (2016) („die vom Verfassungsgeber und vom verfassungsändernden Gesetzgeber gewollte Konkretisierung des Grundsatzes"). Vgl. auch *Hong*, Das grundgesetzliche Folterverbot und der Menschenwürdegehalt der Grundrechte, in: Beestermöller/Brunkhorst (Hrsg.), Rückkehr der Folter, S. 24 (34, 166 [Fn. 51]). In diese Richtung insoweit ferner *Christoph Enders*, Der Staat in Not – Terrorismusbekämpfung an den Grenzen des Rechtsstaats, in: DÖV 2007, S. 1039 (1041) (zu Art. 104 Abs. 1 S. 1 GG) („Die Verfassung hat die mögliche Interessenkollision […] keineswegs übersehen, sie hat sie vielmehr eindeutig entschieden."). Zur Abgrenzung von Herdegens Konzept einer ‚bilanzierenden Gesamtwürdigung' siehe näher unten S. 180 ff.

[23] Vgl. etwa die Aussagen des U. S. Supreme Court in: *District of Columbia v. Heller*, 554 U. S. 570, 634–635 (2008) (s. oben Fn. 86, S. 25); *United States v. Stevens*, 559 U. S. 460, 470 (2010): „The First Amendment's guarantee of free speech does not extend only to categories of speech that survive an ad hoc balancing of relative social costs and benefits. The First Amendment itself reflects a judgment by the American people that the benefits of its restrictions on the Government outweigh the costs. Our Constitution forecloses any attempt to revise that judgment simply on the basis that some speech is not worth it." (Hervorh. hinzugef.). Siehe auch bereits die Erwägungen bei *Charles L. Black*, Mr. Justice Black, the Supreme Court, and Bill of Rights (1961), in: *ders.*, The Occasions of Justice – Essays mostly on Law, 1963, S. 89 (101): „If we believe that crucially important decisions were fixedly made by the adoption of the Bill of Rights, then it is highly misleading to speak of the Court's task in this field as merely one of ‚balancing interests'; for *the outcome of the balancing process must be taken already to have been settled*, in vast and important areas." (Hervorh. hinzugef.).

II. Abwägungsfeste Rechte als Ergebnis einer Abwägung von Grundsatznormen

mit der Meinungsfreiheit konzipiert.[24] Nicht stets wird dabei jedoch gesehen, dass es sich bei einer Abwägung, deren Ergebnis eine abwägungsfeste Norm sein soll, gerade nicht um eine Prinzipienabwägung im Sinne Alexys gehandelt haben kann.

Alexys Prinzipien zeichnen sich durch eine spezifische inhaltliche Nachgiebigkeit im Einzelfall aus, die hier als „Alexysche Unschärfe" bezeichnet werden soll.[25] Als Normen, die voraussetzungsgemäß eine solche Unschärfe aufweisen, haben Alexys Prinzipien zwar keine eigenständige „Normstruktur",[26] wohl aber einen spezifischen Inhalt, anhand dessen sie sich trennscharf und klassifikatorisch von Regeln mit weniger nachgiebigem Inhalt unterscheiden lassen.[27] Anders als Alexy annimmt, ergibt sich jedoch eine solche Unschärfe nicht allein schon aus der Notwendigkeit, in Zweifelsfällen Gründe und Gegengründe abzuwägen. Wenn mit hinreichender Sicherheit die überwiegenden Gründe dagegen sprechen, dass eine Norm im Ergebnis durch Abwägungen relativierbar ist, dann ist sie im Gegenteil inhaltlich als abwägungsfest zu bewerten. Abwägungsfestigkeit und Einzelfallinvarianz einer Norm bilden einen selbständigen Gegenstand der Begründung. Führt die allgemeine Abwägung der Gründe zur Festlegung auf die Abwägungsfestigkeit einer Norm, ist diese Norm deshalb gerade nicht mehr als ein Prinzip im Sinne Alexys zu klassifizieren.

In diesem – entscheidenden – Punkt muss Alexys Prinzipienmodell deshalb korrigiert werden. Es muss um die Möglichkeit ergänzt werden, dass in der Abwägung der Gründe abwägungsfeste Norminhalte aushärten oder „kristallisieren".[28] Der Schlüssel dazu besteht darin, sorgfältig zwischen dem Abwägen der Gründe und dem Abwägen von Prinzipiennormen im Sinne Alexys zu unter-

---

[24] BVerfGE 93, 266 (293) – *Soldaten* (1995); s. näher *Hong*, Der Menschenwürdegehalt der Grundrechte, 3. Kap., VIII.3.b).

[25] Siehe unten S. 50 ff.

[26] So bereits *Aulis Aarnio*, Taking Rules Seriously, in: Werner Maihofer/Gerhard Sprenger (Hrsg.), Law and the States in Modern Times, 1990, S. 180 (187) („[T]he optimization obligation is also a *rule* that cannot be applied ‚more or less'. *Either one does or one does not optimize.* [...] [T]he principles must be brought together in the optimum manner, and only in the optimum manner."); Hervorh. hinzugef.; *Jan-Reinard Sieckmann*, Regelmodelle und Prinzipienmodelle des Rechtssystems, 1990, S. 65 („Optimierungsgebote sind demnach Regeln"), 67 (Optimierungsgebote sind „nicht abwägungsfähig [...], da sie strikt gelten und definitiv erfüllbar sind."); s. auch *ders.*, Modelle des Eigentumsschutzes – Eine Untersuchung zur Eigentumsgarantie des Art. 14 GG, 1998, S. 43; *Borowski*, Grundrechte als Prinzipien, 1. Aufl., S. 77; *Laura Clérico*, Die Struktur der Verhältnismäßigkeit, 2001, S. 20 f.

[27] Zum klassifikatorischen Charakter des Unterschiedes s. näher unten S. 98 ff.

[28] Zu Kerngehalten als „kristallisierte[n] Güterabwägungen" auch *Markus Schefer*, Die Kerngehalte von Grundrechten – Geltung, Dogmatik, inhaltliche Ausgestaltung, 2001, S. 74–93, der jedoch die Absolutheit dieser Kerngehalte relativiert, indem er von unlösbaren Konflikten zwischen ihnen ausgeht, s. dazu näher *Hong*, Todesstrafenverbot und Folterverbot, 2. Kap., I.3.e).

scheiden. Das allgemeine Abwägen von Gründen und abwägungsfeste Rechte schließen einander nicht aus.[29]

Eine Norm oder ein Recht kann sich der Abwägung von Grund und Gegengrund stellen, aber beanspruchen, dieser Abwägung in jedem Anwendungsfall standzuhalten. Ein abwägungsfestes Recht kann in dem schwachen Sinne ‚abwägungsoffen' oder der Abwägung ‚zugänglich' sein, dass es in der Abwägung der Gründe jederzeit Rechenschaft ablegen kann – ohne damit zugleich den Anspruch aufzugeben, in dieser Abwägung mit hinreichender Sicherheit stets die Oberhand zu behalten – ohne also in dem starken Sinne ‚abwägungsoffen' zu sein, dass es in einer solchen Abwägung relativierbar (abwägungsunbeständig) ist.

Führt das Abwägen der Gründe zu der Festlegung, dass eine Norm in diesem Sinne abwägungsfest gilt, dann bildet diese Festlegung einen entscheidenden epistemischen Umschlagspunkt, den das Modell Alexys nicht korrekt abbildet: Wer nach einer solchen Festlegung den allgemeinen Irrtumsvorbehalt, der für alle Normbehauptungen gilt, aktivieren will, muss einen Irrtum eingestehen und seine bisherige Einschätzung korrigieren („Overruling"). Bei Alexys Prinzipien bestätigt hingegen ein im Einzelfall abweichendes Ergebnis lediglich, dass es von Anfang an richtig war, einen Abwägungsvorbehalt vorzusehen („Distinguishing").[30]

Ich denke, dass dahinter letztlich eine grundlegende methodische Frage steht, die keineswegs nur die juristische oder philosophische Diskussion um absolut geschützte Rechte betrifft, sondern die in allen Wissenschaftsbereichen auftauchen kann: Wie lassen sich angesichts der stets gebotenen Abwägung aller Gründe überhaupt noch feste Grenzziehungen wissenschaftlich begründen? Jede wissenschaftliche Behauptung kann sich als falsch erweisen, jede Überzeugung ist eine Frage des Grades, der Gewichtung mehr oder weniger starker Gründe. Heißt das aber, dass sich zwischen zwei Konzepten, mathematisch gesprochen, keine diskreten Übergänge mehr begründen lassen, sondern immer nur ein Kontinuum bestehen kann? Nein, wenn erkannt wird, dass es sich bei der Frage der Grenzziehung um eine eigenständige Frage handelt, bei deren Beantwortung die überwiegenden Gründe dafür sprechen können, sich, vorbehaltlich der Erkenntnis, sich geirrt zu haben, auf eine feste Grenzziehung festzulegen.[31] Nur weil wir stets alle Gründe abwägen müssen, müssen nicht alle Abgrenzungen ins Fließen geraten.

---

[29] Vgl. für einen rechtsphilosophischen Ansatz, der Abwägung und deontologisch begründete abwägungsfeste Rechte als vereinbar ansieht, auch: *Mattias Kumm/Alec D. Walen*, Human Dignity and Proportionality: Deontic Pluralism in Balancing, in: Grant Huscroft/Bradley W. Miller/Webber, Grégoire C. N. (Hrsg.), Proportionality and the Rule of Law – Rights, Justification, Reasoning, 2014, S. 67 ff.

[30] Näher dazu unten S. 134 ff.

[31] Vgl. mit einer strukturell ähnlichen Zugangsweise zu der Frage, ob es in einem be-

II. Abwägungsfeste Rechte als Ergebnis einer Abwägung von Grundsatznormen

Für einen absoluten Schutz muss es richtigerweise schon ausreichen, wenn die Gründe für ihn mit hinreichender Sicherheit die Gegengründe überwiegen. Mit dem generellen Abwägungsvorbehalt baut Alexy in den Prinzipienbegriff hingegen eine unwiderlegliche Vermutung zugunsten von Ausnahmen ein, einen Satz ‚in dubio pro exceptionem', der selbst bei noch so hoher Sicherheit über einen Vorrang im Kernbereich einen absoluten Schutz ausschließt.[32] Er unterwirft damit die Behauptung absolut geschützter Rechte unüberwindlich hohen epistemischen Anforderungen, ohne dass dafür eine Rechtfertigung ersichtlich wäre.

Dem Abwägungsmodell Alexys fehlt damit paradoxerweise eine entscheidende Ebene der Abwägung: Zum Abwägen von juristischen Gründen im Allgemeinen können gerade auch solche Gründe gehören, die für einen kategorischen, abwägungsfesten Norminhalt sprechen. Wenn das Abwägen von Gründen zugleich als Abwägen von Normen verstanden werden soll, dann bedarf es daher einer eigenen Ebene von Normen, die anders als die Alexyschen Prinzipiennormen keine Vorabfestlegung gegen abwägungsfeste Inhalte enthalten. Solche Normen sollen hier, um eine Verwechslung mit dem Prinzipienbegriff Alexys zu vermeiden, als *Grundsatznormen* oder *Grundsätze* bezeichnet werden. Zwar könnte auch der Prinzipienbegriff selbst entsprechend korrigiert werden. Dagegen sprechen jedoch die ohnehin schon verwirrende Vielfalt der Prinzipiendefinitionen und die weite Verbreitung gerade des Alexyschen Prinzipienbegriffs.

Alexys Abwägungsmodell ist also um eine Ebene der Abwägung von Grundsatznormen zu ergänzen, die Prinzipien in seinem Sinne sein können, es aber nicht müssen. Die Abwägung von Grundsatznormen kann vielmehr auch zu weniger nachgiebigen Norminhalten führen. Das Abwägen der Gründe kann bei ihnen zur Kristallisation abwägungsfester Norminhalte führen (These der Aushärtung abwägungsfester Normen in der Abwägung von Grundsatznormen).

Die „Gesetze", die Alexy für die Prinzipienabwägung entwickelt, also sein Kollisionsgesetz und die beiden Abwägungsgesetze, sind auf die Kollision und Abwägung solcher Grundsatznormen nur mit einer entscheidenden Korrektur anwendbar, nämlich ohne die Vorabfestlegung auf die Alexysche Unschärfe, die Alexy ihnen implizit beigibt.[33] Die bedingten Vorrangnormen, die aus der Abwägung von Grundsatznormen hervorgehen und deren Kollision auflösen, können – anders als nach Alexy – auch abschließenden Charakter haben. Sie

---

stimmten Kontext hinreichend begründet sein kann, auf das Fragen nach weiteren Gründen zu verzichten, und dem Vorschlag einer pragmatistischen Fortentwicklung entsprechender Ansätze in Kants Metaphysik: *Markus Willaschek*, Bedingtes Vertrauen – Auf dem Weg zu einer pragmatistischen Transformation der Metaphysik, in: Martin Hartmann/Jasper Liptow/Markus Willaschek (Hrsg.), Die Gegenwart des Pragmatismus, 2013, S. 97 ff.

[32] Man kann deshalb von einer „epistemischen" Kernpositionsthese Alexys sprechen; s. unten S. 112 f., 116 f., 118–124, 132 f.

[33] Zur modifizierten Fassung der drei Gesetze siehe näher unten S. 157 ff.

konkretisieren dann die Grundsatznormen insoweit als leges speciales abschließend. Sie sind durch abwägungsfeste Kriterien definiert und daher abwägungsfrei anwendbar.[34]

Als Grundsatznormen können unter dem Grundgesetz beispielsweise die grundrechtlichen Abwehrrechte und Schutzpflichten verstanden werden. Für sich betrachtet verlangen sie, dass ein bestimmtes Maß an abwehrrechtlicher Freiheit oder an staatlichem Schutz gewährleistet wird. Sie sind in bestimmten Bereichen als Alexysche Prinzipien zu klassifizieren, in anderen Bereichen wird ihre Kollision jedoch durch abwägungsfeste Vorrangbedingungen mit abschließendem Anspruch entschieden. Die konkretere Vorrangrelation konkretisiert in solchen Fällen den Grundsatz der Verhältnismäßigkeit als abschließende lex specialis. Sie kann nicht durch eine Abwägung im Einzelfall relativiert werden, sondern gilt abwägungsfest.

Ein auf diese Weise weiterentwickeltes Abwägungsmodell baut auf Alexys Erkenntnissen über den abwägenden Charakter juristischer Argumentation auf, ohne deshalb gleich allen Norminhalten die Alexysche Unschärfe zu unterstellen. Es bietet so selbst den Ausgangspunkt für eine Begründung abwägungsfester Rechte. Das allgemeine „Spiel von Grund und Gegengrund"[35] steht, anders als Alexy annimmt, einer Kristallisation oder Aushärtung abwägungsfester Normen keineswegs im Wege. Alexy selbst ging in seinem frühen Aufsatz „Zum Begriff des Rechtsprinzips" noch von der Existenz „absoluter Prinzipien" aus.[36] Diese Untersuchung greift daher in gewissem Sinne einen Faden auf, den Alexy damals noch verfolgte, jedoch später wieder fallen ließ.

III. Fünf gute Gründe, sich mit Alexys Prinzipientheorie (weiterhin) auseinanderzusetzen

Vor allem den zahlreichen Kritikern Alexys, denen seine Prinzipientheorie und der Abwägungsgedanke schon ganz generell suspekt sind, mag eine solche Weiterentwicklung seiner Prinzipientheorie freilich als pure Zeitverschwendung erscheinen: Ist die Behauptung, es könne auf streitige dogmatische Interpretationsfragen gar nicht mehr ankommen, weil Abwägungen und Ausnahmen immer schon aus rechtstheoretischen Gründen zwingend seien, nicht ganz offenkundig absurd? Ist Alexys Einwand gegen absolute Rechte nicht geradezu widerlegungsunwürdig?

---

[34] Alexy schließt eine Abwägungsfestigkeit bedingter Vorrangregeln gerade aus, vgl. dazu näher unten S. 50 ff.
[35] *Alexy*, Theorie der Grundrechte, S. 289 f.
[36] *Ders.*, Zum Begriff des Rechtsprinzips (1979), in: *ders.*, Recht, Vernunft, Diskurs – Studien zur Rechtsphilosophie, 1995, S. 177 (198 f.); vgl. dazu näher unten S. 111 ff.

Ganz so einfach ist die Sache jedoch nicht. Weil Alexys Theorie teils auf so tiefsitzende Vorbehalte stößt, seien jedoch für diejenigen, bei denen sie gewissermaßen allergische Reaktionen auslöst, fünf gute Gründe genannt, sich trotzdem damit näher auseinanderzusetzen. Es handelt sich dabei um zwei inhaltliche und drei strategische Gründe.

Der erste sachliche Grund liegt darin, dass Alexys Einwände auch dann nicht so leicht von der Hand zu weisen sind, wenn man es für offensichtlich hält, dass sie *im Ergebnis* unbegründet sein müssen (1.). Die drei strategischen Gründe lauten, dass sein Abwägungsmodell auf die deutsche Diskussion um absolut geschützte Rechte seit Jahrzehnten einen dominierenden Einfluss ausübt (2.), dass es außerdem zunehmend international wissenschaftlich rezipiert wird (3.), und schließlich, dass es wesentliche Bereiche der tatsächlichen Praxis der weltweiten Grundrechtsrechtsprechung analytisch weitgehend zutreffend beschreibt (4.). Der zweite sachliche Grund ist, dass diese tatsächliche Abwägungspraxis in vielen Bereichen auch normativ gerechtfertigt ist (5.).

Aus diesen Gründen sollte es sich lohnen, sich mit der Alexyschen Theorie intensiv auseinanderzusetzen. Ihr Einfluss spricht dafür, dass sie jedenfalls auch zutreffende Einsichten zu bieten hat. Statt sich diesen Einsichten zu verschließen, gilt es, daran anzuknüpfen. Wird sie in entscheidenden Punkten korrigiert und weiterentwickelt, bietet sie selbst eine aussichtsreiche Grundlage für die Begründung absolut geschützter Rechte.

1. Justitias Waage – Abwägen als Grundzug juristischer Argumentation

Alexys Argumentation läuft letztlich darauf hinaus, dass Normen schon deshalb nicht ausnahmslos gelten können, weil sich mit guten Gründen darüber streiten lässt, ob sie Ausnahmen haben. Das kann in der Tat schon aus offensichtlichen Gründen nicht stimmen: Es erscheint selbstverständlich, dass die Frage, ob Rechte wie das Folterverbot Ausnahmen haben oder nicht, nicht schon auf einer vorgelagerten Ebene der Argumentationstheorie zugunsten von Ausnahmen vorentschieden sein kann, sondern allein durch die Interpretation der konkreten grundrechtlichen Vorschriften entschieden werden kann, also „Grundrecht für Grundrecht" geklärt werden muss, „gleichsam im dogmatischen Häuserkampf" und zwar „mit den üblichen juristischen Argumenten".[37]

Es wäre jedoch vorschnell, aus dieser zutreffenden Erkenntnis schon den Schluss zu ziehen, dass Alexys Konzept keine nähere Auseinandersetzung verdient. Schließlich stützt sich auch Alexy auf eine Einsicht, die so offensichtlich

---

[37] Dazu *Ralf Poscher*, Einsichten, Irrtümer und Selbstmissverständnis der Prinzipientheorie, in: Jan-Reinard Sieckmann (Hrsg.), Die Prinzipientheorie der Grundrechte – Studien zur Grundrechtstheorie Robert Alexys, 2007, S. 69 (79).

zutrifft, dass auch die Gegner der Prinzipientheorie sie als eine „Banalität" bezeichnen – die Einsicht nämlich, dass in schwierigen Fällen stets „juristische Argumente gegeneinander abgewogen werden müssen".[38] Alexy gesteht durchaus zu, dass es Gründe geben kann, die für eine Ausnahmslosigkeit sprechen und die sehr stark, ja *nahezu* unüberwindlich sind. Er geht deshalb auch davon aus, dass manche Normen in *fast* allen Fällen so angewendet werden können, als ob sie von Einzelfallabwägungen unabhängig seien. Auch nach seinem Modell bleibt es zudem stets wichtig, die konkreten Vorschriften mit den üblichen juristischen Argumenten zu interpretieren, um das konkrete Gewicht eines Prinzips in der Abwägung zu ermitteln. Er besteht lediglich darauf, dass in allen *Zweifelsfällen* stets eine Abwägung mit Gegengründen möglich bleiben muss. Sein Einwand gründet sich also auf jene methodische Binse, die schon seit langem in der Waage der Justitia symbolisiert wird. Aus Alexys Sicht ist es nicht mehr und nicht weniger als eine notwendige Schlussfolgerung aus dieser Binsenweisheit, dass es keine absolut geschützten Rechte geben kann.

Es stehen sich also zwei methodische Grundintuitionen gegenüber, die beide gleichermaßen einleuchten, die sich jedoch gegenseitig auszuschließen scheinen: Auf der einen Seite kann es nicht sein, dass Rechte wie das Folterverbot schon deshalb Ausnahmen haben, weil mit guten Gründen darüber gestritten werden kann, *ob* sie Ausnahmen haben. Auf der anderen Seite ist es aber ebenso unbestreitbar richtig, dass in Zweifelsfällen stets alle juristischen Argumente gegeneinander abgewogen werden müssen – also auch diejenigen, die dafür oder dagegen sprechen, von einem Recht eine Ausnahme zuzulassen. Daraus scheint dann aber zu folgen, dass stets eine Abwägung vorbehalten bleiben muss – weshalb Rechte wie das Folterverbot nicht absolut gelten können.

Der Widerspruch ist nur ein scheinbarer. Die Herausforderung besteht jedoch darin, ihn so aufzulösen, dass beide Grundannahmen zu ihrem Recht kommen. Man sollte sich nicht darüber täuschen, wie tiefgreifend der methodische Anspruch ist, den Alexy mit seiner Prinzipientheorie erhebt. Alexy sieht in seinen Prinzipiennormen den *einzigen* Weg, die Unzulänglichkeiten eines

---

[38] Vgl. – in kritischer Absicht – *ders.*, ibid., S. 69 (79) („Sollte sich die Prinzipientheorie [...] darauf zurückziehen, nie etwas anderes gesagt zu haben, als dass bei der dogmatischen Ausgestaltung der Grundrechte juristische Argumente gegeneinander abgewogen werden müssen, so [...] wäre dies [...] ein Rückzug in die Banalität."); s. auch *v. Bernstorff*, Der Streit um die Menschenwürde im Grund- und Menschenrechtsschutz, in: JZ 2013, S. 905 (914) („das in der Tat wohl unumgänglich abwägende juristische Denken"). Vgl. aus der Rspr. nur BVerfGE 2, 1 (72 f.) – *SRP-Verbot* (1952) („Die Lösung kann nur so erfolgen, daß ermittelt wird, welches Prinzip bei der Entscheidung einer konkreten verfassungsrechtlichen Frage jeweils das höhere Gewicht hat.") (zur „Spannungslage" zwischen Art. 38 Abs. 1 S. 2 und Art. 21 GG), sowie den Verweis darauf in BVerfGE 28, 243 (261) – *Dienstpflichtverweigerung* (1970) („Dabei auftretende Konflikte lassen sich nur lösen, indem ermittelt wird, welche Verfassungsbestimmung für die konkret zu entscheidende Frage das höhere Gewicht hat.") (zur Beschränkung vorbehaltloser Grundrechte durch kollidierendes Verfassungsrecht).

III. Fünf gute Gründe, sich mit Alexys Prinzipientheorie auseinanderzusetzen

rein logisch verstandenen Subsumtionsmodells zu vermeiden. „Daß die Anwendung der Gesetzesregeln *nichts anderes* als eine logische Subsumtion unter begrifflich geformte Obersätze sei, kann [...] im Ernst niemand behaupten." – Mit dieser von Karl Larenz stammenden Feststellung leitete Alexy seine Dissertation ein, die *Theorie juristischer Argumentation*, die 1978 erschien.[39] Sein damaliger Kommentar, dies kennzeichne „einen der wenigen Punkte, in denen innerhalb der zeitgenössischen juristischen Methodendiskussion Einigkeit besteht",[40] trifft nach wie vor zu. Mit seiner Prinzipientheorie, die er vor allem in seiner Habilitationsschrift, der Theorie der Grundrechte, entwickelte, versuchte Alexy die Konsequenzen aus dieser Einsicht in die Grenzen der traditionellen juristischen Methodik zu ziehen.

„Kommen Zweifel auf, so ist eine Abwägung unausweichlich."[41] – In diesem Credo Alexys lässt sich die methodentheoretische Grundeinsicht zusammenfassen, die ihn bei der Entwicklung seines Prinzipienmodells leitete. Bei Abwägungskritikern wird Abwägen zuweilen damit gleichgesetzt, sich gewissermaßen intuitiv oder dezisionistisch zwischen kollidierenden Gütern wie „Leben" und „körperliche Unversehrtheit" zu entscheiden.[42] Das könnte kaum weiter entfernt sein von dem, was Alexy unter Abwägung versteht. Mit seinem Prinzipienmodell versucht er gerade, einem „,intuitiv' zu nennende[n] Zugang"[43] zur juristischen Begründung zu entkommen und stattdessen Maßstäbe für einen möglichst transparenten und rationalen Umgang mit Grund und Gegengrund zu entwickeln.

Abwägen ist für Alexy das Abwägen der juristischen Argumente in Zweifelsfragen schlechthin. In der Theorie der Grundrechte wird systematisch überall dort auf die Abwägung verwiesen, wo es darum geht, Zweifel in Auslegungsfragen zu klären, sei es bei der Definition der grundrechtlichen Schutzbereiche, bei der Auslegung von Schrankenklauseln oder bei der Bestimmung der Reichweite von Schutzpflichten.[44] Eine Abwägung findet nach Alexy also keineswegs allein auf der dritten Stufe der Verhältnismäßigkeitsprüfung statt, sondern beim Wägen juristischer Argumente schlechthin.

Für Alexy bedeutet Abwägen stets, alle in Betracht kommenden juristischen Argumente auszuwerten, also namentlich auch das volle Arsenal der juristi-

---

[39] *Robert Alexy*, Theorie der juristischen Argumentation – Die Theorie des rationalen Diskurses als Theorie der juristischen Begründung, 2. Aufl., 1991, S. 17, unter Verweis auf: *Karl Larenz*, Methodenlehre der Rechtswissenschaft, 3. Aufl., 1975, S. 154; Hervorh. im Original.
[40] *Alexy*, Theorie der juristischen Argumentation, S. 17.
[41] *Ders.*, Theorie der Grundrechte, S. 111.
[42] Vgl. zu dieser und anderen Bedeutungsfacetten des Abwägungsbegriffs in historischer und rechtsvergleichender Perspektive etwa die Studie von *Jacco Bomhoff*, Balancing Constitutional Rights – The Origins and Meanings of Postwar Legal Discourse, 2014, S. 3–10.
[43] Vgl. *Alexy*, Theorie der Grundrechte, S. 111; s. unten S. 60 f. (Fn. 51 f.).
[44] Siehe näher unten S. 58 ff., 105 ff.

schen Methodenlehre auszuschöpfen, einschließlich der traditionellen Canones der Auslegung. Das Heranziehen von Argumenten aus Wortlaut, Systematik, Entstehungsgeschichte und Sinn und Zweck gehört also für Alexy essentiell zum Prozess der Abwägung hinzu. Es bildet eine wesentliche Grundlage für die Gewichtsermittlung der Prinzipien. Argumente des allgemeinen praktischen Diskurses kommen erst nach Ausschöpfung der auf autoritative Quellen verweisenden dogmatischen Argumente zum Zug. Abwägen ist bei Alexy ganz allgemein diejenige Form der juristischen Argumentation, die bei *jeder* Anwendung von Rechtsnormen in Zweifelsfällen unausweichlich wird.

Zweifel sind jedoch nie ganz auszuschließen. Wenn Alexy also darauf besteht, dass das Abwägen von Grund und Gegengrund stets vorbehalten bleiben muss, so dass es keine absolut geschützten Rechte geben könne, dann geht es ihm um ein methodisches Grundlagenproblem, das sich keineswegs nur für den Kernbereich der Grundrechte stellt, sondern ganz generell bei jeder Normkonkretisierung: Lassen sich allgemeine, einzelfallübergreifende Aussagen über den Inhalt von Normen begründen, deren weitere Konkretisierung nicht mehr unter dem Vorbehalt einer Einzelfallabwägung von Grund und Gegengrund steht? Können bestimmte Gründe oder Belange, die für sich betrachtet in einem Zweifelsfall für entscheidungsrelevant gehalten werden könnten, gleichwohl abschließend und ausnahmslos aus der Normanwendung ausgeklammert werden?

Das methodische Problem, wie sich eine Abwägung in diesem Sinne vermeiden lassen soll, stellt sich also schlechthin bei jedem Abgrenzungsproblem im Rahmen der juristischen Interpretation. Auch für die Grundrechtsdogmatik wird es in allen Zweifelsfragen relevant. Wie lässt es sich beispielsweise rechtfertigen, grundrechtliche Schutzbereiche oder Gewährleistungsgehalte auch einmal enger zu fassen?[45] Auch hier lassen sich Zweifel im Einzelfall nie ausschließen, was zu implizieren scheint, dass im Zweifel stets einer weiten Fassung des Schutzbereichs der Vorzug gegeben werden muss. Auch hier bedarf es einer Möglichkeit, zwischen dem allgemeinen Abwägen von juristischen Gründen und der Anwendung von einzelfallsensiblen Prinzipiennormen im Sinne Alexys unterscheiden zu können: Wie lässt sich das Abwägen der Gründe für und gegen die Geltung strikter Abgrenzungen von dem Abwägen von Alexys Prinzipiennormen unterscheiden, die den Ausschluss strikter Abgrenzungen gleichsam in ihrer juristischen DNA tragen?

---

[45] Vgl. zur Diskussion nur: *Ernst-Wolfgang Böckenförde*, Schutzbereich, Eingriff, verfassungsimmanente Schranken – Zur Kritik gegenwärtiger Grundrechtsdogmatik (2003), in: ders., Wissenschaft, Politik, Verfassungsgericht, 2011, S. 230 ff.; *Wolfgang Kahl*, Vom weiten Schutzbereich zum engen Gewährleistungsgehalt – Kritik einer neuen Richtung der deutschen Grundrechtsdogmatik, in: Der Staat 43 (2004), S. 167 ff.; *Wolfgang Hoffmann-Riem*, Grundrechtsanwendung unter Rationalitätsanspruch – eine Erwiderung auf Kahls Kritik an neueren Ansätzen in der Grundrechtsdogmatik, in: Der Staat 43 (2004), S. 203 ff.; *Benjamin Rusteberg*, Der grundrechtliche Gewährleistungsgehalt – Eine veränderte Perspektive auf die Grundrechtsdogmatik durch eine präzise Schutzbereichsbestimmung, bes. S. 76 ff., 111 ff.

In den Beratungen des Verfassungskonvents auf Herrenchiemsee sagte Carlo Schmid über den Satz, dass der Staat um des Menschen willen da sei, nicht der Mensch um des Staates willen: „In Binsenwahrheiten und Banalitäten kommen sehr häufig Grundwahrheiten zum Ausdruck, die von dem Moment ab, in dem man sich ernsthaft mit ihnen beschäftigt, keine Banalitäten mehr sind."[46] Der Satz trifft auch auf die Binsenwahrheit zu, dass juristische Argumente gegeneinander abgewogen werden müssen: Es ist klar, dass die Binse ihre Berechtigung hat, dass juristisches Begründen in Zweifelsfragen also in gewissem Sinn stets ein Abwägen von Gründen ist. Ebenso klar ist aber, dass die Binse auch ihre Grenzen haben muss, dass es vor allem möglich sein muss, den Inhalt einer Norm gerade darin zu sehen, dass sie ein Abwägen im Einzelfall gerade ausschließen soll – und zwar auch dann, wenn sich darüber, ob das der Inhalt der Norm ist, mit guten Gründen streiten lässt.

Es ist alles andere als auf den ersten Blick klar, wie beides zugleich gedacht werden kann: Wie genau lassen sich das abwägende Begründen einer festen Grenze und das alle festen Grenzen zersetzende Abwägen im Sinne Alexys voneinander unterscheiden? Alexys Einwand lässt sich daher nicht so leicht abtun, wie es vielleicht zunächst scheinen mag: Er bedarf der gründlichen Prüfung.

2. Nachhaltiger Einfluss auf die deutsche Diskussion – drei Formen der Reaktion auf Alexy

Für diejenigen, die diese inhaltlichen Überlegungen nicht überzeugen, seien drei strategische Gründe genannt, sich mit Alexys Theorie näher zu beschäftigen. Als erstes ist dafür auf den faktischen Einfluss zu verweisen, den Alexy auf die deutschsprachige Debatte um absolut geschützte Rechte hat. Er prägt diese Debatte so sehr, dass sie ohne eine Auseinandersetzung mit seinen Thesen schon nicht angemessen nachvollzogen, geschweige denn vorangebracht werden kann.

In dem heftig geführten Streit um die Rolle des Abwägens in der juristischen Interpretation könnten die Positionen kaum gegensätzlicher sein: Von den einen wird die Abwägung als Königsweg der Argumentation in allen juristischen Zweifelsfragen angesehen, steht sie für juristische *Rationalität* schlechthin. Für die anderen fehlt es dagegen der Abwägung an jeglichen verallgemeinerbaren Maßstäben, verweist sie letztlich auf subjektive Dezision, steht sie also für juristische *Irrationalität* schlechthin.[47]

---

[46] *Schmid*, in: Verfassungskonvent auf Herrenchiemsee, Protokolle der Sitzungen der Unterausschüsse – Unterausschuss I: Grundsatzfragen, 1948, 5. Sitzung , 19. August 1948, Z 12/27, S. 5.
[47] Vgl. nur *Bernhard Schlink*, Abwägung im Verfassungsrecht, 1976; *ders.*, Der Grundsatz der Verhältnismäßigkeit, in: Peter Badura/Horst Dreier (Hrsg.), Festschrift 50 Jahre Bundesverfassungsgericht, Bd. 2, 2001, S. 445 (460 ff.); *Bodo Pieroth/Bernhard Schlink*, Grundrechte,

Es überrascht deshalb nicht, dass Alexys Prinzipientheorie auf der einen Seite heftige Kritik gewichtiger Stimmen auf sich gezogen,[48] auf der anderen Seite aber eine rege produzierende Anhängerschaft gefunden hat, die freilich teils sehr eigenständige Versionen der Prinzipientheorie vertritt.[49] Aufgrund der Pionierrolle Alexys im deutschsprachigen[50] Schrifttum ist in dieser Arbeit stets sein Ansatz gemeint, wenn ohne nähere Zuordnung von „Prinzipien" oder von „der Prinzipientheorie" die Rede ist.[51] Aber auch außerhalb seiner Schule wird Alexys Prinzipientheorie nicht selten im öffentlich-rechtlichen Schrifttum mehr oder weniger selbstverständlich und geräuschlos zugrunde gelegt[52]

---

27. Aufl., 2011, S. 69 f., Rn. 299 ff. (303); *Hans Kelsen*, Reine Rechtslehre, 2. Aufl., 1960, S. 350; *Philipp Reimer*, „… und machet zu Jüngern alle Völker"? Von „universellen Verfassungsprinzipien" und der Weltmission der Prinzipientheorie der Grundrechte, in: Der Staat 52 (2013), S. 27 (34).

[48] Vgl. nur *Matthias Jestaedt*, The Doctrine of Balancing – its Strengths and Weaknesses, in: Matthias Klatt (Hrsg.), Institutionalized Reason – The Jurisprudence of Robert Alexy, 2012, S. 152 ff.; *Poscher*, Einsichten, Irrtümer und Selbstmissverständnis der Prinzipientheorie, in: Sieckmann (Hrsg.), Die Prinzipientheorie der Grundrechte, S. 69; *ders.*, Theorie eines Phantoms – Die erfolglose Suche der Prinzipientheorie nach ihrem Gegenstand, in: Rechtswissenschaft 1 (2010), S. 349; *ders.*, The Principles Theory – How Many Theories and What is their Merit?, in: Klatt (Hrsg.), Institutionalized Reason, S. 218 ff.; *Jan Henrik Klement*, Vom Nutzen einer Theorie, die alles erklärt – Robert Alexys Prinzipientheorie aus der Sicht der Grundrechtsdogmatik, in: JZ 2008, S. 756 ff.; *ders.*, Schlusswort, in: JZ 2009, S. 561 ff.; *Reimer*, „… und machet zu Jüngern alle Völker"?, in: Der Staat 52 (2013), S. 27 ff.

[49] Vgl. etwa *Matthias Klatt/Johannes Schmidt*, Spielräume im öffentlichen Recht – Zur Abwägungslehre der Prinzipientheorie, 2010; *Jan-Reinard Sieckmann*, Prinzipien, ideales Sollen und normative Argumente, in: ARSP 97 (2011), S. 178 ff.; *ders.* (Hrsg.), Die Prinzipientheorie der Grundrechte – Studien zur Grundrechtstheorie Robert Alexys, 2007; s. ferner etwa die folgenden, an Alexy anknüpfenden und prinzipientheoretisch ausgerichteten Kieler Dissertationen: *Sieckmann*, Regelmodelle und Prinzipienmodelle des Rechtssystems; *Marius Raabe*, Grundrechte und Erkenntnis – Der Einschätzungsspielraum des Gesetzgebers, 1998; *Clérico*, Die Struktur der Verhältnismäßigkeit; *Borowski*, Grundrechte als Prinzipien, 1. Aufl.; *Carsten Bäcker*, Begründen und Entscheiden, 2008; *Nils Teifke*, Das Prinzip Menschenwürde – Zur Abwägungsfähigkeit des Höchstrangigen, 2011, sowie die Habilitationsschrift von *Sieckmann*, Modelle des Eigentumsschutzes.

[50] Zum Prinzipienbegriff bei Ronald Dworkin, an den Alexy seinerseits anknüpfte, vgl. näher unten S. 64 ff. (mit den Nw. in Fn. 6 ff.).

[51] Vgl. zu einigen weiteren Vertretern der Prinzipientheorie aber unten S. 137 ff.

[52] Vgl. als Beispiele nur *Andreas von Arnauld*, Rechtssicherheit – Perspektivische Annäherungen an eine idee directrice des Rechts, 2006, S. 674–688 (Rechtssicherheit als Verfassungsprinzip, im Wesentlichen unter Zugrundelegung des Alexyschen Modells); *Heiko Sauer*, Jurisdiktionskonflikte in Mehrebenensystemen – Die Entwicklung eines Modells zur Lösung von Konflikten zwischen Gerichten unterschiedlicher Ebenen in vernetzten Rechtsordnungen, 2008, S. 419–424 (Prinzip der entscheidungsnahen Jurisdiktion); *Marcus Schladebach*, Praktische Konkordanz als verfassungsrechtliches Kollisionsprinzip – Eine Verteidigung, in: Der Staat 53 (2014), S. 263 (279–283). Siehe aus den Reihen der Kritiker das Zugeständnis bei *Matthias Jestaedt*, Glückwunsch – Robert Alexy 70 Jahre alt, in: JZ 2015, S. 823 (823) („Alexys Ansatz gehört auch jenseits seines eigentlichen Schülerkreises […] in verfassungsrechtswissenschaftlichen Arbeiten mit theoretischem Anspruch zum guten Ton […]."). Für eine Re-

– fernab vom Schlachtengetöse der Auseinandersetzung zwischen geschworenen Anhängern und Gegnern der Prinzipientheorie.

Die Herausforderung, die in Alexys Fundamentalkritik an absolut geschützten Rechten für die Interpretation gerade auch der Menschenwürdegarantie liegt, ist jedoch trotz aller generellen Ablehnung und Kritik, die ihm in der deutschen Diskussion weiterhin vielfach entgegenschlägt, bislang im Kern unbeantwortet geblieben. Auch dort, wo Alexys Prinzipientheorie abgelehnt wird – ja vielleicht gerade dort –, hat sie eine spürbare Ratlosigkeit darüber hinterlassen, ob und wie absolut geschützte Rechte heute noch kunstgerecht begründbar sein sollen.

Nachfolgende Arbeiten, die zum Problem grundrechtlicher Kernbereiche Stellung nehmen, wählen häufig einen von drei Wegen, die Alexys Einwand entweder zustimmen oder ihm jedenfalls nicht widersprechen. Der erste Weg besteht darin, den konkreten Inhalt der Menschenwürde auf einen vermeintlich eindeutigen, unstreitigen Bereich zu reduzieren. Der zweite besteht darin, die Menschenwürde ausdrücklich für abwägbar zu erklären. Der dritte besteht aus einer Kombination der ersten beiden Strategien. Eine weitere Variante besteht darin, das Problem mehr oder weniger auszublenden.[53] Nicht zuletzt an der nachhaltigen Verunsicherung, welche die Einwände Alexys ausgelöst haben, zeigt sich ihr geradezu beherrschender Einfluss auf die Kerngehaltsdebatte.

a) Reduzierung des materiellen Gehalts der Menschenwürde
(Enders, Hain)

Wenn Alexy Recht hätte, wäre Abwägungsfreiheit nur in eindeutigen Fällen möglich. Absoluter Schutz wäre nur noch dort zu haben, wo keinerlei – wie auch immer geringe – Zweifel mehr bestehen, und er wäre selbst dann stets nur solange zu halten, wie nicht doch im Einzelfall Zweifel auftauchen. Das Höflingsche Konkretisierungsdilemma[54] verschärfte sich damit erheblich: Die Strategie, die inhaltliche Reichweite der Menschenwürde auf einen abwägungsfreien Kern zu reduzieren, könnte dann nur noch dort funktionieren, wo jegliche Kollision *eindeutig* ausgeschlossen werden kann.

Wie die Debatte um das Folterverbot gezeigt hat, reichen jedoch Streit und Zweifel bei der Menschenwürdegarantie bis in den innersten Kern: Seit langem

---

zeption im Zivilrecht siehe *Thomas Riehm*, Abwägungsentscheidungen in der praktischen Rechtsanwendung – Argumentation, Beweis, Wertung, 2006.

[53] Siehe dazu (sowie zur Mitverantwortung der Kritik Alexys an absoluten Rechten dafür, dass die Aufgabe einer Konkretisierung grundrechtlicher Menschenwürdegehalte bislang weithin unerfüllt geblieben ist) *Hong*, Der Menschenwürdegehalt der Grundrechte, 1. Kap., I.4.d).

[54] Vgl. *Wolfram Höfling*, Die Unantastbarkeit der Menschenwürde – Annäherungen an einen schwierigen Verfassungsrechtssatz, in: JuS 1995, S. 857 (859) („Beides zusammen – also: große praktische Relevanz und absoluter Unbedingtheitsanspruch – ist nicht zu haben."). Dazu auch *Hong*, Der Menschenwürdegehalt der Grundrechte, 1. Kap., I.4.b).

glauben etliche, dass die staatliche Schutzpflicht für die Menschenwürde mit der Achtungspflicht kollidieren kann. Auch die schwersten Grundrechtseingriffe könnten danach ausnahmsweise zulässig sein, solange dadurch *noch schlimmere* Verletzungen der aus der Menschenwürde folgenden Ansprüche verhindert werden können. Einen eindeutigen, unbestrittenen Kernbereich der Menschenwürde kann es schon angesichts dieses Grundlagenstreites nicht geben – und es hat ihn deshalb bei näherem Hinsehen auch noch nie gegeben.[55]

Ein denkbarer Weg, unter diesen Bedingungen auf Alexys Einwand zu reagieren, liegt darin, den konkreten Festsetzungsgehalt der Menschenwürde auf Null zu reduzieren. Wenn Alexys Einwand zutrifft, kann allenfalls noch derjenige Kollisionen innerhalb der Menschenwürdegarantie vermeiden, der auf ihre inhaltliche Konkretisierung ganz verzichtet, sie von konkreten grundrechtlichen Inhalten völlig abgekoppelt, sie gänzlich auf abstrakte Aussagen reduziert.

In ihren Habilitationsschriften haben Christoph Enders und Karl-Eberhard Hain, bei aller Unterschiedlichkeit ihrer Ansätze im Übrigen, zumindest im Grundsatz diesen Weg eingeschlagen: Enders nahm an, die Menschenwürdegarantie umfasse lediglich ein abstraktes, nicht einklagbares „Recht auf Rechte",[56] ohne schon selbst Vorgaben für den konkreten Inhalt weiterer Rechte zu enthalten.[57] Für diesen Ansatz erhielt er etwa von Brugger und Isensee Zustimmung.[58] Hain sah in der Menschenwürdegarantie nur die prinzipiellen „Leitgedanken" Freiheit und Gleichheit normiert, ohne dass sich diesen Leitgedanken schon konkrete Festlegungen für den Einzelfall entnehmen lassen sollten.[59] Die Menschenwürde ist, so Hain, „zwar eine Norm von sehr hoher Standfestigkeit", aber

---

[55] Vgl. namentlich schon *Günter Dürig*, Der Grundrechtssatz von der Menschenwürde, in: AöR 81 (1956), S. 117 (128) („Pflichtenkollision").

[56] Zum fundamentalen Charakter eines „Rechts, Rechte zu haben" („right to have rights") s. auch bereits *Hannah Arendt*, The Origins of Totalitarianism, 1951, S. 187 ff. (294); U. S. Supreme Court, *Trop v. Dulles*, 356 U. S. 86, 102 (1958) („In short, the expatriate has lost the right to have rights.").

[57] So *Christoph Enders*, Die Menschenwürde in der Verfassungsordnung – Zur Dogmatik des Art. 1 GG, 1997, S. 501 ff. (mit der Überschrift: „Die Menschenwürde: Ein Recht auf Rechte."). Siehe aber zur späteren Weiterentwicklung von Enders Position auch näher *Hong*, Der Menschenwürdegehalt der Grundrechte, 1. Kap., I.4.a).

[58] *Winfried Brugger*, Christoph Enders, Die Menschenwürde in der Verfassungsordnung, in: AöR 124 (1999), S. 310 ff.; *Josef Isensee*, Würde des Menschen, in: Detlef Merten/Hans-Jürgen Papier (Hrsg.), Handbuch der Grundrechte in Deutschland und Europa, Bd. IV, 2011, § 87 Rn. 115.

[59] *Karl-Eberhard Hain*, Die Grundsätze des Grundgesetzes – Eine Untersuchung zu Art. 79 Abs. 3 GG, 1999, passim; ders., in: Hermann v. Mangoldt/Friedrich Klein/Christian Starck/Peter M. Huber/Andreas Voßkuhle (Hrsg.), Grundgesetz – Kommentar, 7. Aufl. 2018, Art. 79 Abs. 3 Rn. 67–69 (mit Fn. 188); ders., Konkretisierung der Menschenwürde durch Abwägung?, in: Der Staat 45 (2006), S. 189 (198): „genau und nur die Leitgedanken (äußere) Freiheit und Gleichheit".

„zugleich von sehr geringer inhaltlicher Dichte": „Der Gewissheit im ‚Absoluten' korrespondiert ‚absolute' Ungewissheit im Konkreten."[60]

Für beide Ansätze ist gerade der Verzicht auf inhaltliche Festlegungen zentral.[61] Enders hat diesen Grundgedanken an anderer Stelle wie folgt formuliert:

„Das subjektive öffentliche Recht [...] geht stets aus Abwägungen und dem Ausgleich mit gegenläufigen Interessen hervor und ist insofern bedingt durch die jeweiligen Umstände und nicht absolut feststehend. Es ist damit von einer Relativität, die der Unabwägbarkeit der Menschenwürde widerspricht [...]".[62]

Wer sich aus solchen Erwägungen heraus entschließt, den konkret verbindlichen Menschenwürdegehalt der Grundrechte auf Null zu reduzieren, braucht sich nicht mehr mit Alexys Kritik auseinanderzusetzen, dass alle konkret verbindlichen Norminhalte im Zweifelsfall für Abwägungen offen stehen müssen. Schließlich gibt es dann keine absolut geschützten Menschenwürdegehalte mehr, die noch gegen Alexys Einwand verteidigt werden müssten.

b) Abwägbarkeit des Höchstrangigen (Herdegen, Teifke, Wittreck)

Ein alternativer Weg, auf den Einwand Alexys zu reagieren, liegt darin, sein Abwägungsmodell zu akzeptieren, also die „Abwägbarkeit des Höchstrangigen"[63] ausdrücklich zu bejahen. So verfährt beispielsweise Teifke, der in seiner Dissertation, die unter Alexys Betreuung entstand, dessen Vorgaben im Wesentlichen unverändert zugrunde legt.[64] Auch die Kommentierung der Menschenwürdegarantie durch Herdegen legt eine Abwägbarkeit der Norm im Sinne Alexys zumindest nahe.[65]

---

[60] Ibid., S. 189 (211).
[61] Vgl. allerdings (u.a. mit Blick auf das Folterverbot) auch: *Hain*, Die Grundsätze des Grundgesetzes, S. 192 mit Fn. 33, 194 ff., 252 ff. (bes. mit Fn. 694 f.), 299 f.; *Enders*, Die Menschenwürde in der Verfassungsordnung, S. 443 f., 456 ff. (wo unter dem Gesichtspunkt der Wesensgehaltsgarantie einige Fallgruppen angesprochen werden). Zu Enders Position vgl. näher auch *Hong*, Der Menschenwürdegehalt der Grundrechte, 1. Kap., I.4.a). Für eine (noch) konsequentere „Vollendung des Paradigmenwechsels" zur Abwägbarkeit der Menschenwürde eintretend offenbar *Hain*, Konkretisierung der Menschenwürde durch Abwägung?, in: Der Staat 45 (2006), S. 189 (201); vgl. zum Folterverbot im Szenario der „ticking bomb" ibid., S. 213 Fn. 138.
[62] *Christoph Enders*, in: Karl H. Friauf/Wolfram Höfling (Hrsg.), Berliner Kommentar zum Grundgesetz. Loseblatt, Stand Mai 2018, Art. 1 (Bearb. 2005) Rn. 63; Hervorh. hinzugef. Vgl. auch den vorangehenden Satz: „Daß der Menschenwürde [...] Grundrechtsfunktion zugeschrieben wird, überzeugt [...] *aus grundsätzlichen normlogischen Erwägungen* nicht." (Hervorh. hinzugef.). Siehe auch die Wiedergabe der im Text zitierten Passage bei *Christoph Goos*, Innere Freiheit – Eine Rekonstruktion des grundgesetzlichen Würdebegriffs, 2011, S. 203.
[63] Vgl. den Untertitel der Arbeit von *Teifke*, Das Prinzip Menschenwürde.
[64] Näher dazu unten S. 142 ff.
[65] Siehe näher unten S. 180 ff.

Dieser Weg wird jedoch nicht nur in allgemeinen Arbeiten zur Menschenwürdegarantie beschritten. Alexys Kritik beeinflusst vielmehr auch die Diskussion über konkrete absolut geschützte Rechte. So findet sich seine Argumentation nicht zuletzt auch in der Debatte über das Folterverbot wieder. In einem einflussreichen Beitrag zur Thematik argumentierte beispielsweise Wittreck, die in bestimmten Fällen unausweichliche Konfliktentscheidung von Würde gegen Würde könne sich *„letztlich nur in vertrauten Formen der Abwägung* vollziehen".[66] Alexy selbst verweist bei seiner Ablehnung absolut geschützter Rechte in der Theorie der Grundrechte auf philosophische Beiträge zur Diskussion um das Folterverbot und legt so zumindest nahe, es ergebe sich gleichsam axiomatisch aus seinen norm- und begründungstheoretischen Erwägungen, dass auch die Folter ausnahmsweise zulässig sein müsse.[67]

c) Kombination von Reduzierung und Öffnung
für Abwägungen (Goos)

Eine dritte Antwort auf Alexys Einwand liegt darin, die beiden bisherigen Antworten zu kombinieren, also einen kollisionsfreien Kernbereich mit abwägbaren Normgehalten der Menschenwürdegarantie zu verbinden. In diese Richtung lässt sich der Vorschlag von Goos verstehen, innerhalb des Art. 1 Abs. 1 GG zwischen dem Antastungsverbot des *ersten* Satzes einerseits und der Achtungs- und Schutzpflicht des *zweiten* Satzes andererseits zu unterscheiden. Das Antastungsverbot (Art. 1 Abs. 1 S. *1* GG) begrenzt Goos auf eine eng verstandene „innere Freiheit", die er als absolut geschützt ansieht. Alle darüber hinausreichenden Inhalte der Menschenwürdegarantie ordnet er hingegen der Achtungs- oder der Schutzpflicht aus Art. 1 Abs. 1 S. *2* GG zu, die er als offen für Kollisionen und Abwägungen versteht. Das Antastungsverbot stuft Goos dabei ausdrücklich als Regel, die Achtungs- und die Schutzpflicht als Prinzipien im Sinne Alexys ein.[68] Allerdings weicht Goos insofern von Alexy ab, als er das Folterverbot – auch aus zustimmungswürdigen entstehungsgeschichtlichen

---

[66] Vgl. *Fabian Wittreck*, Menschenwürde und Folterverbot – Zum Dogma von der ausnahmslosen Unabwägbarkeit des Art. 1 Abs. 1 GG, in: DÖV 2003, S. 873 (879 f.) (Hervorh. hinzugef.); ebenso *ders.*, Achtungs- gegen Schutzpflicht? – Zur Diskussion um Menschenwürde und Folterverbot, in: Ulrich Blaschke/Achim Förster/Stephanie Lumpp/Judith Schmidt (Hrsg.), Sicherheit statt Freiheit? – Staatliche Handlungsspielräume in extremen Gefährdungslagen, 2005, S. 161 (177).
[67] *Alexy*, Theorie der Grundrechte, S. 272 mit Fn. 60; unklar insoweit *Teifke*, Das Prinzip Menschenwürde, der Alexy in seinen generellen Aussagen zur Abwägbarkeit aller Rechte folgt (ibid., S. 5, 124 f., 144), zugleich aber – unter Verweis auf *Hong*, Das grundgesetzliche Folterverbot und der Menschenwürdegehalt der Grundrechte, in: Beestermöller/Brunkhorst (Hrsg.), Rückkehr der Folter, S. 24 – Ausnahmen vom Folterverbot offenbar verneint (ibid., S. 138 Fn. 163); s. näher unten S. 142 ff.
[68] *Goos*, Innere Freiheit, S. 164–166.

Erwägungen –[69] dem absolut geschützten Antastungsverbot zurechnet.[70] Dabei bleibt jedoch unklar, wie sich dies mit der Anknüpfung an Alexys Modell verträgt kann, das in streitigen Bereichen eine Abwägungsfreiheit gerade nicht erlaubt – und zwar auch bei Regeln nicht, die sich nach Alexy in allen Zweifelsfällen für eine Abwägung mit Prinzipien öffnen müssen.[71]

d) Fazit: Wirkungsvolle Unterhöhlung der Fundamente der herrschenden Lehre durch Alexy

Die Auffassung, dass es absolut geschützte Menschenwürdegehalte der Grundrechte geben müsse, mag nach alledem zwar nach wie vor die herrschende sein. Mit seiner grundlegenden Kritik hat Alexy die Fundamente dieser Herrschaft jedoch derart wirkungsvoll unterhöhlt, dass sich heute kaum noch jemand bereitfindet, sie in der Sache nachhaltig zu verteidigen.[72] Zu sehr greift offenbar der Verdacht um sich, dass die Unantastbarkeit der Menschenwürde sich in Wahrheit grundrechtstheoretisch nicht mehr halten lässt, dass sie zu einem unhaltbaren „Dogma"[73] wird, das man allenfalls noch als „Tabu"[74] respektieren mag, für das sich aber juristisch längst schon keine überzeugenden Gründe mehr finden lassen, auch wenn der Verfassungswortlaut sie noch so deutlich statuieren mag. Schon der kaum zu unterschätzende faktische Einfluss, den die Einwände Alexys auf die deutsche Diskussion über grundrechtliche Kerngehalte haben, macht es zwingend notwendig, sich mit ihnen ausführlich auseinanderzusetzen. Mit anderen Worten: Wer heute noch absolut geschützte grundrechtliche

---

[69] Vgl. ibid., S. 172 f. (mit Fn. 851), unter Verweis auf *Hong*, Das grundgesetzliche Folterverbot und der Menschenwürdegehalt der Grundrechte, in: Beestermöller/Brunkhorst (Hrsg.), Rückkehr der Folter, S. 24 (28 f.).

[70] Vgl. *Goos*, Innere Freiheit, S. 189.

[71] Zu den verschiedenen Varianten eines solchen Einflusses von Prinzipien auf Regeln nach Alexy vgl. näher unten S. 63 ff.

[72] Einen unklar bleibenden Versuch dazu unternimmt immerhin *Jörg v. Walcke-Wulffen*, Bestimmung der Rechtsqualität des Menschenwürdeanspruchs gemäß Artikel 1 Absatz 1 Grundgesetz – ein Schritt zur Verrechtlichung der Menschenwürde, 2011. Er geht in seiner Dissertation ausführlich und zustimmend auf Alexys Prinzipientheorie ein (ibid., S. 83 ff., 94 ff., 158), will jedoch gleichwohl den absoluten Schutz der Menschenwürdegarantie bejahen. Erkennbar mit dem Problem ringend, wie sich dies mit Alexys Ansatz vereinbaren lassen soll (ibid., S. 108–121, 164–170), will er offenbar am Ende insoweit eine „Ausnahme" von der Prinzipientheorie vorsehen (vgl. ibid., S. 119: „Ausnahmecharakter dieser Abweichung", 169: „Ausnahme, welche die Theorie nicht grundsätzlich in Frage stellt"), ohne dass jedoch deutlich würde, welche Eigenschaften der „eigene[ ] Rechtsbegriff" aufweisen soll, den er in der Menschenwürdegarantie anstelle des in der Prinzipientheorie zugrunde gelegten „geschaffen" sieht (ibid., S. 121).

[73] Vgl. dazu *Hong*, Der Menschenwürdegehalt der Grundrechte, 1. Kap., I.4.a).

[74] Vgl. *Ralf Poscher*, Menschenwürde als Tabu – Die verdeckte Rationalität eines absoluten Rechtsverbots der Folter, in: Beestermöller/Brunkhorst (Hrsg.), Rückkehr der Folter, S. 75 ff., und *Hong*, Todesstrafenverbot und Folterverbot, 2. Kap., I.3.d).

Kerngehalte behaupten will, kommt an einer Auseinandersetzung mit Alexys Prinzipientheorie schlicht und einfach nicht vorbei.

3. Prophet im eigenen Lande – Die internationale Bedeutung Alexys

Ein zweiter strategischer Grund, der den Skeptikern dafür genannt sei, Alexys Modell näher in den Blick zu nehmen, liegt darin, dass er nicht nur in Deutschland, sondern auch international intensiv diskutiert wird.

Der hierzulande vielgescholtene Alexy erleidet das Schicksal des Propheten, der im eigenen Lande nichts gilt.[75] In der lebhaften internationalen Debatte um die Abwägung und den Verhältnismäßigkeitsgrundsatz[76] ist Alexy in einem Maße präsent, das für eine deutschsprachige Stimme – heute – äußerst ungewöhnlich ist. Das ist nicht zuletzt auch auf die englischsprachige Übersetzung der Theorie der Grundrechte zurückzuführen, die 2001 bei Oxford University Press erschien.[77] International wird Alexy vielfach als einer der profiliertesten Vertreter des Abwägungsgedankens wahrgenommen.[78] So hat beispielsweise

---

[75] Markus 6, Vers 4.

[76] *Alec Stone Sweet/Jud Mathews*, Proportionality, Balancing and Global Constitutionalism, in: Columbia Journal of Transnational Law 47 (2008), S. 72 ff.; *Aharon Barak*, Proportionality – Constitutional Rights and their Limitations, 2012; *Moshe Cohen-Eliya/Iddo Porat*, Proportionality and the Culture of Justification, in: Am. J. Comp. L. 59 (2011), S. 463 ff.; *Vicki C. Jackson*, Being Proportional about Proportionality, in: Const. Comment. 21 (2004), S. 803 ff.; *Kai Möller*, Balancing and the Structure of Constitutional Rights, in: Int'l J. Const. L. 5 (2007), S. 453 ff.; *Kai Möller*, Proportionality: Challenging the Critics, in: Int'l J. Const. L. 10 (2012), S. 709 ff.; *Kai Möller*, The Global Model of Constitutional Rights, 2012; *Mattias Kumm*, The Idea of Socratic Contestation and the Right to Justification – The Point of Rights-Based Proportionality Review, in: Law & Ethics of Human Rights 4 (2010), S. 141; *Möller*, The Global Model of Constitutional Rights ff.; *Johannes Saurer*, Die Globalisierung des Verhältnismäßigkeitsgrundsatzes, in: Der Staat 51 (2012), S. 3 ff.; *Matthias Klatt/Moritz Meister*, Verhältnismäßigkeit als universelles Verfassungsprinzip, in: Der Staat 51 (2012), S. 159 ff.; kritisch: *Reimer*, „… und machet zu Jüngern alle Völker"?, in: Der Staat 52 (2013), S. 27 ff.

[77] *Robert Alexy*, A Theory of Constitutional Rights, 2002; vgl. auch, neben zahlreichen weiteren englischsprachigen Veröffentlichungen Alexys, die beiden Monographie-Übersetzungen *ders.*, The Argument from Injustice – A Reply to Legal Positivism, 2009; *ders.*, A Theory of Legal Argumentation – The Theory of Rational Discourse as Theory of Legal Justification, 2010. Als englischsprachige Publikationen zu Alexys Theorie vgl. etwa die folgenden Sammelbände: *Agustín J. Menéndez/Erik O. Eriksen* (Hrsg.), Arguing Fundamental Rights, 2006; *Georg Pavlakos* (Hrsg.), Law, Rights and Discourse – The Legal Philosophy of Robert Alexy, 2007; *Matthias Klatt* (Hrsg.), Institutionalized Reason – The Jurisprudence of Robert Alexy, 2012; *Matthias Klatt/Moritz Meister*, The Constitutional Structure of Proportionality, 2012.

[78] *Stone Sweet/Mathews*, Proportionality, Balancing and Global Constitutionalism, in: Columbia Journal of Transnational Law 47 (2008), S. 72 (77) („Alexy's influential theory"); *Vicki C. Jackson*, Constitutional Engagement in a Transnational Era, 2010/2013, S. 61 f. (für „proportionality analysis" maßgeblich auf Alexys Argumente verweisend); *William Ewald*, The Conceptual Jurisprudence of the German Constitution, in: Const. Comment. 21 (2004),

F. I. Michelman auf einer Tagung zu Ronald Dworkin auf Alexy als denjenigen verwiesen, der unter den Verteidigern des Abwägungsgedankens heute vermutlich „an erster Stelle" zu nennen sei.[79] Und auch Jack Balkin beruft sich im Rahmen seiner Unterscheidung zwischen Regeln, Prinzipien und Standards (rules, principles and standards) für den Prinzipienbegriff auf Alexys Modell.[80]

4. Analyse der weltweiten gerichtlichen Praxis der Abwägung

Alexy wird selbst von scharfen Kritikern zu Recht zugestanden, dass seine Prinzipientheorie die gerichtliche Praxis der Grundrechtsabwägung in weiten Teilen zutreffend abbildet.[81] Angesichts des weltweiten Siegeszugs des Verhältnismäßigkeitsprinzips und der Abwägung erscheint es deshalb müßig, zu bestreiten, dass Alexy einen Nerv getroffen hat. Wer den Anschluss an die internationale Praxis nicht verlieren will, sollte eine Kritik der Abwägung daher nicht

---

S. 591 (591: „one of the most influential recent contributions to European thinking about the adjudication of constitutional rights"; *Virgilio Alfonso Da Silva*, Comparing the Incommensurable: Constitutional Principles, Balancing and Rational Decision, in: Oxf. J. Legal St. 31 (2011), S. 273 (276 mit Fn. 15); *Cohen-Eliya/Porat*, Proportionality and the Culture of Justification, in: Am. J. Comp. L. 59 (2011), S. 463 (478) („[t]he most succinct account of this conception"); *Silvina Alvarez*, Constitutional Conflicts, Moral Dilemmas, and Legal Solutions, in: Ratio Juris 24 (2011), S. 59 (65); *Charles-Maxime Panaccio*, In Defence of Two-Step Balancing and Proportionality in Rights Adjudication, in: Canadian J. L. & Jurispr. 2011, S. 109 (111 Fn. 7 [„Alexy's seminal proportionality theory"], 118 Fn. 33 [„father of proportionality theory"]); *Mattias Kumm*, Constitutional Rights as Principles – On the Structure and Domain of Constitutional Justice, in: Int'l J. Const. L. 2 (2004), S. 574 (596) („one of the most […] influential general accounts of constitutional rights"). Den internationalen Einfluss Alexys anerkennend auch *Jestaedt*, Glückwunsch, in: JZ 2015, S. 823 (823) („Anerkennung und Gefolgschaft […], die ihn als den derzeit weltweit wohl berühmtesten, meistgelesenen und -diskutierten deutschen Rechtswissenschaftler ausweisen").

[79] *Frank I. Michelman*, Foxy Freedom?, in: Boston University Law Review 90 (2010), S. 949 (956 f.) („if balancing is an intra-practice defensible modality of moral and legal judgment – as stoutly maintained by many, of whom Robert Alexy, among legal philosophers, may currently stand first […]").

[80] *Jack M. Balkin*, Living Originalism, 2011, S. 44, 349; zu diesem Werk näher *Hong*, Der Menschenwürdegehalt der Grundrechte, 1. Kap., V.7.b).

[81] Vgl. etwa *Matthias Jestaedt*, Phänomen Bundesverfassungsgericht – Was das Gericht zu dem macht, was es ist, in: *ders./Oliver Lepsius/Christoph Möllers/Christoph Schönberger*, Das entgrenzte Gericht – Eine kritische Bilanz nach sechzig Jahren Bundesverfassungsgericht, 2011, S. 77 (140), der Alexy zugesteht, „mit großer Durchschlagskraft demonstriert" zu haben, dass sich mit der Multifunktionalität der Grundrechte und der grundrechtskonformen Auslegung „leicht […] der Optimierungsgedanke verbinden" lasse; *ders.*, Glückwunsch, in: JZ 2015, S. 823 (823) („das nach wie vor theoriegesättigtste Deutungsmuster für die dem Abwägungsdenken verpflichtete Rechtsprechung des Bundesverfassungsgerichts"); *Alexander Heinold*, Die Prinzipientheorie bei Ronald Dworkin und Robert Alexy, 2011, S. 25 („hohe Erklärungskraft"); vgl. auch, zwischen der richterlichen Rechtanwendung und der Kontrolle des Gesetzgebers differenzierend *Friederike Valerie Lange*, Grundrechtsbindung des Gesetzgebers – Eine rechtsvergleichende Studie zu Deutschland, Frankreich und den USA, 2010, S. 232 f. („ein wohl realistisches Beschreibungsmuster für gerichtliche Entscheidungen").

formulieren, ohne präzise benennen zu können, an welchen Punkten und mit welchen Gründen sie Alexys Argumente entkräftet.

Die Abwägung hat sich bekanntlich zu einem globalen Exportschlager des deutschen Verfassungsrechts entwickelt, und zwar vor allem im Rahmen des Grundsatzes der Verhältnismäßigkeit, den das Bundesverfassungsgericht in Anknüpfung an das preußische Verwaltungsrecht entwickelt hat.[82] Der Europäische Gerichtshof für Menschenrechte und ihm folgend zunehmend auch der Gerichtshof der Europäischen Union bedienen sich bei Grundrechtseingriffen ebenso selbstverständlich der Abwägung („balancing") und der Verhältnismäßigkeitsprüfung („proportionality analysis") wie die Verfassungsgerichte und obersten Gerichtshöfe zahlreicher anderer demokratischer Verfassungsstaaten.[83] Der Prozess der weltweiten Ausbreitung der Grundrechtsabwägung dürfte noch keineswegs an seinem Zenit angelangt sein. Deshalb dürfte auch die Diagnose Borowskis durchaus zutreffend sein, der Prinzipientheorie stehe „mit der zunehmenden dogmatischen Durchdringung des nationalen, supranationalen und internationalen Rechts noch eine lange Konjunktur bevor".[84]

Eine gewisse Sonderrolle kommt allerdings nach wie vor dem U.S. Supreme Court zu, der nur in eng begrenzten Bereichen explizit abwägt.[85] Allerdings wird auch dort immer wieder darauf verwiesen, dass in der tatsächlichen Entscheidungspraxis der Abwägung eine weitaus größere Rolle zukomme, als das Gericht ihr häufig zugestehe.[86] Und in der Tat wird auch und gerade in den Ver-

---

[82] Vgl. dazu *Cohen-Eliya/Porat*, Proportionality and the Culture of Justification, in: Am. J. Comp. L. 59 (2011), S. 463 (465 m. Nw. in Fn. 4–16): „The principle of proportionality, which originated in Prussian administrative law, was incorporated in German constitutional law after World War II, and later was adopted by the European Court of Human Rights. This helped spreading the doctrine throughout continental Europe [...]. Today, it forms part of constitutional legal analysis in many non-European countries, including Canada, Israel, South Africa, Australia, New Zealand, Brazil, India, and South Korea." S. auch *Oliver Lepsius*, Die maßstabsetzende Gewalt, in: *Jestaedt/Lepsius/Möllers/Schönberger*, Das entgrenzte Gericht, S. 159 (204 m. Fn. 22) („wahrscheinlich größte juristische Leistung des Bundesverfassungsgerichts").

[83] Vgl. dazu etwa *Möller*, The Global Model of Constitutional Rights; s. auch die weiteren Nw. oben Fn. 76, S. 22.

[84] *Martin Borowski*, Abwehrrechte als grundrechtliche Prinzipien, in: Sieckmann (Hrsg.), Die Prinzipientheorie der Grundrechte, S. 81 (82 Fn. 3).

[85] *Daniel Halberstam*, Desperately Seeking Europe – On Comparative Methodology and the Conception of Rights, in: Int'l J. Const. L. 5 (2007), S. 166 (182) („continued exceptionalism of the United States").

[86] Vgl. exemplarisch die Auseinandersetzung um die zutreffenden Prüfungsmaßstäbe für das Grundrecht auf Waffenbesitz in *District of Columbia v. Heller*, 554 U. S. 570 (2008), 634–635 (Justice Scalia, op. of the Court: „The Second Amendment is no different. Like the First, it is the very *product* of an interest-balancing by the people – which JUSTICE BREYER would now conduct for them anew."; Hervorh. im Original), 690 (diss. op. Justice Breyer, joined by Justices Stevens, Souter, and Ginsburg: „I would simply adopt such an interest-balancing inquiry explicitly. [...] Contrary to the majority's unsupported suggestion that this sort of ‚proportionality' approach is unprecedented [...], the Court has applied it in various constitutional

III. Fünf gute Gründe, sich mit Alexys Prinzipientheorie auseinanderzusetzen

einigten Staaten die Gegenüberstellung von strikten und abwägungsoffeneren Rechtsmaßstäben, von „rules" einerseits und „standards" oder „principles" anderseits, bereits seit Jahrzehnten intensiv wissenschaftlich diskutiert – und zwar gerade auch anhand der Rechtsprechung des Supreme Court.[87]

Alexys theoretisches Instrumentarium erlaubt es, jedenfalls einen ganz erheblichen Teil der globalen Grundrechtsrechtsprechung analytisch zutreffend zu beschreiben.[88] Das gilt namentlich auch für die Vorstrukturierung der Abwägung durch prima facie geltende Vorrangregeln, Argumentationslasten und Vermutungen, deren praktische Bedeutung kaum überschätzt werden kann. Ihnen kommt im gerichtlichen Alltag nicht selten eine fallentscheidende Bedeutung zu.[89] Das Prinzipienmodell erfasst aber nicht nur die Begründungsstruktur der Einzelfallabwägung, sondern auch von sonstigen typologischen Begriffsdefinitionen, die mit einer gewichtenden Konjunktion oder Disjunktion fallbezogen graduierbarer, komparativer Merkmale arbeiten.[90] So tauchen in

---

contexts, including election-law cases, speech cases, and due process cases."). Siehe dazu: *Alec Stone Sweet/Jud Mathews*, All Things in Proportion? American Rights Doctrine and the Problem of Balancing, in: Emory L. J., S. 797 (799 Fn. 4); *Joseph Blocher*, Categoricalism and Balancing in First and Second Amendment Analysis, in: N. Y. U. L. Rev. 84 (2009), S. 375 ff.; *Moshe Cohen-Eliya/Iddo Porat*, The Hidden Foreign Law Debate in Heller – The Proportionality Approach in American Constitutional Law, in: San Diego L. Rev. 46 (2009), S. 367 ff.

[87] Vgl. nur *T. Alexander Aleinikoff*, Constitutional Law in the Age of Balancing, in: Yale L. J. 96 (1987), S. 943 ff.; *Antonin Scalia*, The Rule of Law as a Law of Rules, in: U. Chi. L. Rev. 56 (1989), S. 1175 ff.; *Kathleen M. Sullivan*, The Supreme Court 1991 Term – Foreword: The Justices of Rules and Standards, in: Harvard L. Rev. 106 (1992), S. 22 ff.; *Jamal Greene*, The Rule of Law as a Law of Standards, in: Georgetown L. J. 99 (2011), S. 1289 ff.

[88] Das gilt unbeschadet der stets erforderlichen Differenzierungen, etwa zwischen einer Übernahme nur der ersten beiden Teilgrundsätze des Verhältnismäßigkeitsgrundsatzes und einer Adaption auch des dritten Teilgrundsatzes; vgl. diese Differenzierungen zu Recht anmahnend: *Reimer*, „… und machet zu Jüngern alle Völker"?, in: Der Staat 52 (2013), S. 27 (55); *Rainer Wahl*, Der Grundsatz der Verhältnismäßigkeit – Ausgangslage und Gegenwartsproblematik, in: Dirk Heckmann/Ralf P. Schenke/Gernot Sydow (Hrsg.), Verfassungsstaatlichkeit im Wandel – Festschrift für Thomas Würtenberger zum 70. Geburtstag, 2013, S. 823, (833–835), der allerdings auch ein unmittelbar plausibles „‚Gesetz' von der Erhaltung der Wertungsbedürfnisse" postuliert, wonach Wertungen, die an einer Stelle verdrängt werden, häufig dogmatisch an anderer Stelle wieder auftauchen werden (ibid., S. 835; Hervorh. im Original). Vgl. auch *Verica Trstenjak/Erwin Beysen*, Das Prinzip der Verhältnismäßigkeit in der Unionsrechtsordnung, in: EuR 2012, S. 265 (269 f.), die zum einen auf Entscheidungen verweisen, in denen anders als in der dominanten Rechtsprechungslinie des EuGH nicht lediglich Geeignetheit und Erforderlichkeit, sondern auch Angemessenheit geprüft wird, zum anderen betonen, dass „auch bei den der dominanten Rechtsprechungslinie zuzurechnenden Urteilen trotz des Fehlens eines ausdrücklichen Hinweises auf das Erfordernis der Angemessenheit […] immer wieder Angemessenheitsüberlegungen" in die Prüfung einfließen.

[89] Vgl. zutr. *Frederick Schauer*, Balancing, Subsumption, and the Constraining Role of Legal Text, in: Klatt (Hrsg.), Institutionalized Reason, S. 307 („important and outcome-influencing burdens of justification"; „specifying the burdens of justification and allocating the order of enquiry can make the difference").

[90] Vgl. *Hans-Joachim Koch/Helmut Rüßmann*, Juristische Methodenlehre und analytische Philosophie, in: Robert Alexy/Ralf Dreier/Ulfrid Neumann (Hrsg.), Rechts- und So-

Einleitung

der Rechtsprechung des Bundesverfassungsgerichts zunehmend „Je-desto-Formeln" auf, mit denen derartige Gewichtungen in das Entscheidungsprogramm integriert werden, und zwar sowohl im Rahmen einer Einzelfallabwägung im engeren Sinne[91] als auch außerhalb.[92]

---

zialphilosophie in Deutschland heute – Beiträge zur Standortbestimmung, 1991, S. 186 (192), auch zur verwandten Larenzschen Typuskonzeption.

[91] Für Prognoseentscheidungen bei der Strafrestaussetzung für die lebenslange Freiheitsstrafe vgl. BVerfGE 117, 71 (99) – *Strafrestaussetzung lebenslange Freiheitsstrafe* (2006) („Je höherwertige Rechtsgüter in Gefahr sind, desto geringer muss das Rückfallrisiko sein."); BVerfG-K II/3 v. 29. 11. 2011, 2 BvR 1758/10, Rn. 28. Zur Sachaufklärung durch die Gerichte im gleichen Kontext vgl. BVerfGE 117, 71 (102) („Je länger der Freiheitsentzug dauert, desto höher sind die Anforderungen [...].").

Für Eingriffe in die Zusammensetzung einer gewählten Volksvertretung bei Wahlfehlern vgl. BVerfGE 103, 111 (135) – *Wahlprüfung Hessen* (2000) („Je tiefer und weiter die Wirkungen eines solchen Eingriffs reichen, desto schwerer muss der Wahlfehler wiegen, auf den dieser Eingriff gestützt wird"; s. auch ibid., Ls. 1); seither stRspr; vgl. BVerfGE 121, 266 (312); 129, 300 (344) – *5 %-Klausel Europäisches Parlament* (2011).

Für die Verletzung von Abgeordnetenrechten durch eine zu geringe Größe von Untergremien des Bundestages vgl. BVerfG, Urt. v. 28., 2 BvE 8/11 (*ESM-Gremium*), Rn. 128 („Je kleiner das Untergremium ausfällt, desto mehr Abgeordnete werden allerdings an der Wahrnehmung ihrer Statusrechte gehindert, und umso weniger ist insofern auch der Repräsentationsfunktion entsprochen. Daher steigen die Anforderungen an eine sachliche Rechtfertigung der Delegation von Entscheidungsbefugnissen mit der abnehmenden Größe eines Untergremiums.").

Für Persönlichkeitsverletzungen durch einen Roman: BVerfGE 119, 1 (1) – *Esra* (2007) (Ls. 4, S. 2 und 3: „Je stärker Abbild und Urbild übereinstimmen, desto schwerer wiegt die Beeinträchtigung des Persönlichkeitsrechts. Je mehr die künstlerische Darstellung besonders geschützte Dimensionen des Persönlichkeitsrechts berührt, desto stärker muss die Fiktionalisierung sein, um eine Persönlichkeitsrechtsverletzung auszuschließen."; s. auch ibid., S. 30); s. aber auch die Kritik der abw. Meinung Hohmann-Dennhardt, Gaier, ibid., S. 37 (39) („Mit solch quantitativem Messen [...] wird man der qualitativen Dimension der künstlerischen Verarbeitung von Wirklichkeit nicht gerecht."), und der abw. Meinung Hoffmann-Riem, ibid., S. 48 (bes. 50–52); vgl. auch *Meinhard Schröder*, Die Je-desto-Formel des Bundesverfassungsgerichts in der Esra-Entscheidung und ihre Bedeutung für Grundrechtsabwägungen, in: DVBl. 2008, S. 146 ff.

[92] Zu den Bestimmtheitsanforderungen an gesetzliche Eingriffsermächtigungen: BVerfGE 117, 71 (111) – *Strafrestaussetzung lebenslange Freiheitsstrafe* (2006) („Die Anforderungen an den Grad der Bestimmtheit sind umso strenger, je intensiver der Grundrechtseingriff ist, den eine Norm vorsieht [...]").

Zur „Sonderrechtsschwelle" bei Art. 5 Abs. 2 GG vgl.: BVerfGE 124, 300 (325) – *Wunsiedel* (2009): „Je mehr eine Norm so angelegt ist, dass sie absehbar allein Anhänger bestimmter politischer, religiöser oder weltanschaulicher Auffassungen trifft und somit auf den öffentlichen Meinungskampf einwirkt, desto mehr spricht dafür, dass die Schwelle zum Sonderrecht überschritten ist."

Für die Einschreitschwelle bei der Meinungsfreiheit als Konkretisierung des Grundsatzes der Verhältnismäßigkeit vgl. BVerfGE 124, 300 (333 f.) – *Wunsiedel* (2009) („Je konkreter und unmittelbarer ein Rechtsgut durch eine Meinungsäußerung gefährdet wird, desto geringer sind die Anforderungen an einen Eingriff; je vermittelter und entfernter die drohenden Rechtsgutverletzungen bleiben, desto höher sind die zu stellenden Anforderungen.

Die erhebliche analytische Leistungsfähigkeit der Alexyschen Prinzipientheorie für die Deutung der Gerichtspraxis sollte auch denen zu denken geben, die sowohl die Theorie als auch die Praxis der Grundrechtsabwägung skeptisch sehen. Angesichts der paradigmatischen Rolle, die das Abwägen in weiten Bereichen der Grundrechtspraxis spielt, muss eine Kritik an der Verabsolutierung der Abwägung, wenn sie bei der Praxis Gehör finden will, bei einer vertieften Auseinandersetzung mit jener Abwägungstheorie ansetzen, die für diese Praxis maßgeschneidert wurde.

5. Normative Berechtigung der Praxis der Einzelfallabwägung

Es gibt also mindestens drei gute strategische Gründe, sich mit Alexys Modell näher zu befassen: die faktische Bedeutung des Modells für die deutsche und für die internationale Lehre sowie seine analytisch weithin korrekte Beschreibung

---

Entsprechend sind Eingriffe in die Meinungsfreiheit umso eher hinzunehmen, als sie sich auf die Formen und Umstände einer Meinungsäußerung in der Außenwelt beschränken. Je mehr sie hingegen im Ergebnis eine inhaltliche Unterdrückung der Meinung selbst zur Folge haben, desto höher sind die Anforderungen an das konkrete Drohen einer Rechtsgutgefährdung."); BVerfG-K I/1 v. 8. 12. 2010, 1 BvR 1106/08 (*Publikationsverbot Führungsaufsicht*), Rn. 24.
  Zu den Kompetenzen von Leitungsorganen der Hochschulen vgl. BVerfGE 127, 87 (117 f.) – *Hbg. Hochschulgesetz* (2010) („Je stärker jedoch der Gesetzgeber das Leitungsorgan mit Kompetenzen ausstattet, desto stärker muss er im Gegenzug die direkten oder indirekten Mitwirkungs-, Einfluss-, Informations- und Kontrollrechte der Kollegialorgane ausgestalten, damit Gefahren für die Freiheit von Lehre und Forschung vermieden werden."); BVerfG (Erster Senat), Beschl. v. 24. Juni 2014, 1 BvR 3217/07 (*Medizinische Hochschule Hannover*), Ls. 2 („Je mehr, je grundlegender und je substantieller wissenschaftsrelevante personelle und sachliche Entscheidungsbefugnisse dem Vertretungsorgan der akademischen Selbstverwaltung entzogen und einem Leitungsorgan zugewiesen werden, desto stärker muss die Mitwirkung des Vertretungsorgans an der Bestellung und Abberufung und an den Entscheidungen des Leitungsorgans ausgestaltet sein."); vgl. auch ibid., Rn. 60.
  Zu den Anforderungen an gesetzliche Eingriffsschwellen bei Maßnahmen der hoheitlichen Informationserhebung und -verarbeitung vgl. BVerfGE 120, 378 (429) – *Kennzeichenerfassung* (2008) („Je gewichtiger die drohende oder erfolgte Rechtsgutbeeinträchtigung und je weniger gewichtig der Grundrechtseingriff ist, um den es sich handelt, desto geringer darf die Wahrscheinlichkeit sein, mit der auf eine drohende oder erfolgte Verletzung des Rechtsguts geschlossen werden kann, und desto weniger fundiert dürfen gegebenenfalls die Tatsachen sein, die dem Verdacht zugrunde liegen."); vgl. auch BVerfGE 115, 320 (360 f.) – *Rasterfahndung*; 113, 348 (386) – *Nds. SOG*; 110, 33 (60) – *AWG*; 100, 313 (392) – *G 10*.
  Zu den Grenzen der Rechtsfortbildung bei einer Verschlechterung der rechtlichen Situation des Einzelnen vgl. BVerfGE 138, 377 – *Vaterschaftsauskunft* (2015), Rn. 41 („[D]ie Rechtsfindung muss sich umso stärker auf die Umsetzung bereits bestehender Vorgaben des einfachen Gesetzesrechts beschränken, je schwerer die beeinträchtigte Rechtsposition auch verfassungsrechtlich wiegt."); Rn. 42 („Je schwerer die Belastung verfassungsrechtlich wiegt und je schwächer der verfassungsrechtliche Gehalt der damit durchzusetzenden Gegenposition ist, umso enger sind die Grenzen für die Rechtsfortbildung gesteckt […]".).

der globalen gerichtlichen Abwägungspraxis. Das sind Gründe, die auch für überzeugte Gegner der Prinzipientheorie von Interesse sein sollten.

Um aber von strategischen Erwägungen zur sachlichen Diskussion zurückzufinden, seien abschließend die inhaltlichen Gründe dafür vertieft, sich mit Alexys Modell näher zu befassen. Es stützt sich nicht nur auf einen charakteristischen Grundzug jeder juristischen Argumentation in Zweifelsfragen, sondern ist auch noch in einer zweiten Hinsicht zustimmungswürdig: Die gerichtliche Abwägungspraxis, die es analytisch weitgehend korrekt beschreibt, ist zu guten Teilen auch normativ gerechtfertigt.

Die vorliegende Untersuchung reiht sich also bewusst nicht in die Forsthoff-Schmittsche Linie einer generellen Abwägungspolemik[93] ein. Auch folgt sie nicht der Fundamentalkritik, die Bernhard Schlink[94] in der Tradition Max Webers[95] an der wissenschaftlichen Begründbarkeit von Abwägungsentscheidungen übt. Im Gegenteil, es zeichnet sich zunehmend ab, dass der von Alexy eingeschlagene Weg erfolgversprechend ist, partielle ordinale Vorrangbeziehungen zwischen graduierbaren Kriterien zum Bezugspunkt der juristischen Begründung zu machen.

Solche Vorrangbeziehungen lassen sich, wenn auch in begrenztem Umfang, mit rechtswissenschaftlichen Mitteln begründen. Die Entscheidungstheorie steht dem nicht entgegen. Insbesondere muss das Arrowsche Unmöglichkeitstheorem nicht als generelle Absage an interpersonelle Nutzenvergleiche verstanden werden;[96] eine Deutung, auf der jedoch die Kritik an der Wissenschaftlichkeit von Abwägungsentscheidungen seit Schlinks grundlegender Arbeit häufig fußt.[97] So ist der Wohlfahrtsökonom Amartya Sen schon in seiner Nobelpreisrede von 1998 unter dem programmatischen Titel: „The Possibility of Social Choice" der These einer generellen Unmöglichkeit interpersoneller Nutzenvergleiche in der Sozialwahltheorie entgegengetreten.[98]

---

[93] Vgl. dazu (kritisch) auch *Ulli F. H Rühl*, Tatsachen – Interpretationen – Wertungen – Grundfragen einer anwendungsorientierten Grundrechtsdogmatik der Meinungsfreiheit, 1998, S. 54.
[94] *Schlink*, Abwägung im Verfassungsrecht.
[95] Zu dieser Parallele vgl. *Rühl*, Tatsachen – Interpretationen – Wertungen, S. 391.
[96] Vgl. in diesem Sinne, insoweit auf *Schlink* verweisend, auch *Alexy* selbst: *Robert Alexy*, Individuelle Rechte und kollektive Güter (1989), in: *ders.*, Recht, Vernunft, Diskurs, S. 232 (242 mit Fn. 18, 20).
[97] Vgl. *Schlink*, Abwägung im Verfassungsrecht, S. 160–163, 177 f., 179 („[D]ie Aufgabe, die Wertordnung zu konstruieren, […] scheitert […] an den Agglomerierungsschwierigkeiten […]. Die ordinalistische Agglomerierung läuft an *Arrows* Unmöglichkeitssatz auf und ist nur um den Preis der Intoleranz zu retten."), 211 („Zwar kann Gesellschaft nicht auf Freiheits- und Nutzenvergleich und nicht darauf verzichten, den Vergleich in Konfrontation von Argumenten zu begründen. Aber die Begründungen können über das letzte Moment der Dezision, das beim interpersonellen Nutzenvergleich entscheidet, nicht hinwegtäuschen.").
[98] *Amartya Sen*, The Possibility of Social Choice, in: The American Economic Review 89 (1999), S. 349 (356 f.) („I would like to report that interpersonal comparisons of various types

Einzelfallabwägung ist keineswegs rundheraus und a limine irrational.[99] Sie hat in der Grundrechtsanwendung ihren legitimen Platz – wenn und soweit die Interpretation der jeweiligen Grundrechtsbestimmung ergibt, dass sie einen durch Abwägungen relativierbaren Inhalt hat. Zu denken ist namentlich an multipolare Grundrechtskonflikte. So arbeiten die Grundrechtsgerichte Kollisionen zwischen Meinungsfreiheit und Persönlichkeitsschutz zu Recht[100] in weitem Umfang mit dem Abwägungsinstrumentarium ab. Sie ermitteln bedingte Vorrangbeziehungen, die jedoch unter dem Vorbehalt der Berücksichtigung aller Umstände des Einzelfalls verbleiben, um die Flexibilität für spätere Weiterentwicklungen zu erhalten. Nicht nur das Bundesverfassungsgericht verfährt so,[101] sondern auch der Europäischen Gerichtshof für Menschenrechte.[102] Sogar innerhalb des U.S. Supreme Court findet sich mit Justice Stephen Breyer ein

---

can be fully axiomatized and exactly incorporated in social choice procedures. [...] Indeed, interpersonal comparisons need not be confined to ‚all or none' dichotomies. [...] There may, thus, be room for demanding ‚partial comparability' [...] [L]et me ask a big analytical question: [...] *Does Arrow's impossibility, and related results, go away with the use of interpersonal comparisons in social welfare judgments? The answer briefly is, yes.* [...] [E]ven ordinal interpersonal comparison is adequate to break the exact impossibility"); Hervorh. hinzugef. Siehe dazu auch *Hong*, Der Menschenwürdegehalt der Grundrechte, 1. Kap., II.2. Für einen bemerkenswerten Versuch, auch bei unterstellter Inkommensurabilität Entscheidungsmaßstäbe zu entwickeln siehe *Bruce Chapman*, Incommensurability, Proportionality, and Defeasibility, in: Law, Probability and Risk 12 (2013), S. 259 ff.

[99] Vgl. nur *Wahl*, Der Grundsatz der Verhältnismäßigkeit, in: Heckmann/Schenke/Sydow (Hrsg.), Festschrift Würtenberger, S. 823 (830) S. 8 („[P]ositiv und überzeugend war und ist es, dass der Grundsatz der Verhältnismäßigkeit und die ihm immanente Abwägung die Alles-oder-Nichts-Alternative hinter sich ließ und stattdessen das ganze Spektrum von Zwischenlösungen zwischen einem scharfen Ja oder einem scharfen Nein ausschöpfen kann [...].").

[100] Zur freiheitsschützenden Funktion der Abwägung in diesem Kontext vgl. nur *Johannes Masing*, Schmähkritik und Formalbeleidigung – zur Abwägungsdogmatik des Bundesverfassungsgerichts im Recht des Ehrschutzes, in: Alexander Bruns/Christoph Kern/Joachim Münch/Andreas Piekenbrock/Astrid Stadler/Dimitrios Tsikrikas (Hrsg.), Festschrift für Rolf Stürner zum 70. Geburtstag, 1. Teilband, Deutsches Recht, 2013, S. 25 (31–34, 38 f.) (32: Erfordernis einer „sachhaltigen und differenzierenden Abwägung" als „Kernelement der den Fachgerichten im Äußerungsrecht obliegenden Aufgabe"; 38: „Auflösung von Konflikten regelmäßig nur durch eine situationsbezogene Abwägung möglich"; 39: „Es können hier sachgerechte Ergebnisse nur durch eine bewusste Abwägung im Einzelfall gefunden werden.").

[101] StRspr seit BVerfGE 7, 198 – Lüth (1958); vgl. dazu *Dieter Grimm*, Die Meinungsfreiheit in der Rechtsprechung des Bundesverfassungsgerichts, in: NJW 1995, S. 1697 ff.; *Wolfgang Hoffmann-Riem*, Nachvollziehende Grundrechtskontrolle, in: AöR 128 (2003), S. 173 ff.

[102] Ebenfalls stRspr; vgl. EGMR, *Handyside v. United Kingdom*, Urt. v. 7. 12. 1970, No. 5493/72, § 49 („proportionate to the legitimate aim pursued"). Entscheidungen des EGMR ohne anderweitigen Nachweis sind nach der auf der Homepage des Gerichtshofs (http://hudoc.echr.coe.int/) greifbaren Fassung zitiert. Zum Vergleich der Rechtsprechungslinien von BVerfG und EGMR zur Meinungsfreiheit s. auch *Mathias Hong*, Caroline von Hannover und die Folgen – Meinungsfreiheit im Mehrebenensystem zwischen Konflikt und Kohärenz, in: EuGRZ 2011, S. 214, sowie ausführlicher: *ders.*, Caroline von Hannover und die Folgen – Meinungsfreiheit im Mehrebenensystem zwischen Konflikt und Kohärenz, in:

Befürworter der Abwägungsmethode, der sie dort gerade auch für bestimmte Bereiche der Meinungsfreiheit propagiert.[103]

In solchen multipolaren Konfliktbereichen kann es gerade dem Willen des Grundrechtsnormgebers entsprechen, dass ein Grundrecht durch eine Abwägung im Einzelfall relativierbar sein sollte. Wenn die möglichen Konfliktkonstellationen in ihrer Vielfalt kaum überschaubar sind, dann liegt es nahe, dass sich die entscheidungstragenden Gewichte der kollidierenden Grundsätze zumindest weithin nur von Fall zu Fall ermitteln lassen. Klassifizierungen, Fallgruppenbildungen und „typisierende Hilfsbegriffe" können insoweit die Abwägung strukturieren und vorprägen, ohne jedoch die Abwägung im Einzelfall vollständig ersetzen zu können.[104]

Die Methode der Abwägung hält dann dazu an, konsistent zu gewichten und in den bedingten Vorrangregeln die entscheidungstragenden Merkmale offenzulegen. Sie fördert so die Transparenz von Entscheidungsbegründungen, bewahrt mit ihrem Einzelfallvorbehalt aber zugleich jene Flexibilität, die gerade in den frühen Entwicklungsphasen von Rechtsprechungslinien erforderlich sein kann, um graduelle und nicht oder nur schwer vorhersehbare Unterschiede der Fallgestaltungen differenziert abbilden zu können – in denkendem Gehorsam gegenüber den vom Normgeber getroffenen grundrechtlichen Wertentscheidungen.

Wer bereit ist, der Prinzipientheorie so viel zuzugestehen, für den stellt sich allerdings besonders drängend die Frage, wie genau sich die überzeugenden Teile der Prinzipientheorie von der weitergehenden und offenkundig unrichtigen Behauptung Alexys isolieren lassen, *jedes* subjektive Recht müsse in *allen*

Nele Matz-Lück/Mathias Hong (Hrsg.), Grundrechte und Grundfreiheiten im Mehrebenensystem – Konkurrenzen und Interferenzen, 2012, S. 251 (267 ff.).

[103] Siehe etwa U. S. Supreme Court, *U. S. v. Alvarez*, 567 U.S. 709, 731 (2012) (Justice Breyer, concurring, with whom Justice Kagan joins): „Regardless of the label, *some such approach is necessary* if the First Amendment is to offer proper protection in the many instances in which a statute [...] warrants *neither near-automatic condemnation* (as „strict scrutiny" implies) *nor near-automatic approval* (as is implicit in „rational basis" review) [...] *I have used the term ‚proportionality' to describe this approach.* [...] But in this case, the Court's term ‚intermediate scrutiny' describes what I think we should do"; Hervorh. hinzugef. Breyer trat dort, gemeinsam mit Justice Kagan, für die Beurteilung unwahrer Tatsachenbehauptungen anhand des flexibleren Maßstabs der „intermediate scrutiny" ein.

[104] Vgl. für die Abwägung zwischen Kommunikationsfreiheit und Persönlichkeitsschutz bei der Bildberichterstattung BVerfGE 120, 180 (212 f.) – *Caroline von Hannover* (2008) („Es [...] kann der Rechtssicherheit dienen, die Abwägung [...] durch [...] typisierende Hilfsbegriffe oder durch Fallgruppenbildungen anzuleiten. [...] Die mit Abwägungen in multipolaren Konfliktlagen häufig verbundene Ungewissheit über ihren Ausgang lässt sich durch Klassifikationen allerdings regelmäßig nur unter dem Risiko einer Verallgemeinerung überwinden, die dem Ziel einer Berücksichtigung situationsbezogener Umstände zuwiderlaufen kann. Auf ergänzende Abwägungen im Einzelfall kann daher nicht grundsätzlich verzichtet werden.").

Bereichen dauerhaft auf diese Weise für Abwägungen offengehalten werden. Wer den Grundgedanken des Abwägens von Gründen und Normen ganz allgemein für zutreffend und zudem die grundrechtliche Einzelfallabwägung zumindest teilweise für gerechtfertigt hält, der muss zeigen, wie genau sich beides voneinander unterscheiden lässt, wenn doch die Prinzipientheorie genau dies für unmöglich erklärt. Das Postulat einer dauerhaften Abwägbarkeit aller Normen ist aufs Engste mit den theoretischen Grundannahmen Alexys verknüpft. Die Aufgabe besteht deshalb darin, Alexys Modell in einer konstruktiven Kritik so zu transformieren, dass dessen Stärken respektiert, aber zugleich seine Schwächen korrigiert werden.

Es mag deshalb zwar offenkundig sein, dass die Prinzipientheorie den Bogen im Ergebnis überspannt, wenn sie in ihrem Modell in streitigen Fragen keinerlei Raum dafür vorsieht, auf einen Vorbehalt der Einzelfallabwägung auch verzichten zu können. Aus rechtsdogmatischer Perspektive ist es jedoch entscheidend, wie sich dieses evidente Ergebnis genauer auf die Prinzipientheorie auswirkt. Nur wenn den Gründen dafür im Einzelnen nachgegangen wird, lässt sich ermitteln, in welchem Umfang und mit welcher Begründung sich Einzelfallabwägungen ausschließen lassen, obwohl alles Begründen in gewissem Sinne ein Abwägen ist und bleibt.

IV. Gang der Untersuchung

Alexys Theorie sucht an analytischer Reichhaltigkeit, Subtilität und Komplexität ihresgleichen.[105] Eine Auseinandersetzung mit ihr setzt daher den Versuch voraus, ihre Aussagen im Zusammenhang nachzuvollziehen. Dieser Versuch wird daher in den ersten fünf Kapiteln der Arbeit zunächst unternommen. Der genauere Blick auf das vermeintlich Bekannte fördert dabei durchaus Überraschendes zutage. Alexys These einer Unterscheidung von Regeln und Prinzi-

---

[105] Treffend die Charakterisierungen in der Rezension der englischen Übersetzung der Theorie der Grundrechte durch *Ewald*, The Conceptual Jurisprudence of the German Constitution, in: Const. Comment. 21 (2004), S. 591 (594: „[T]his is a challenging and difficult book, densely argued and densely written: it is not for beginners, nor for the faint of heart. But it is an important book, in many ways a brilliant book, and it richly repays close study. The intellectual project, the questions raised, the range of reference show a powerful legal mind at work [...]."; 598: „The discussions are intricate [...]; the arguments are pursued with a great deal of acumen and of attention to architectonic detail."; 599: „One comes away from this work, not so much persuaded by all of the arguments, as impressed by the range of problems, the subtlety of the distinctions, the range of scholarship, and especially by the sheer intellectual difficulty of constructing an architectonic constitutional theory that will satisfy Alexy's stringent demands.").

pien als zweier ‚normstrukturell' verschiedener Normenarten (1. Kap.) ist mit zwei zentralen Annahmen verbunden, die Alexy zwar deutlich formuliert, die in den zentralen Bausteinen seines Konzeptes, seinen ‚Gesetzen' und ‚Formeln', jedoch nur unzureichend zum Ausdruck gelangen (2. Kap.): Erstens geht Alexy von einer charakteristischen Unschärfe seiner Prinzipien in der Kollision aus, die zu Alexys Kollisionsgesetz, seinen beiden Abwägungsgesetzen und seiner Gewichtsformel stets hinzugedacht werden muss. Sie wird hier als „Alexysche Unschärfe" bezeichnet. Zweitens sieht Alexy den Prinzipienbegriff aufs Engste mit der Rationalität juristischer Argumentation verbunden: Nur Prinzipiennormen können ihm zufolge der fundamentalen begründungstheoretischen Einsicht, dass Gründe stets für eine Widerlegung durch Gegengründe offenstehen müssen, angemessen Rechnung tragen. Diese These wird hier, wie gesagt, als prinzipientheoretische „Exklusivitätsthese" bezeichnet.

Alexy geht in der Theorie der Grundrechte noch davon aus, dass sich Prinzipien und Regeln ihrer Normstruktur nach klassifikatorisch unterscheiden lassen (normstrukturelle Trennungsthese). Er hat diese Trennungsthese freilich schon in der Theorie der Grundrechte selbst, erst Recht in späteren Arbeiten, ganz erheblich relativiert (3. Kap.). Die Trennungsthese ist als *normstrukturelle* These zurückzuweisen und der gerade in den letzten Jahren verstärkt an der Prinzipientheorie geübten Kritik insofern zuzustimmen.[106] Gleichwohl bedarf die Frage einer differenzierenden Betrachtung, ob oder wie weit Poschers These zutrifft, dass damit die Unterscheidung zwischen Alexyschen Prinzipien und anderen Normen insgesamt obsolet werde, so dass die Prinzipientheorie zu einer Theorie ohne Gegenstand geworden sei („Alexy-Poscher-Debatte"; 4. Kap.). Entgegen der Kritik Poschers lässt sich die Trennungsthese als eine *norminhaltliche* Trennungsthese aufrechterhalten, die auf einem klassifikatorischen inhaltlichen Unterschied zwischen Prinzipien und anderen Normen beruht. Alexys Einwände gegen absolut geschützte Rechte (5. Kap.) haben deshalb bei näherem Hinsehen weniger einen „normstrukturellen" als vielmehr einen allgemein begründungstheoretischen Charakter. Sie stützen sich nicht auf normlogische oder „normstrukturelle" Gesetzmäßigkeiten, sondern auf die notwendige Widerlegbarkeit aller juristischen Behauptungen. Sie führen also auf die „Exklusivitätsthese" Alexys zurück.

Auf dieser Basis sind die Gemeinsamkeiten und Unterschiede zwischen einer Prinzipienabwägung und dem allgemeinen Spiel von Grund und Gegengrund genauer in den Blick zu nehmen. Die Abwägung der Gründe kann und darf auch bei der Begründung absolut geschützter Rechte nicht ausgeschlossen wer-

---

[106] Vgl. etwa die minutiöse Generalkritik von *Poscher*, Theorie eines Phantoms, in: Rechtswissenschaft 1 (2010), S. 349 ff. S. ferner etwa *Klement*, Vom Nutzen einer Theorie, die alles erklärt, in: JZ 2008, S. 756 ff.; dazu: *Jan-Reinard Sieckmann*, Zum Nutzen der Prinzipientheorie für die Grundrechtsdogmatik – Zu Jan Henrik Klement JZ 2008 756; Erwiderung; in: JZ 2009, S. 557 ff., und replizierend: *Klement*, Schlusswort, in: JZ 2009, S. 561 f.

den. Die Notwendigkeit, Gegengründe zuzulassen, schließt jedoch die Begründung absolut geschützter Rechte, anders als Alexy glaubt, nicht aus. Die prinzipientheoretische Exklusivitätsthese und die darauf beruhende Rekonstruktion grundrechtlicher Kernpositionen als nur scheinbar abwägungsfest sind deshalb zurückzuweisen (6. Kap.).

Das Prinzipienmodell Alexys ist zu einem Modell der Grundsatznormen weiterzuentwickeln, in dem die Abwägung der Gründe eine Kristallisation oder Aushärtung von abwägungsfesten Norminhalten nicht ausschließt, sondern sie gerade begründen kann – wenn und soweit sich zeigen lässt, dass die überwiegenden Gründe dafür sprechen, dass die Kollision der Grundsatznormen abschließend durch abwägungsfest geltende Vorrangbedingungen aufgelöst werden kann (7. Kap.). Der Widerlegbarkeit juristischer Gründe lässt sich so Rechnung tragen, ohne dass deshalb die Möglichkeit abwägungsfester Norminhalte verneint werden müsste.

1. Kapitel

Grundeigenschaften von Prinzipien nach Alexy

Einen wesentlichen Schritt der Argumentation Alexys bildet die Unterscheidung zwischen Regeln und Prinzipien als zweier „Klassen"[107] von Grundrechtsnormen, bei der es sich für ihn jedenfalls zunächst um eine „strukturtheoretische"[108] Unterscheidung handelt (normstrukturelle Trennungsthese). Diese Unterscheidung ist für Alexy zunächst die „für die Theorie der Grundrechte wichtigste" Aussage über den Charakter der Grundrechtsnormen.[109] Sie soll nicht weniger als der „Grundpfeiler des Gebäudes der Grundrechtstheorie", die „Grundlage der Theorie des grundrechtlichen Begründens" und der „Schlüssel zur Lösung zentraler Probleme der Grundrechtsdogmatik" sein.[110] Sie soll „eine qualitative Unterscheidung und keine dem Grade nach" sein: „Jede Norm ist entweder eine Regel oder ein Prinzip".[111]

Alexy nimmt an, dass zu den spezifischen Eigenschaften, die Prinzipiennormen von Regelnormen unterscheiden sollen, eine in besonderem Maße flexible „Normstruktur" gehöre. Diese besondere Flexibilität bildet das zentrale Thema, um das die Elemente der Alexyschen „Strukturtheorie" – das Kollisionsgesetz, die Theorie bedingter Vorrangrelationen und das Abwägungsgesetz – kreisen. Aus Alexys Sicht erfüllen Normen mit dieser Struktur eine zentrale und unersetzliche Funktion im Rahmen des rationalen grundrechtlichen Begründens.

I. Optimierungscharakter und Kollisionsverhalten

Das entscheidende Kriterium, das es erlaubt, „strikt" zwischen Regeln und Prinzipien zu unterscheiden, soll nach Alexy sein, dass Prinzipien „Optimierungsgebote" sind.[112] Optimierungsgebote sind für ihn Normen, die „gebieten,

---

[107] *Alexy*, Theorie der Grundrechte, S. 74.
[108] Ibid., S. 71.
[109] Ibid., S. 71.
[110] Ibid., S. 71.
[111] Ibid., S. 76 f.
[112] Vgl. ibid., S. 75 f.; (500 f.); vgl. bereits *ders.*, Zum Begriff des Rechtsprinzips (1979), in:

daß etwas in einem relativ auf die rechtlichen und tatsächlichen Möglichkeiten möglichst hohen Maße realisiert" wird.[113] Die rechtlichen Möglichkeiten werden außer durch Regeln wesentlich durch gegenläufige Prinzipien bestimmt. Regeln seien dagegen „Normen, die stets nur entweder erfüllt oder nicht erfüllt werden können".[114] Dieser entscheidende Unterschied[115] führe,[116] so Alexy, zu einem weiteren. Regeln und Prinzipien wiesen ein unterschiedliches Kollisionsverhalten auf, sie unterschieden sich „in der Art der Auflösung" von Kollisionen.[117] Diese beiden Eigenschaften, Optimierungscharakter und Kollisionsverhalten, bilden nach Alexy die „Grundeigenschaften" von Prinzipien, von denen alle weiteren Unterschiede zu Regeln abhängen sollen.[118]

Alexy hat allerdings die Grundannahme, dass sich Optimierungsgebote ihrer Normstruktur nach von Regeln unterscheiden, auf kritische Einwände von Jan-Reinard Sieckmann und Aulis Aarnio[119] hin in einer Veröffentlichung von 2000 ausdrücklich aufgegeben. Er erkennt seither an, dass Optimierungsgebote „als solche" ebenfalls nur entweder erfüllt oder nicht erfüllt werden können, also selbst die Struktur von Regeln aufweisen.[120] Alexy verweist jedoch seither darauf, dass Prinzipien *nicht nur* Optimierungsgebote seien, also Normen, die relativ auf die rechtlichen und tatsächlichen Möglichkeiten eine möglichst hohe Verwirklichung verlangen, sondern dass sie darüber hinaus als *„Prinzipien als solche"* oder als „zu optimierende Gebote" auch „ein ideales, *noch nicht auf die tatsächlichen und rechtlichen Möglichkeiten relativiertes* Sollen" enthalten.[121] Auf dieser Grundlage hält er weiterhin an der These einer normstrukturel-

---

ders., Recht, Vernunft, Diskurs, S. 177 (203). Siehe auch *ders.*, Grundrechte, Demokratie und Repräsentation, in: Der Staat 54 (2015), S. 201 (202); *ders.*, Menschenwürde und Verhältnismäßigkeit, in: AöR 140 (2015), S. 497 (500 f.).

[113] *Alexy*, Theorie der Grundrechte, S. 75; *ders.*, Menschenwürde und Verhältnismäßigkeit, in: AöR 140 (2015), S. 497 (500 f.).

[114] *Alexy*, Theorie der Grundrechte, S. 76.

[115] Vgl. ibid., S. 75.

[116] Vgl. ibid., S. 87: Das unterschiedliche Kollisions- bzw. Konfliktverhalten „ergab sich" aus der Definition von Prinzipien als Optimierungsgeboten und Regeln als Normen, die stets nur entweder erfüllt oder nicht erfüllt werden können.

[117] Ibid., S. 77. Der Begriff der Kollision wird hier und im weiteren in einem umfassenden Sinn verwendet, der alle Kollisionen zwischen Normen umfasst. *Alexy* unterscheidet hingegegen zwischen „Prinzipienkollisionen" und „Regelkonflikten" und verwendet als Oberbegriff denjenigen des „Normwiderspruchs im weitesten Sinne" (a.a.O., S. 94).

[118] Ibid., S. 87.

[119] *Aarnio*, Taking Rules Seriously, in: Maihofer/Sprenger (Hrsg.), Law and the States in Modern Times, S. 180 (187); *Sieckmann*, Regelmodelle und Prinzipienmodelle des Rechtssystems, S. 65, 67; s. bereits oben S. 7 (Fn. 26), mit den dortigen w. Nw.

[120] *Robert Alexy*, Zur Struktur der Rechtsprinzipien, in: Bernd Schilcher/Peter Koller/Bernd-Christian Funk (Hrsg.), Regeln, Prinzipien und Elemente im System des Rechts, 2000, S. 31 (38). Siehe auch noch unten S. 75 ff.

[121] *Ders.*, ibid., S. 31 (39); *ders.*, Ideales Sollen, in: Laura Clérico/Jan-Reinard Sieckmann (Hrsg.), Grundrechte, Prinzipien und Argumentation – Studien zur Rechtstheorie Robert Alexys, 2009, S. 21 (22–32); Hervorh. hinzugef.

I. Optimierungscharakter und Kollisionsverhalten

len Trennung zwischen Prinzipien und Regeln sowie an den beiden genannten Haupteigenschaften von Prinzipien fest, also an ihrem Charakter als (jedenfalls auch) Optimierungsgebote sowie an ihrem besonderen Kollisionsverhalten.[122]

Der Unterschied im Kollisionsverhalten zwischen Prinzipien und Regeln soll dabei in Folgendem liegen: Regelkonflikte werden durch Einfügung einer Ausnahmeklausel oder durch Verabschiedung einer der Regeln als ungültig aus der Rechtsordnung gelöst. Grundlegend anders soll es bei Prinzipienkollisionen sein. Bei ihnen soll lediglich eines der beiden kollidierenden Prinzipien „zurücktreten".[123] Ein solches Zurücktreten bedeutet jedoch, so Alexy, „weder, daß das zurücktretende Prinzip für ungültig zu erklären, noch, daß in das zurücktretende Prinzip eine Ausnahmeklausel einzubauen" ist:[124] „Vielmehr geht das eine Prinzip dem anderen unter bestimmten Umständen vor. Unter anderen Umständen kann die Vorrangfrage umgekehrt zu lösen sein. Dies ist gemeint, wenn gesagt wird, daß Prinzipien in konkreten Fällen unterschiedliche Gewichte haben und daß das Prinzip mit dem jeweils größeren Gewicht vorgeht."[125]

Der Grundgedanke Alexys ist also derjenige zweier normstrukturell grundverschiedener Normenklassen, die sich im Kollisionsfall unterschiedlich verhalten. Prinzipien haben sozusagen eine elastische Konsistenz. Sie reagieren flexibel auf die jeweilige Fallkonstellation, weichen hier zurück, dehnen sich dort wieder aus, je nachdem, welcher Gegendruck von gegenläufigen Prinzipien ausgeht. Sie verhalten sich mal so, mal so, je nach ihrem Gewicht im konkreten Fall. „Nur die Prinzipientheorie" soll nach Alexy dieses Phänomen eines flexiblen Normenverhaltens aufklären können, bei dem die „in einer Abwägung zurückgedrängte Norm weder verletzt noch ganz oder teilweise für ungültig erklärt wird, sondern vollständig in Geltung bleibt".[126] Regelkonflikte spielen sich danach „in der Dimension der Geltung" ab, während Prinzipienkollisionen „in der Dimension des Gewichts" stattfinden.[127]

---

[122] *Alexy*, A Theory of Constitutional Rights, Postscript, S. 388: „The central thesis of this book is that [...] constitutional rights are principles and that principles are optimization requirements"; *ders.*, Die Gewichtsformel, in: Joachim Jickeli/Peter Kreutz/Dieter Reuter (Hrsg.), Gedächtnisschrift für Jürgen Sonnenschein – 22. Januar 1938 bis 6. Dezember 2000, 2003, S. 771 (771 f.); *ders.*, Die Konstruktion der Grundrechte, in: Clérico/Sieckmann (Hrsg.), Grundrechte, Prinzipien und Argumentation, S. 9 (9 f.); *ders.*, Comments & Responses, in: Klatt (Hrsg.), Institutionalized Reason, S. 319 (342) („The heart of principles theory as a norm-theoretic theory is the definition of rules as definitive commands and of principles as optimization requirements."); vgl. auch *ders.*, Grundrechte, Demokratie und Repräsentation, in: Der Staat 54 (2015), S. 201 (202).
[123] *Alexy*, Theorie der Grundrechte, S. 77–79.
[124] Ibid., S. 79.
[125] Ibid., S. 79.
[126] *Ders.*, Zur Struktur der Rechtsprinzipien, in: Schilcher/Koller/Funk (Hrsg.), Regeln, Prinzipien und Elemente im System des Rechts, S. 31 (37).
[127] *Ders.*, ibid., S. 31 (37). Es gibt zwar, wie *Alexy* an anderer Stelle feststellt, Prinzipien,

II. Kollisionsgesetz und Theorie bedingter Vorrangrelationen

Den Grundgedanken einer flexiblen „Normstruktur" von Prinzipien arbeitet Alexy systematisch aus. Er stellt sich insbesondere der „entscheidende[n] Frage", nämlich „unter welchen Bedingungen welches Prinzip vorzugehen und welches zurückzuweichen hat".[128] Auf der einen Seite müssen diese Bedingungen verallgemeinerbar sein. Eine „universalistische Entscheidungspraxis"[129] verlangt, dass Fallentscheidungen nicht lediglich „ad hoc-Charakter" haben dürfen.[130] Um der fundamentalen Anforderung der Verallgemeinerbarkeit von Fallentscheidungen[131] gerecht zu werden, genügt es nicht, durch konkrete Fallentscheidungen „definitive *individuelle Normen*" zu erzeugen, die ganz auf einzelne Situationen zugeschnitten sind.[132] Kollisionsentscheidungen müssen vielmehr verallgemeinerbare Bedingungen benennen, unter denen das eine Prinzip dem anderen vorgeht. Es sind, mit anderen Worten, Regeln festzusetzen. Auf der anderen Seite muss aber weiterhin der elastischen, einzelfallsensiblen „Struktur" von Prinzipien Rechnung getragen werden. Wie Prinzipien zwar zur Festsetzung von Regeln führen, aber gleichzeitig ihre Flexibilität bewahren können – das ist die Frage, die die „Strukturtheorie" der Prinzipiennormen beantworten soll.

Die Antwort formuliert Alexy in seinem „Kollisionsgesetz":

Alexysches Kollisionsgesetz: „Die Bedingungen, unter denen das eine Prinzip dem anderen vorgeht, bilden den Tatbestand einer Regel, die die Rechtsfolge des vorgehenden Prinzips ausspricht".[133]

Prinzipienkollisionen werden durch eine Abwägung der kollidierenden Prinzipien aufgelöst, die zur Festsetzung einer sogenannten „bedingten Vorrangrelation" führt.[134] In der Vorrangrelation werden „unter Bezug auf den Fall Bedingungen angegeben", unter denen „das eine Prinzip dem anderen vorgeht".[135]

---

bei denen sich „die Geltungsfrage stellen kann" – er nennt „das Prinzip der Rassentrennung" als Beispiel –, diese Probleme kommen freilich nach *Alexy* „selten" vor (ibid., S. 94).

[128] *Ders.*, Theorie der Grundrechte, S. 82.
[129] *Ders.*, Normenbegründung und Normanwendung (1993), in: *ders.*, Recht, Vernunft, Diskurs, S. 52 (61); Hervorh. hinzugef.
[130] *Ders.*, ibid., S. 52 (61); Hervorh. hinzugef.
[131] Vgl. *ders.*, Theorie der juristischen Argumentation, passim, hier bes. S. 275.
[132] *Ders.*, Normenbegründung und Normanwendung (1993), in: *ders.*, Recht, Vernunft, Diskurs, S. 52 (61); Hervorh. hinzugef.
[133] *Ders.*, Theorie der Grundrechte, S. 84. Vgl. auch die ausführlichere Formulierung ibid., S. 83: „Wenn das Prinzip P_1 dem Prinzip P_2 unter den Umständen C vorgeht [...], und wenn sich aus P_1 unter den Umständen C die Rechtsfolge R ergibt, dann gilt eine Regel, die C als Tatbestand und R als Rechtsfolge enthält: $C \to R$."
[134] Ibid., S. 81.
[135] Ibid., S. 81.

Das Kollisionsgesetz formuliert „den Zusammenhang von bedingten Vorrangrelationen und Regeln".[136] Es gibt also an, wie sich die Vorrangrelationen zu Regeln umformulieren lassen, unter die dann „wie unter eine gesetzte Norm subsumiert werden kann".[137] Eine „Anwendung" der Prinzipientheorie „auf die Theorie der Grundrechtsnorm"[138] ergibt entsprechend, dass sich als „Ergebnis jeder richtigen grundrechtlichen Abwägung" eine „zugeordnete Grundrechtsnorm mit Regelcharakter formulieren" lässt, „unter die der Fall subsumiert werden kann".[139] Prinzipien- und Regelebene sind also „alles andere als unverbunden": „Einen Fall aufgrund einer Abwägung zu lösen, bedeutet, ihn durch eine Regel zu entscheiden, die durch gegenläufige Prinzipien begründet ist."[140]

III. Die beiden Abwägungsgesetze und die Gewichtsformel

Die bedingten Vorrangrelationen werden nach Alexy stets durch Abwägung festgesetzt. Abwägung ist „die für Prinzipien kennzeichnende Form der Anwendung" von Normen.[141] Dagegen soll die für Regeln charakteristische Form der Normanwendung die Subsumtion sein.[142]

Abwägung „im Sinne der Gewichtung von Prinzipien"[143] ist nach Alexy zunächst durch ihren graduellen, komparativen Charakter geprägt: Prinzipien können „in unterschiedlichen Graden erfüllt werden".[144] Die Dimension des Gewichts in der grundrechtlichen Argumentation im Anschluss an Ronald Dworkin[145] herauszustellen und systematisch zu untersuchen, ist für Alexy ein wesentliches Anliegen seiner Prinzipientheorie. Der Erfüllungsgrad der für ein Prinzip im konkreten Fall geboten ist, hängt dabei davon ab, wieweit gegenläufige Prinzipien erfüllt werden können und wie wichtig deren Erfüllung

---

[136] Ibid., S. 83.
[137] Ibid., S. 86; Hervorh. hinzugef.
[138] Ibid., S. 87.
[139] Ibid., S. 87, zum Begriff der zugeordneten Grundrechtsnorm vgl. ibid., S. 57 ff.
[140] *Ders.*, Zur Struktur der Rechtsprinzipien, in: Schilcher/Koller/Funk (Hrsg.), Regeln, Prinzipien und Elemente im System des Rechts, S. 31, S. 34 f.
[141] *Ders.*, Begriff und Geltung des Rechts, 1992, S. 120.
[142] Ibid., S. 120; *ders.*, Grundrechte als subjektive Rechte und als objektive Normen (1990), in: *ders.*, Recht, Vernunft, Diskurs, S. 262 (268). Als dritte grundlegende Form der Normanwendung sieht Alexy die Analogie an; vgl. *ders.*, Two or Three?, in: Martin Borowski (Hrsg.), On the Nature of Legal Principles, 2010, S. 9 ff.
[143] *Alexy*, Theorie der Grundrechte, S. 149 Fn. 222.
[144] *Ders.*, Begriff und Geltung des Rechts, S. 120.
[145] Siehe zur Bedeutung Dworkins für Alexys Theorie näher unten S. 64 ff.

ist. Diese wechselseitige Abhängigkeit der Prinzipien beschreibt Alexys (erstes) „Abwägungsgesetz":

(*Erstes*) *Abwägungsgesetz Alexys*: „Je höher der Grad der Nichterfüllung oder Beeinträchtigung des einen Prinzips ist, umso größer muß die Wichtigkeit der Erfüllung des anderen sein."[146]

Das Abwägungsgesetz sagt in erster Linie, „was zu begründen ist, [...] nämlich Sätze über Beeinträchtigungs- und Wichtigkeitsgrade".[147] Begründet werden diese Sätze wie sonst auch. Die „anführbaren Argumente" haben „keinen abwägungsspezifischen Charakter", sondern es kommt dafür „jedes auch sonst in der juristischen Argumentation mögliche Argument in Frage".[148] Die Begründung unterscheidet sich insofern „nicht von der Begründung semantischer Regeln, die zur Präzisierung vager Begriffe festzusetzen sind".[149]

Das Abwägungsgesetz verknüpft also juristische Begründung und Gewichtung von Prinzipien. Prinzipien sind Prima-facie-Gründe für Normen.[150] Ein Prinzip hat genau dann „ein größeres Gewicht" als ein gegenläufiges Prinzip „wenn es hinreichende Gründe dafür gibt", dass es „unter den im konkreten Fall gegebenen Bedingungen" diesem gegenläufigen Prinzip vorgeht.[151] Indem das Abwägungsgesetz die juristische Begründung auf Sätze über Beeinträchtigungs- und Wichtigkeitsgrade ausrichtet, bildet es den gewichtenden Charakter juristischer Begründungen ab.

Alexy hat sein erstes Abwägungsgesetz später durch ein zweites, „epistemisches Abwägungsgesetz" ergänzt, das die Frage der empirischen Gewissheit der Argumentationsprämissen berücksichtigen soll:

Zweites Abwägungsgesetz Alexys: „Je schwerer ein Eingriff in ein Grundrecht wiegt, desto größer muß die Gewißheit der den Eingriff tragenden Prämissen sein."[152]

Er hat, in demselben Beitrag, außerdem eine „Gewichtsformel" formuliert, die das Gewicht eines Prinzips in einem konkreten Fall genauer definieren soll. Die Kurzfassung dieser Formel lautet:[153]

---

[146] *Alexy*, Theorie der Grundrechte, S. 146; *ders*., Menschenwürde und Verhältnismäßigkeit, in: AöR 140 (2015), S. 497 (501).
[147] *Alexy*, Theorie der Grundrechte, S. 150.
[148] Ibid., S. 150.
[149] Ibid., S. 145.
[150] Ibid., S. 90 f.
[151] Ibid., S. 82 f.
[152] *Ders*., Die Gewichtsformel, in: Jickeli/Kreutz/Reuter (Hrsg.), Gedächtnisschrift Sonnenschein, S. 771 (789).
[153] *Ders*., ibid., S. 771 (790 m. Fn. 37, in der die „ausführliche Fassung" angegeben ist); *ders*., Menschenwürde und Verhältnismäßigkeit, in: AöR 140 (2015), S. 497 (502). Vgl. zuvor bereits *ders*., A Theory of Constitutional Rights, Postscript, S. 406–408, 419; dazu: *ders*., Zur Struktur der Grundrechte auf Schutz, in: Sieckmann (Hrsg.), Die Prinzipientheorie der Grundrechte, S. 105 (110) („in einer recht umständlichen Form").

$$G_{i,j} = \frac{I_i \cdot G_i \cdot S_i}{I_j \cdot G_j \cdot S_j}$$

Der Gegenstand der Formel, „$G_{i,j}$", ist das Gewicht des Prinzips P_i relativ auf ein gegenläufiges Prinzip P_j unter den Umständen des zu entscheidenden Falles, „kurz, sein konkretes Gewicht".[154] Ihre maßgeblichen Faktoren sind die jeweiligen Eingriffsintensitäten im konkreten Fall (I_i und I_j),[155] die abstrakten Gewichte der Prinzipien (G_i und G_j) und der Grad der Sicherheit der empirischen und normativen[156] Annahmen darüber, was die jeweilige Maßnahme für die Nichtrealisierung oder Realisierung der Prinzipien bedeutet (S_i und S_j). Das konkrete Gewicht soll danach der Quotient[157] aus dem Produkt dieser Faktoren für das jeweilige Prinzip sein.[158]

IV. Indifferenzkurven – Gesetz der abnehmenden Grenzrate der Substitution (I)

Die Ideen, die hinter dem Abwägungsgesetz stehen, lassen sich nach Alexy durch Indifferenzkurven illustrieren, wie sie in den Wirtschaftswissenschaften oder in der Entscheidungstheorie verwendet werden. Durch Indifferenzkurven kann das Substitutionsverhältnis zwischen Gütern abgebildet werden, zum Beispiel zwischen Wein und Kaffee. Die Kurve wird durch diejenigen Austauschverhältnisse gebildet, die als gleichermaßen gut (indifferent) bewertet werden. Wenn ich beispielsweise neun Flaschen Wein und zehn Pfund Kaffee besitze, könnte es mir genauso lieb sein, zehn Flaschen Wein und neun Pfund Kaffee zu

---

[154] *Alexy*, Die Gewichtsformel, in: Jickeli/Kreutz/Reuter (Hrsg.), Gedächtnisschrift Sonnenschein, S. 771 (784).

[155] Vgl. *ders.*, ibid., S. 771 (788).

[156] Das Gesetz bezieht sich auf den „Grad der Sicherheit der *empirischen Annahmen* darüber, was die jeweils zu beurteilende Maßnahme für die Nichtrealisierung des einen und die Realisierung des anderen Prinzips bedeutet" (ibid.; Hervorh. hinzugef.). Vgl. dazu sowie zur Frage einer Ausweitung der Geltung des zweiten Abwägungsgesetzes auf normative Unsicherheiten *Matthias Klatt/Johannes Schmidt*, Epistemic Discretion in Constitutional Law, in: Int'l J. Const. L. 10 (2012), S. 69 (90 f. mit den Nw. in Fn. 73).

[157] Zur geometrischen Skalierung, aufgrund derer Alexy von einer Differenzformel zu einer Quotientenformel übergeht, vgl. *Alexy*, Die Gewichtsformel, in: Jickeli/Kreutz/Reuter (Hrsg.), Gedächtnisschrift Sonnenschein, S. 771 (785).

[158] Vgl. *ders.*, ibid., S. 771 (790). Petersen bezweifelt (auch) die konsistente mathematische Umsetzbarkeit dieser Formel, solange man wie Alexy nur von ordinalen Skalen ausgehe, weil Multiplikation und Division kardinale Verhältnisskalen voraussetzten: *Petersen*, Verhältnismäßigkeit als Rationalitätskontrolle, S. 63–64.

haben, so dass ich bereit wäre, mein zehntes Pfund Kaffee herzugeben, um dafür eine zehnte Flasche Wein zu bekommen.

Für Prinzipien gilt nach Alexy das „Gesetz der abnehmenden Grenzrate der Substitution". Das Gesetz gilt, wenn die Steigung („Grenzrate") der Indifferenzkurve mit fortgesetzter Substitution abnimmt: Wenn ich also im Beispiel für zusätzliche Flaschen Wein, die elfte oder zwölfte Flasche, und so weiter, immer kleinere Mengen Kaffee bezahlen würde, also immer kleinere Anteile eines Pfunds. Bei einer Indifferenzkurve für zwei Güter drückt sich dies in einer vom Nullpunkt des Koordinatensystems aus betrachtet konvexen Form der Indifferenzkurve aus. Nach Alexy gilt dieser Zusammenhang auch für Prinzipien: Ein Prinzip wird, „je weiter es zurückgedrängt wird, desto resistenter"; die Stärke der gegenläufigen Gründe „muß überproportional wachsen".[159] Wenn beispielsweise das Prinzip des Persönlichkeitsschutzes in der Kollision mit dem Prinzip der Pressefreiheit zurückgedrängt wird, so muss das Gewicht der Pressefreiheit überproportional anwachsen, um zusätzliche Beeinträchtigungen noch rechtfertigen zu können.

V. Abwägung und Verhältnismäßigkeitsgrundsatz

Alexy nimmt an, dass „der Grundsatz der Verhältnismäßigkeit mit seinen drei Teilgrundsätzen [...] aus dem Prinzipiencharakter logisch folgt, also aus ihm deduzierbar ist".[160] Aus dem Gebot der Optimierung relativ auf die tatsächlichen Möglichkeiten folgen danach die Gebote der Geeignetheit und Erforderlichkeit,[161] während das Gebot der Optimierung relativ auf die rechtlichen Mög-

---

[159] Vgl. deutlich *Alexy*, Theorie der Grundrechte, S. 271 („Es ist oben dargelegt worden, dass ein Prinzip, je weiter es zurückgedrängt wird, desto resistenter wird. Die Stärke der gegenläufigen Gründe muß überproportional wachsen. *Dies entspricht* dem durch Indifferenzkurven darstellbaren Gesetz der abnehmenden Grenzrate der Substitution."), unter Verweis auf ibid., S. 146 f. (vgl. allerdings den unklareren Wortlaut dort: „*Derartige Indifferenzkurven* entsprechen dem Gesetz der abnehmenden Grenzrate der Substitution."); Hervorh. hinzugef.

[160] Ibid., S. 100; vgl. auch, dies bekräftigend, *ders.*, Grundrechte und Verhältnismäßigkeit, in: Utz Schliesky/Christian Ernst/Sönke E. Schulz (Hrsg.), Die Freiheit des Menschen in Kommune, Staat und Europa – Festschrift für Edzard Schmidt-Jortzig, 2011, S. 3 (9).

[161] Vgl. auch *Robert Alexy*, Verfassungsrecht und einfaches Recht – Verfassungsgerichtsbarkeit und Fachgerichtsbarkeit, in: VVDStRL 61 (2002), S. 7, S. 7 (18): „[D]ie Grundsätze der Geeignetheit und Erforderlichkeit verlangen [...] nichts anderes als eine möglichst weitgehende Realisierung [...] relativ auf die tatsächlichen Möglichkeiten, also Pareto-Optimalität." Zur Pareto-Optimalität siehe auch: *Schlink*, Abwägung im Verfassungsrecht, S. 181 f.; *Alexy*, Theorie der Grundrechte, S. 149 Fn. 222; *Clérico*, Die Struktur der Verhältnismäßigkeit S. 111–119 (ausf. und m.w.Nw.).

lichkeiten mit dem Gebot der Verhältnismäßigkeit im engeren Sinne identisch sei.[162] Die „Je-desto-Formel"[163] des Abwägungsgesetzes beschreibe genau jene Relation zwischen der Eingriffsschwere und dem Gewicht der Rechtfertigungsgründe, die den Kern der Prüfung der Verhältnismäßigkeit im engeren Sinne bilde.

VI. Alexysche Prinzipien und grundrechtliche Argumentation

Nach Alexy bestehen enge Verbindungen zwischen Prinzipien und grundrechtlicher Argumentation.

1. Geltung von Prinzipien – Prinzipien und Gründe

Dies zeigt sich zunächst an den Geltungskriterien für grundrechtliche Prinzipien unter dem Grundgesetz. Ein Prinzip ist nach Alexy „für das grundrechtliche Entscheiden unter dem Grundgesetz dann relevant, wenn es zu Recht für oder gegen eine grundrechtliche Entscheidung angeführt werden kann": „Kann es zu Recht angeführt werden, *so gilt es.*"[164] An anderer Stelle bezeichnet Alexy Prinzipien ausdrücklich selbst als Gründe:

„Prinzipien stellen Gründe dar, die durch gegenläufige Gründe ausgeräumt werden können."[165]

Die Verbindung zwischen Prinzipientheorie und Theorie der juristischen Argumentation ist nach Alexys Vorstellungen daher denkbar eng: Jedem Belang, der ‚zu Recht' im Rahmen der grundrechtlichen Argumentation angeführt werden kann, entspricht ein Prinzip, das schon aufgrund dessen als Norm Geltung beansprucht. Die Prinzipientheorie hebt damit die Unterscheidung zwischen Normen und Gründen für Normen weitgehend auf.

---

[162] Vgl. *Alexy*, Theorie der Grundrechte, S. 100–104.
[163] *Ders.*, Verfassungsrecht und einfaches Recht – Verfassungsgerichtsbarkeit und Fachgerichtsbarkeit, in: VVDStRL 61 (2002), S. 7 (19).
[164] *Ders.*, Theorie der Grundrechte, S. 117; Hervorh. hinzugef.
[165] Ibid., S. 88; siehe auch ibid., S. 90 ff. („Regeln und Prinzipien als Gründe"), 90 („Prinzipien sind stets *prima facie-Gründe* [...]", Hervorh. im Original).

2. Grundrechtsbestimmungen, Grundrechtsnormen, Grundrechtspositionen

Alexy legt einen semantischen Rechtsnormbegriff zugrunde. Er unterscheidet also zwischen dem Normsatz als sprachlicher Formulierung und der durch einen solchen Satz statuierten Norm. Eine Norm ist „die Bedeutung eines Normsatzes",[166] so wie die Bedeutung des Aussagesatzes die Aussage (oder der Gedanke oder die Proposition) ist.[167] Für die grundrechtlichen Normsätze verwendet Alexy den Begriff der Grundrechtsbestimmung – statt des „etwas hölzernen Ausdrucks" des Grundrechtsnormsatzes.[168]

Über Grundrechtsnormen werden durch Normbehauptungen oder „Normgeltungssätze" als Sprechakte[169] Geltungsbehauptungen aufgestellt, zu denen als Unterklasse „Interpretationsbehauptungen" gehören.[170] Solche Normgeltungsbehauptungen können wahr oder falsch sein.[171] Eine Grundrechtsnorm gilt, wenn für sie „eine korrekte grundrechtliche Begründung möglich ist".[172]

Alexy unterscheidet genauer zwischen Grundrechtsnormen, die unmittelbar durch den Text statuiert werden, und solchen, die aus diesen Normen als ‚zugeordnete Grundrechtsnormen' durch Interpretation abgeleitet werden.[173] Auch die Behauptung einer unmittelbaren Statuierung durch den Normtext muss freilich als Normgeltungsbehauptung korrekt begründet werden. Auch wenn dazu „in aller Regel ein Hinweis auf den Text der Verfassung" ausreicht,[174] ist die als ‚unmittelbar statuiert' behauptete Norm in einem weiteren Sinne damit ebenfalls eine (der Grundrechtsbestimmung) ‚zugeordnete' Norm. Die Argumentationskette verläuft also etwa so: Der Grundrechtsbestimmung, etwa dem Normsatz: „Die Kunst ist frei.", wird eine entsprechende Grundrechtsnorm zugeordnet, etwa die Norm: „Die Kunst ist frei." (unmittelbar statuierte Norm im Sinne Alexys). Dieser Norm werden dann durch (weitere) Interpretationsbehauptungen weitere Normen zugeordnet (zugeordnete Normen im Sinne Alexys).

---

[166] Vgl. ibid., S. 42 f. mit den Nw. in Fn. 10; zur Unterscheidung von Norm und Normsatz vgl. ferner etwa *Klaus F. Röhl/Hans Christian Röhl*, Allgemeine Rechtslehre – Ein Lehrbuch, 3. Aufl., 2008, § 22 IV, S. 195 f.; *Rühl*, Tatsachen – Interpretationen – Wertungen, S. 382 f.
[167] Vgl. *Alexy*, Theorie der Grundrechte, S. 46.
[168] Ibid., S. 54–57. Zu den Grundrechtsbestimmungen zählt er „die in Art. 1 bis 19 GG formulierten Sätze und die in Art. 20 Abs. 4, 33, 38, 101, 103 und 104 enthaltenen individuellen Rechte gewährenden Sätze", ibid., S. 56.
[169] Ibid., S. 50–53.
[170] Ibid., S. 52, Hervorh. im Original.
[171] Ibid., S. 51.
[172] Ibid., S. 63.
[173] Ibid., S. 57–63.
[174] Ibid., S. 63. Im Einzelnen ist mit einem solchen Verweis als Argument für die Geltungsbehauptung der unmittelbaren Statuierung etwa implizit die Behauptung über eine *Normsetzung* (die Verfassungsgebung) verbunden (vgl. ibid., S. 53).

Die Grundrechtsnormen begründen unter anderem subjektive Rechte. Alexy verwendet gleichsam als Oberbegriff für die Definition subjektiver Rechte den Begriff der „Position". Als Positionen bezeichnet er durch Normen verliehene oder begründete Eigenschaften (von Personen) und Relationen (zwischen Personen und zwischen Personen und Handlungen).[175] Wenn eine Grundrechtsnorm jeder Person das Recht gewährt, ihre Meinung frei zu äußern, versetzt sie jede Person in die Position, Trägerin eines solchen Rechtes zu sein. Die als subjektive Rechte zu bezeichnenden Positionen unterteilt Alexy in „Rechte auf etwas", „Freiheiten" und „Kompetenzen".[176] Rechte auf etwas definiert Alexy als dreistellige Relation, als durch eine Norm begründete Positionen des Trägers eines Rechts, von einem Adressaten etwas fordern zu können, nämlich den Gegenstand des Rechts, wobei der Gegenstand des Rechts stets in einer Handlung des Adressaten besteht.[177]

3. Grundrechtliche Argumentation – Sonderfallthese und Diskurstheorie

Alexy verweist in zentralen Hinsichten jeweils auf die allgemeinen Maßstäbe grundrechtlicher Argumentation: Eine Grundrechtsnorm gilt, wenn für sie „eine korrekte grundrechtliche Begründung" möglich ist.[178] Ein Prinzip gilt, wenn es „zu Recht für oder gegen eine grundrechtliche Entscheidung angeführt werden kann".[179] Das Gewicht eines Prinzips in der Abwägung hängt von „Sätze[n] über Beeinträchtigungs- und Wichtigkeitsgrade" ab, für deren Begründung jedes auch sonst in der juristischen Argumentation mögliche Argument in Frage" kommt.[180] Ebenso ist die Frage, wann die prima facie vorrangige Regelebene gegenüber der Prinzipienebene zurücktreten muss nach Alexy „Gegenstand der grundrechtlichen Argumentation".[181]

Für die grundrechtliche Argumentation steht nach Alexy zum einen der Rekurs auf autoritative Argumente offen, also auf den Wortlaut, auf den Willen des Verfassungsgebers sowie auf Präjudizien.[182] Sodann sind dogmatische Argumente zulässig, also im Bereich der Grundrechte Argumente aus materialen Grundrechtstheorien,[183] wobei eine materiale Grundrechtstheorie „als allgemeine normative Theorie der Grundrechte" nach Alexy „nur in Form der Prin-

---

[175] Vgl. ibid., S. 163.
[176] Ibid., S. 171 ff. (171).
[177] Ibid., S. 171 f.
[178] Ibid., S. 63, s. oben S. 44 (Fn. 172).
[179] Ibid., S. 117, s. oben S. 43 (Fn. 164).
[180] Ibid., S. 150; s. oben S. 40 (Fn. 148).
[181] Ibid., S. 122, siehe unten S. 107 (bei Fn. 21).
[182] Ibid., S. 501–508.
[183] Ibid., S. 508–520.

zipientheorie möglich" ist.[184] Die materiale Grundrechtstheorie ist zwar ihrerseits unter Bezugnahme auf Verfassungsgesetz und Präjudizien zu begründen, geht jedoch auch über diese hinaus und ist daher „im wesentlichen nicht autoritativ, sondern argumentativ" gestützt.[185] Gesetz, Präjudiz und Dogmatik als „Basis"[186] des grundrechtlichen Argumentierens bilden daher nach Alexy „eine Linie deutlich abnehmender autoritativer Kraft".[187]

Auch nach Ausschöpfung aller autoritativen und dogmatischen Argumente verbleibt nach Alexy jedoch noch „eine beträchtliche Rationalitätslücke", in die dann „der grundrechtliche Diskurs" tritt.[188] In diesem kann dann der Rückgriff auf „allgemeines praktisches Argumentieren" notwendig werden,[189] also auf nichtpositivistische Argumente etwa aus Verfassungstheorie und Rechts- und Staatsphilosophie. Alexy verweist insoweit auf seine *Theorie der juristischen Argumentation*[190] und damit auf die „Diskurstheorie" als eine – nach seinem Urteil – „besonders aussichtsreiche Version einer prozeduralen Moraltheorie",[191] die die juristische Argumentation als einen Sonderfall[192] der allgemeinen praktischen Argumentation versteht.

Nach Alexys „Prinzipienargument" für eine starke und praxisrelevante Verbindung zwischen Moral und Recht können und müssen die einschlägigen moralischen Prinzipien selbst immer dort ins Spiel kommen, wo in der juristischen Argumentation das autoritative Material nicht weiterführt.[193] Mit der Kodifizierung von Grundrechtskatalogen sei notwendig die Absicht verbunden, Men-

---

[184] Ibid., S. 509.
[185] Ibid., S. 509.
[186] Ibid., S. 501.
[187] Vgl. ibid., S. 509.
[188] Ibid., S. 520.
[189] Ibid., S. 519 f. Vgl. auch ibid., S. 144 f. (neben dem Wortlaut „[e]insetzbar […] die sonstigen canones der Auslegung, dogmatische, präjudizielle, allgemeine praktische und empirische Argumente sowie die spezifisch juristischen Argumentformen"), 145 (es kann „auf den Willen des Verfassungsgebers, auf negative Folgen einer alternativen Festsetzung der Präferenz, auf dogmatische Konsense und auf frühere Entscheidungen hingewiesen werden").
[190] Vgl. die Verweise auf *Alexy*, Theorie der juristischen Argumentation, in: *ders.*, Theorie der Grundrechte, S. 144 f. (mit Fn. 212), 498 ff. (bes. 498 mit Fn. 89), 521 (mit Fn. 188).
[191] Ibid., S. 499. Zur Diskurstheorie Alexys vgl. etwa *Carsten Bäcker*, Recht als institutionalisierte Vernunft? Zu Robert Alexys diskurstheoretischer Konzeption des Rechts, in: ARSP 97 (2011), S. 346 ff.
[192] Vgl. zur Sonderfallthese *Alexy*, Theorie der Grundrechte, S. 498 (m. Nw. in Fn. 90); *ders.*, Theorie der juristischen Argumentation, S. 32 ff., 263 ff., 349 ff., 426 ff. Alexy folgend etwa *Matthias Klatt*, Integrative Rechtswissenschaft – Methodologische und wissenschaftstheoretische Implikationen der Doppelnatur des Rechts, in: Der Staat 54 (2015), S. 469 (480, 483).
[193] *Alexy*, Begriff und Geltung des Rechts, S. 117–136 („Prinzipienargument"). Alexy bejaht einen „begrifflich notwendigen" Zusammenhang zwischen Recht und Moral (ibid., S. 43 f.). Er sieht ihn v.a. durch den Anspruch auf Richtigkeit gestiftet (Richtigkeitsargument; ibid., S. 62 f., 64–70), der u.a. für sein „Prinzipienargument" eine tragende Rolle spielt, das einen notwendigen Zusammenhang „begrifflicher Art" (ibid., S. 120 f.) zwischen Einzelent-

schenrechte als moralische Rechte zu positivieren.[194] Als abstrakte Rechte führten Menschenrechte unausweichlich zu Kollisionen untereinander sowie mit Kollektivgütern und bedürften daher der Abwägung.[195] Sowohl der Anspruch auf Richtigkeit des juristischen Begründens als auch das Gebot der Prinzipienabwägung als der rationalsten Methode der Beantwortung von Zweifelsfragen[196] greifen nach Alexy daher über das positive Recht hinaus.[197]

---

scheidungen und Moral demonstrieren soll. Vgl. auch *ders.*, The Argument from Injustice, S. 68 ff. („Argument from Principles").

[194] *Alexy*, Comments & Responses, in: Klatt (Hrsg.), Institutionalized Reason, S. 319 (333).

[195] *Ders.*, ibid., S. 319 (333).

[196] S. zur Exklusivitätsthese Alexys oben S. 58 ff.

[197] Vgl. *Alexy*, ibid., S. 319 (333 f., 341: „Principles that are valid solely owing to their correctness are incorporated into law not ‚by positive law' but by law's claim to correctness. [...] Necessary inclusion [...] stems from the fact that resorting to principles is required by the claim of law to correctness.").

2. Kapitel

Die Unschärfeannahme Alexys und die prinzipientheoretische Exklusivitätsthese

Zu den beschriebenen Grundeigenschaften der Alexyschen Prinzipien tritt eine weitere zentrale Eigenschaft hinzu, die von Alexy durchgehend betont wird, die er jedoch bislang noch nicht gesondert benannt oder formalisiert hat. Sie soll hier als die „Unschärfe" Alexyscher Prinzipien bezeichnet werden.

I. Graduierbare Inhalte auch bei Regeln

Wie Alexy ausführt, sind komparative Merkmale nicht auf Prinzipien beschränkt. Eine Definition durch graduierbare Merkmale ist vielmehr auch bei Regeln nichts Ungewöhnliches. Die Eigenschaft von Regeln, nur entweder befolgt oder nicht befolgt werden zu können, schließt komparative Elemente keineswegs aus.[1] So können etwa auch „Regeln, die Handlungen vorschreiben, die in verschiedenen Graden ausgeführt werden können", jene Eigenschaft besitzen, und zwar genau dann, „wenn ein bestimmter Grad der Handlung oder Verhaltensweise geboten (verboten, erlaubt) ist".[2] Als Beispiel nennt Alexy Vorschriften, die sich auf fahrlässiges Verhalten beziehen. Bei ihnen ist „ein *bestimmtes* Maß an Sorgfalt"[3] verlangt, bezüglich dessen zwar „im Einzelfall Zweifelsfragen entstehen" können, was aber „bei der Anwendung jeder Norm möglich" sei und „keine Besonderheit" begründe: „Bei der Klärung dieser Zweifelsfragen geht es gerade darum, ob das Maß der durch die Vorschrift gebotenen Sorgfalt erfüllt wurde oder nicht. Diese Fragestellung ist kennzeichnend für eine Regel".[4] Das komparative, gewichtende Element der Abwägung würde daher auch nach Alexy selbst allein nicht ausreichen, um Prinzipien von Regeln zu unterscheiden.

---

[1] *Ders.*, Theorie der Grundrechte, S. 76 Fn. 25.
[2] Ibid., S. 76 Fn. 25.
[3] Ibid., S. 76 Fn. 25, Hervorh. im Original.
[4] Ibid., S. 76 Fn. 25.

II. Die Alexysche Unschärfe

Das Spezifische am Alexyschen Abwägungsbegriff ist daher nicht das komparative, gewichtende Element, das das Abwägungsgesetz beschreibt, das jedoch Regeln ebenfalls aufweisen können. Was soll dann aber die Gewichtung von Prinzipien gegenüber der Anwendung sonstiger graduierbarer Maßstäbe auszeichnen?

Nach Alexy geht mit der flexiblen „Normstruktur" der Prinzipien eine dauerhafte *Einzelfallabhängigkeit der Ergebnisse* einer Prinzipienabwägung einher. Einzelfallabhängigkeit ist dabei nicht im schwachen Sinne des bei jeder Normanwendung notwendigen Einzelfallbezuges gemeint. Ob die Voraussetzungen einer Norm erfüllt sind, muss stets für den konkreten Einzelfall festgestellt werden. Normenkollisionen finden dementsprechend „stets nur im Hinblick auf die Lösung von Fällen" statt.[5] Einzelfallabhängigkeit der Abwägungsergebnisse im prinzipientheoretischen Sinne bedeutet mehr.

Prinzipien weisen eine spezifische Unschärfe auf: Die Bedingungen, unter denen ein Prinzip gegenüber kollidierenden Prinzipien Vorrang beansprucht, lassen sich nie losgelöst von den Umständen eines konkreten Einzelfalls abschließend benennen, sondern bleiben stets von der konkreten Abwägung der Prinzipien im jeweiligen Fall abhängig. So wie sich nach der Heisenbergschen Unschärferelation nie Ort und Impuls eines Teilchens zur gleichen Zeit beliebig genau bestimmen lassen, können nach Alexy auch die gewichtsbestimmenden Merkmale eines Prinzips nie vollständig anhand bestimmter tatbestandlicher Merkmale erfasst werden. Dieses Postulat der Prinzipientheorie sei hier als die Alexysche Unschärferelation, die entsprechende Eigenschaft der Prinzipien als Alexysche Unschärfe bezeichnet.[6]

---

[5] Ibid., S. 146 Fn. 218; vgl. dazu auch *Rühl*, Tatsachen – Interpretationen – Wertungen, S. 381.

[6] Die Behauptung, dass Alexy von einer solche Unschärfe ausgeht, stützt sich vor allem auf die nachfolgend aufgeführten Aussagen (Hervorh. jeweils geänd. od. hinzugef.): *Alexy*, Theorie der Grundrechte, S. 79 („in konkreten Fällen unterschiedliche Gewichte"), 81 („Festsetzung der bedingten Vorrangrelation besteht darin, daß *unter Bezug auf den Fall* Bedingungen angegeben werden"; „Unter anderen Bedingungen kann die Vorrangfrage umgekehrt zu lösen sein."), 82, 85 („hängt davon ab, wie *angesichts der Umstände des Falles* über den Vorrang zu entscheiden ist"), 86 („ceteris paribus-Klausel"), 88 f. (Nichtaufzählbarkeit der Ausnahmeklauseln), 94 („Wenn es absolute Prinzipien gibt, ist die Definition des Begriffs des Prinzips zu ändern"), 97 („Liegen andere Bedingungen vor, kann die Präferenz anders bestimmt sein."), 111 (abwägungsfreie Klauseln können „*ein Stück weit als Faustregeln* dienen"; „*Kommen Zweifel auf, so ist eine Abwägung unausweichlich.*"; abwägungsfreie Kriterien sind „stets Ergebnisbegriffe, die auf Abwägungen beruhen und *deren Resultate bestenfalls ein Stück weit treffend zusammenfassen* können"), 113, 121, 146 („daß das Gewicht von Prinzipien nicht an sich oder absolut bestimmbar ist, sondern daß stets nur von relativen Gewichten die Rede sein kann"), 146 Fn. 218 (Abwägungsgesetz setzt „die Beeinträchtigung des einen Prinzips durch *eine bestimmte Lösung eines bestimmten Falls* und die Wichtigkeit der Erfül-

II. Die Alexysche Unschärfe

Nach der Alexyschen Unschärferelation lassen sich also stets nur einige der abwägungsrelevanten Vorrangbedingungen konkret benennen, nie jedoch alle zugleich. Die Interferenzen zwischen kollidierenden Prinzipien sind so zahlreich und flüchtig, dass sie sich in konkreteren Merkmalen immer nur grob und annäherungsweise erfassen lassen. Zur „Struktur" von Prinzipien gehört eine entsprechende Verteilung der Prinzipiengewichte auf die Vielzahl der denkbaren Einzelfälle.

Jeder Fall, „jede konkrete Situation" weist bekanntlich „potentiell unendlich viele Merkmale" auf",[7] ist also einzigartig und singulär. Im Falle von Prinzipien soll solchen Unterschieden voraussetzungsgemäß stets eine normative Relevanz zukommen können. Jedes der unendlich vielen konkreten Einzelfallmerkmale kann Träger des fallentscheidenden Gewichtspartikels sein, aufgrund dessen die Abwägung anders ausgehen kann als in einem anderen Fall. Das konkrete Gewicht von Prinzipien ist auf die theoretisch unendliche Zahl der möglichen Einzelfallmerkmale so verteilt, dass es durch keine Aufzählung bestimmter Merkmale entscheidungsdefinit erfasst werden kann.

Alexysche Prinzipien haben, wie etwa auch Nils Jansen – unter dem Titel „Abwägungsspezifische Eigenschaften von Prinzipien" – formuliert, „nicht je-

---

lung des anderen Prinzips *in diesem Fall*" in Verhältnis), 152 („Abwägung im Einzelfall"), 272 („Konstellation, in der gegenläufige Prinzipien doch vorgehen, kann nicht ausgeschlossen werden"), 290 (*„daß die Abwägungsmöglichkeit für alle Fälle offenzuhalten ist* und in keinem Fall durch Evidenzen welcher Art auch immer ersetzt werden darf"), 328 f. („bleibt aber dabei, daß [...] die Abwägung in allen Zweifelsfällen [...] wieder zum Tragen kommt"), 508 f. („regeländernde und -umstoßende Kraft" von Prinzipien in allen Zweifelsfällen); *ders.*, Zum Begriff des Rechtsprinzips (1979), in: *ders.*, Recht, Vernunft, Diskurs, S. 177 (193: „Bei Prinzipien ist dies anders. In einem anderen Fall kann eine andere Vorzugsrelation gelten."); *ders.*, Die Gewichtsformel, in: Jickeli/Kreutz/Reuter (Hrsg.), Gedächtnisschrift Sonnenschein, S. 771 (784) („daß das konkrete Gewicht eines Prinzips ein relatives Gewicht ist"; „Das konkrete Gewicht von P_i ist das konkrete Gewicht von P_i relativ auf P_j."); *ders.*, Balancing, Constitutional Review, and Representation, in: Int'l J. Const. L. 3 (2005), S. 572 (576) („The Weight Formula makes the point that the concrete weight of a principle is a relative weight."); *ders.*, Ideales Sollen, in: Clérico/Sieckmann (Hrsg.), Grundrechte, Prinzipien und Argumentation, S. 21 (30 f.) („Unversehrtheit des zurücktretenden Prinzips"; „daß das zurücktretende Prinzip weder durch einen vollständigen noch durch einen teilweisen Geltungsverlust versehrt wird"); *ders.*, Die Konstruktion der Grundrechte, in: Clérico/Sieckmann (Hrsg.), Grundrechte, Prinzipien und Argumentation, S. 9 (17) („Die Gewichtsformel bringt zum Ausdruck, daß *das konkrete Gewicht eines Prinzips ein relatives Gewicht* ist."); *ders.*, The Construction of Constitutional Rights, in: Law & Ethics of Human Rights 4 (2010), S. 19 (30) („The Weight Formula gives expression to the point that the concrete weight of a principle is a relative weight."); *ders.*, Comments & Responses, in: Klatt (Hrsg.), Institutionalized Reason, S. 319 (329) („Abstract weights are not, however, the decisive weights. Every principle with an authoritatively enacted, higher, abstract weight *might be outweighed in a concrete case* owing to the greater *concrete weight* of a colliding principle with a lower abstract weight."; Hervorh. hinzugef.).

[7] *Alexy*, Normenbegründung und Normanwendung (1993), in: *ders.*, Recht, Vernunft, Diskurs, S. 52 (67).

weils *ein* Gewicht, sondern das Gewicht ist von dem jeweiligen Erfüllungsgrad des Prinzips abhängig" und kann *„nur jeweils für bestimmte Fälle*, die bestimmte Erfüllungsgrade darstellen, angegeben werden".[8] Denn sonst „bestünden zwischen Prinzipien generelle Vorrangrelationen, die die Möglichkeit von Abwägungen ausschließen würden" – was nach den Axiomen der Theorie gerade ausgeschlossen sein soll.[9] Abwägung im Sinne der Prinzipientheorie setzt damit einen in diesem spezifischen Sinn einzelfallabhängigen Norminhalt voraus.[10]

Die Begriffe des Prinzips und der Abwägung bei Alexy sind demnach nur auf den ersten Blick neutral gegenüber beliebigen Gewichtungen. Die flexible „Struktur" von Prinzipien im Sinne Alexys erlaubt zwar eine Vielzahl denkbarer Gewichtsverteilungen, schließt aber bestimmte Verteilungen definitiv aus. Für jede Vorrangregel mit einer endlichen Anzahl konkreter Merkmale muss es mindestens einen – nicht im Voraus konkret fixierbaren – abweichenden Fall geben, in dem zwar alle diese Merkmale erfüllt sind, in dem die Abwägung aber dennoch zum gegenteiligen Ergebnis führt.

Jede Gewichtsverteilung über eine abschließende Zahl von Fallmerkmalen, die dazu führen würden, dass das Abwägungsergebnis in allen davon erfassten Fällen gleich ausfällt, ist also nach Alexy ausgeschlossen. Eine Norm, in deren Anwendungsbereich eine solche verbotene Gewichtsverteilung vorkommt, ist kein Prinzip, eine entsprechende Kollision keine Prinzipienkollision, die Auflösung einer solchen Kollision keine Abwägung und eine bedingte Vorrangrelation, die eine solche Gewichtsverteilung zum Ausdruck bringt, ist kein mögliches Ergebnis einer Abwägung im Sinne Alexys.

---

[8] *Nils Jansen*, Die Struktur der Gerechtigkeit, 1998, S. 126; Hervorh. hinzugef.; ebenso: ders., Die Abwägung von Grundrechten, in: Der Staat 36 (1997), S. 27 (41); ders., Die Struktur rationaler Abwägungen, in: Annette Brockmöller (Hrsg.), Ethische und strukturelle Herausforderungen des Rechts – Referate der 2. Tagung der Initiative Junger Wissenschaftlerinnen und Wissenschaftler aus den Bereichen Rechtsphilosophie, Rechtstheorie und Rechtssoziologie vom 10. bis zum 12. November 1995 in Göttingen, 1997, S. 152 (165).

[9] *Jansen*, Die Struktur der Gerechtigkeit, S. 126.

[10] S. die Nw. oben S. 50 (Fn. 6). Vgl. ferner *Raabe*, Grundrechte und Erkenntnis, S. 194 („unter den konkreten Umständen des Kollisionsfalles"); *Jan-Reinard Sieckmann*, Zur Begründung von Abwägungsurteilen, in: Rechtstheorie 26 (1995), S. 45 (50) („Es wird eine Festlegung nicht nur einer einzelnen Vorrangregel getroffen, sondern nach einem Kriterium, dem relativen Gewicht der kollidierenden Prinzipien, entschieden, das *ceteris paribus, ohne Änderung relevanter Umstände*, auch in anderen Abwägungsentscheidungen anzuwenden ist."; Hervorh. hinzugef.).

III. Die Unschärfebedingung (Einzelfallvorbehalt) zum Kollisionsgesetz

Aus der spezifischen Unschärfe der Prinzipiennormen folgt, dass in die bedingten Vorrangrelationen, die nach seinem „Kollisionsgesetz" als Abwägungsergebnisregeln[11] aus Prinzipienkollisionen hervorgehen, jeweils ein Vorbehalt der Abwägung im Einzelfall eingefügt werden muss.

1. Die zwei Varianten des Einzelfallvorbehalts (Ceteris-paribus- oder Ausnahmeklausel)

Die Abwägung nach dem Kollisionsgesetz führt nach Alexy zwar zu Regeln, deren tatbestandliche Bedingungen vom Einzelfall abstrahieren sollen. „Abwägung im Einzelfall und Universalisierbarkeit" sind deshalb für Alexy „nichts Unvereinbares", sondern in seinem Abwägungsmodell durchaus „verbunden".[12] Diese verallgemeinernden Regeln dürfen jedoch nichts an der flexiblen ‚Struktur' der Prinzipien ändern. Die Vorrangregel bedeutet daher keineswegs, dass „eine Ausnahme in eines der Prinzipien eingefügt" werde, so dass es „nunmehr *in allen weiteren Fällen* als entweder erfüllte oder nicht erfüllte Regel anzusehen" wäre.[13] Die bedingte Vorrangrelation soll gerade nicht mit der Einfügung abschließender Ausnahmebestimmungen in eine Regel äquivalent sein.[14] „Die Lösung der Kollision besteht vielmehr darin", so Alexy, „daß *im Blick auf die Umstände des Falls* eine bedingte Vorrangrelation zwischen den Prinzipien festgesetzt" wird, also „*unter Bezug auf den Fall* Bedingungen angegeben werden, unter denen das eine Prinzip dem anderen vorgeht": „*Unter anderen Bedingungen kann die Vorrangfrage umgekehrt zu lösen sein.*"[15]

Die in den Vorrangregeln benannten konkreteren Bedingungen sind folglich niemals als abschließende Bedingungen zu verstehen. Es muss vielmehr stets eine zusätzliche Bedingung hinzugedacht werden, die die Regel für eine Einzelfallabwägung öffnet, und die entweder als positives oder als negatives Tatbestandsmerkmal formuliert werden kann: Als positives Tatbestandsmerkmal formuliert besagt diese Zusatzbedingung, dass der Vorrang in der bedingten Vorrangrelation nur dann *gilt*, wenn eine Einzelfallabwägung ergibt, dass alle relevanten Umstände *gleich liegen* wie in dem konkreten Anlassfall, der zu der bedingten Vorrangregel geführt hat (Vorbehalt im Wesentlichen gleichbleiben-

---

[11] Diesen Terminus verwendet *Clérico*, Die Struktur der Verhältnismäßigkeit, S. 24 und *passim*.
[12] *Alexy*, Theorie der Grundrechte, S. 152.
[13] Ibid., S. 81; Hervorh. hinzugef.
[14] Ibid., S. 79; s. oben S. 37 (bei Fn. 123–125).
[15] Ibid., S. 81, Hervorh. verändert.

der Umstände, Ceteris-paribus-Klausel). Als negatives Tatbestandsmerkmal formuliert besagt die Zusatzbedingung, dass der Vorrang dann *nicht gilt*, wenn eine Einzelfallabwägung ergibt, dass die Umstände im zu entscheidenden Fall von denen in dem Anlassfall, der zu der bedingten Vorrangregel geführt hat, in relevanter Hinsicht *abweichen* (Vorbehalt in wesentlicher Hinsicht abweichender Umstände, Ausnahmeklausel).[16]

2. Allgemeine Formulierung der Unschärfebedingung

Bei der Anwendung des Alexyschen Kollisionsgesetzes gilt also eine zusätzliche Voraussetzung, die sich allein aus dem Wortlaut des Gesetzes noch nicht erschließt. Sie sei als Unschärfebedingung bezeichnet. Nach dem Kollisionsgesetz bilden, wie erwähnt, die „Bedingungen, unter denen das eine Prinzip dem anderen vorgeht, [...] den Tatbestand einer Regel, die die Rechtsfolge des vorgehenden Prinzips ausspricht".[17] Aus der Einzelfallabhängigkeit der Gewichtsverteilung von Prinzipien gemäß der Alexyschen Unschärferelation[18] folgt, dass zu diesen bedingten Vorrangregeln stets ein entsprechender Vorbehalt der Einzelfallabwägung gehört:

Kollisionsgesetz Alexys mit Unschärfebedingung: „Die Bedingungen, unter denen das eine Prinzip dem anderen vorgeht, bilden den Tatbestand einer Regel, die die Rechtsfolge des vorgehenden Prinzips ausspricht".[19] *Zu diesen Bedingungen gehört stets ein Einzelfallvorbehalt, nach dem entweder die Rechtsfolge nur eintritt, wenn alle relevanten Umstände dem Ausgangsfall gleichen (positive ceteris paribus-Bedingung) oder die Rechtsfolge immer dann nicht eintritt, wenn gegenüber dem Ausgangsfall relevante Abweichungen vorliegen (Ausnahmevorbehalt als negative Bedingung).*

Mit dieser Konstruktion gelingt Alexy das Kunststück, Verallgemeinerbarkeit und Einzelfallbezug zugleich zu gewährleisten. Aufgrund der Unschärfebedingung bleiben Alexys bedingte Vorrangrelationen stets an den konkret entschiedenen Fall gekoppelt. Wenn etwa Koch fordert, dass die Vorrangbedingungen in Alexys Modell „nicht vollständig individuell-konkret" sein, also nicht lediglich „dahin lauten" dürften, dass „unter den spezifischen Umständen des konkreten Falles das eine Prinzip dem anderen vorgeht",[20] so genügt Alexys Modell dem zwar einerseits, weil seine Vorrangrelationen nicht „vollständig" individuell-konkret formuliert sind, sondern auch abstraktere Bedingungen enthal-

---

[16] Vgl. allgemein zu Regeln mit abwägungsbezogenem Inhalt noch unten S. 70 ff. (insbes. bei Fn. 38).
[17] *Alexy*, Theorie der Grundrechte, S. 84; Hervorh. hinzugef.
[18] S. oben S. 50 ff.
[19] *Alexy*, Theorie der Grundrechte, S. 84; s. oben S. 38 (Fn. 133).
[20] *Hans-Joachim Koch*, Die normtheoretische Basis der Abwägung (1996), in: Robert Alexy/Hans-Joachim Koch/Helmut Rüßmann (Hrsg.), Elemente einer juristischen Begründungslehre, 2003, S. 235 (244).

III. Die Unschärfebedingung (Einzelfallvorbehalt) zum Kollisionsgesetz   55

ten. Mit dem Einzelfallvorbehalt hält Alexy jedoch andererseits zugleich strikt an der Einzelfallgebundenheit von Prinzipienabwägungen fest.

3. Die Vorrangrelationen im Lebach-Urteil als Beispiel

Einen solchen Einzelfallvorbehalt thematisiert Alexy ausdrücklich im Rahmen seiner Analyse des Lebach-Urteils des Bundesverfassungsgerichts. Er gibt die Formulierung des Urteils wieder, nach der unter Berücksichtigung „der besonderen Umstände des Einzelfalles" zu entscheiden sei, welches Interesse zurückzutreten habe,[21] und schließt die Bemerkung an, „[e]ine eindeutigere Beschreibung einer Prinzipienkollision" sei „kaum möglich": „Was gilt, hängt davon ab, wie angesichts der Umstände des Falles über den Vorrang zu entscheiden ist."[22]

Die vom Gericht zunächst aufgestellte Vorrangrelation, nach der die Rundfunkfreiheit bei einer ‚aktuellen Berichterstattung über Straftaten' Vorrang genieße, findet Alexy „deshalb interessant", weil „nur ein genereller oder grundsätzlicher Vorrang festgesetzt" werde:[23]

„Die Vorrangbedingung und damit der Tatbestand der [...] korrespondierenden Regel schließen [...] *eine ceteris paribus-Klausel* ein, *die es ermöglicht, Ausnahmen zu statuieren*."[24]

Aus dem Zusammenhang ergibt sich, dass auch auf der nachfolgenden, konkreteren Stufe der Vorrangfestsetzung, auf der „[d]ie Entscheidung fällt",[25] eine solche Klausel für Alexy hinzuzudenken ist. Die konkretere Vorrangregel für den Lebach-Fall hat laut Alexy vier Merkmale: Nach ihr ist „[e]ine wiederholte, nicht mehr durch das aktuelle Informationsinteresse gedeckte Berichterstattung über eine schwere Straftat, die die Resozialisierung des Täters gefährdet [...], grundrechtlich verboten".[26] Als fünftes Merkmal ist jedoch die Unschärfebedingung zu ergänzen. Die vervollständigte Vorrangrelation im Lebach-Fall nach Alexys Prinzipienkonzept müsste etwa wie folgt lauten:

Eine wiederholte, nicht mehr durch das aktuelle Informationsinteresse gedeckte Berichterstattung über eine schwere Straftat, die die Resozialisierung des Täters gefährdet, ist grundrechtlich verboten, *soweit nicht eine Abwägung im Einzelfall ergibt, dass in relevanter Hinsicht abweichende Umstände vorliegen*.[27]

---

[21] Vgl. BVerfGE 35, 202 (225).
[22] *Alexy*, Theorie der Grundrechte, S. 85.
[23] Ibid., S. 86.
[24] Ibid., S. 86; Hervorh. hinzugef.
[25] Ibid., S. 86.
[26] Ibid., S. 86; vgl. BVerfGE 35, 202 (237) („Insgesamt ist somit eine wiederholte, nicht mehr durch das aktuelle Informationsinteresse gedeckte Fernsehberichterstattung über eine schwere Straftat jedenfalls dann unzulässig, wenn sie die Resozialisierung des Täters gefährdet.").
[27] Vgl. auch zu einem möglichen Ausnahmevorbehalt das Lebach-Urteil (1973) selbst:

Dass diese Rekonstruktion zutrifft, ergibt sich auch aus dem Aufsatz Alexys zur „logischen Analyse juristischer Entscheidungen", auf dem die in der Theorie der Grundrechte entfaltete Analyse des Lebach-Urteils aufbaut. Die Vorrangregel des Bundesverfassungsgerichtes enthält, wie Alexy dort ausdrücklich ausführt, nur „ein[en] Teil" dessen, was in der maßgeblichen Grundrechtsvorschrift in ihrer „vollständigste[n]" Form aufzuführen wäre.[28] In dieser vollständigsten Form würden im Vordersatz „sämtliche [...] Bedingungen" angeführt werden, „auch wenn sie das Gericht als unproblematisch erachtet oder als selbstverständlich gegeben nicht einmal erwähnt".[29] Sie würde, mit anderen Worten, die genannte Unschärfebedingung enthalten, um die Offenheit der bedingten Vorrangrelation für Einzelfallabwägungen sicherzustellen.

4. Begrenzung der konkretisierenden Rolle gerichtlicher Präjudizien durch die Unschärfebedingung

Die Unschärfebedingung begrenzt so auch dauerhaft die Möglichkeiten einer Konkretisierung der Prinzipienabwägung durch gerichtliche Präjudizien. Die in gerichtlichen Abwägungsentscheidungen festgesetzten „Regel[n] relativ hohen Konkretheitsgrades" führen zwar, und darauf legt Alexy großen Wert, „im Laufe der Zeit" zu einem „Netz von konkreteren, den einzelnen Grundrechtsbestimmungen zugeordneten Regeln, die eine wichtige Basis und einen zentralen Gegenstand der Dogmatik darstellen".[30] Das entstehende „Netz von Entscheidungsregeln" macht jedoch eine Einzelfallabwägung nur „in einfachen Fällen" überflüssig, „also *in Fällen, in denen die Prinzipien keine andere Lösung [...] fordern*".[31]

Zwar wird so „mit zunehmendem Alter der Verfassungsrechtsprechung der Rekurs auf die Wertordnung seltener".[32] Das wachsende Netz aus Vorrangregeln bildet ein differenziertes Regelsystem, das in allen ‚Normalfällen' jene komplexitätsreduzierenden „Entlastungseffekte" erzeugt, auf die es aus der pragmatischen Perspektive des Rechtsanwenders im juristischen Alltag wesentlich ankommt.[33] Nach Alexy heißt dies jedoch keinesfalls, dass diese Prinzipien ihre Bedeutung dauerhaft verlieren: „Sobald Zweifel auftauchen, kommen sie

---

BVerfGE 35, 202 (237 f.): „Ob und wie weit hier Ausnahmen denkbar sind, etwa bei einem überragenden historischen Interesse, bei wissenschaftlichen oder anderen Sendungen, die sich nur an einen begrenzten Zuschauerkreis wenden, bedarf keiner Prüfung, weil diese Voraussetzungen hier fehlen."

[28] *Robert Alexy*, Die logische Analyse juristischer Entscheidungen (1980), in: ders., Recht, Vernunft, Diskurs, S. 13 (33).
[29] *Ders.*, ibid., S. 13 (32).
[30] *Ders.*, Theorie der Grundrechte, S. 153.
[31] Ibid., S. 508 f.; Hervorh. hinzugef.
[32] Ibid., S. 508 f.
[33] Vgl. *Rühl*, Tatsachen – Interpretationen – Wertungen, S. 395 ff. (401).

wieder ins Spiel, wobei sie ihre regeländernde und -umstoßende Kraft entfalten können."[34] Die Vorrangregeln können deshalb nur dann „in künftigen Fällen als definitive Regeln verwendet" werden, wenn sie implizit mit einer Ausnahmeklausel für „relevante, abweichende Umstände" versehen bleiben.[35]

IV. Unschärfebedingungen zu den beiden Abwägungsgesetzen und zur Gewichtsformel

Auch die beiden Abwägungsgesetze und die Gewichtsformel Alexys geben erst dann seine Aussagen zur Unschärfe aller Prinzipien[36] vollständig wieder, wenn sie durch entsprechende Unschärfebedingungen ergänzt werden:

Erstes Abwägungsgesetz Alexys mit Unschärfebedingung: „Je höher der Grad der Nichterfüllung oder Beeinträchtigung des einen Prinzips ist, umso größer muß die Wichtigkeit der Erfüllung des anderen sein."[37] *Wie hoch der Grad der Nichterfüllung oder Beeinträchtigung des einen Prinzips und die Wichtigkeit der Erfüllung des anderen Prinzips sind, lässt sich stets nur durch Abwägung im konkreten Fall bestimmen; eine abschließende Gewichtsbestimmung anhand fallübergreifender Kriterien ist ausgeschlossen.*

Zweites Abwägungsgesetz Alexys mit Unschärfebedingung: „Je schwerer ein Eingriff in ein Grundrecht wiegt, desto größer muß die Gewißheit der den Eingriff tragenden Prämissen sein."[38] *Wie schwer ein Eingriff wiegt und wie groß die Gewissheit der ihn tragenden Prämissen sein müssen, lässt sich stets nur durch Abwägung im konkreten Fall bestimmen; eine abschließende Bestimmung anhand fallübergreifender Kriterien ist ausgeschlossen.*

Gewichtsformel Alexys mit Unschärfebedingung:

$$„G_{i,j} = \frac{I_i \cdot G_i \cdot S_i}{I_j \cdot G_j \cdot S_j}"[39]$$

Unschärfebedingung zur Gewichtsformel: $G_{i,j}$, *also das Gewicht eines Prinzips G_i im Verhältnis zu einem anderen Prinzip G_j, lässt sich stets nur als konkretes Gewicht unter den Bedingungen eines bestimmten Falles bestimmen; eine abschließende Gewichtsbestimmung anhand fallübergreifender Kriterien ist ausgeschlossen.*[40]

---

[34] *Alexy*, Theorie der Grundrechte, S. 508 f.; Hervorh. hinzugef.
[35] Vgl. *Rühl*, Tatsachen – Interpretationen – Wertungen, S. 396 f.
[36] Siehe oben S. 50 ff. (bes. S. 50 f. mit Fn. 6).
[37] *Alexy*, Theorie der Grundrechte, S. 146; s. oben S. 40 (bei Fn. 146).
[38] *Ders.*, Die Gewichtsformel, in: Jickeli/Kreutz/Reuter (Hrsg.), Gedächtnisschrift Sonnenschein, S. 771 (789); s. oben S. 40 (bei Fn. 152).
[39] *Ders.*, ibid., S. 771 (790 m. Fn. 37); s. oben S. 40 (bei Fn. 153).
[40] Siehe hierzu insbesondere *ders.*, Die Konstruktion der Grundrechte, in: Clérico/Sieckmann (Hrsg.), Grundrechte, Prinzipien und Argumentation, S. 9 (17) („Die Gewichts-

V. Die Exklusivitätsthese – Prinzipienabwägung als einzig rationale Form der Entscheidung juristischer Zweifelsfälle

Alexys Theorie wird im Kern „[g]eleitet [...] von der Frage nach der richtigen grundrechtlichen Entscheidung und der rationalen grundrechtlichen Begründung".[41] Die charakteristische Unschärfe von Prinzipien lässt sich nach Alexy keineswegs nur im Wege einer „empirisch-analytischen"[42] Untersuchung der Rechtsprechung des Bundesverfassungsgerichts als etwas beobachten, das in dieser Rechtsprechung tatsächlich zugrunde gelegt wird. Er untersucht vielmehr in einer „normativ-analytischen"[43] Perspektive auch die allgemeinen Kriterien einer rationalen grundrechtlichen Begründung und die Rolle, die der Prinzipienabwägung danach richtigerweise zukommen *sollte*. Das Ergebnis dieser Prüfung fällt aus Alexys Sicht denkbar eindeutig aus: Die Abwägung von Prinzipien in seinem Sinne ist für Alexy die einzig denkbare rationale Form der Entscheidung juristischer Zweifelsfälle. Noch deutlicher formuliert: Jede Form der juristischen Argumentation in Zweifelsfällen, die nicht auf Prinzipienabwägung im Alexyschen Sinne zurückgreift, ist irrational. Jenseits evidenter Fälle hält die so verstandene Abwägung nach Alexy also ein Monopol auf die rationale juristische Argumentation, sie ist dafür gewissermaßen exklusiv zuständig. Diese radikale These Alexys sei als seine *Exklusivitätsthese* bezeichnet.[44]

---

formel bringt zum Ausdruck, daß *das konkrete Gewicht eines Prinzips ein relatives Gewicht ist.*"); *ders.*, The Construction of Constitutional Rights, in: Law & Ethics of Human Rights 4 (2010), S. 19 (30) („a relative weight"); *ders.*, Comments & Responses, in: Klatt (Hrsg.), Institutionalized Reason, S. 319 (329); Hervorh. hinzugef.; vgl. auch bereits die ausführlicheren Zitate oben Fn. 6, S. 50 f.

[41] *Alexy*, Theorie der Grundrechte, S. 32.
[42] Ibid., S. 32.
[43] Ibid.
[44] Die Behauptung, Alexy vertrete diese These, stützt sich vor allem auf die folgenden Aussagen (Hervorh. jeweils hinzugef.): *Alexy*, Theorie der Grundrechte, S. 111 („*Kommen Zweifel auf, so ist eine Abwägung unausweichlich.*", s. näher sogleich unten bei und in Fn. 45), 289 f. („die juristisch interessanten Zwischenfälle, in denen eine *Abwägung erforderlich wird*"; „Ergebnis eines Spiels von Grund und Gegengrund, und das heißt, [...] *Ergebnis einer Abwägung zwischen Prinzipien*"), 290 („*Grundrechtliche Urteile sind nur dann richtig, wenn sie das Ergebnis einer zutreffenden Abwägung sein können.*"), 329 („Es bleibt [...] dabei, [...] *daß die Abwägung in allen Zweifelsfällen*, sei es im Rahmen einer Präzisierung, sei es im Rahmen einer Reduktion oder einer Extension, *wieder zum Tragen kommt.*"); *ders.*, Comments & Responses, in: Klatt (Hrsg.), Institutionalized Reason, S. 319 (334: „*If* [...] *questions should arise, balancing is indispensable.*"; „necessarily required by the claim to correctness"; s. dazu näher sogleich unten bei und in Fn. 47; 337: „*the highest possible degree of rationality*").

1. ‚Kommen Zweifel auf, so ist eine Abwägung unausweichlich.'

In einer besonders kennzeichnenden Passage bringt Alexy auf den Punkt, warum aus seiner Sicht rationale juristische Begründungen in Zweifelsfällen stets von einzelfallsensiblen, also im beschriebenen Sinne ‚unscharfen' Kriterien abhängig bleiben müssen:

„Es lassen sich zwar abwägungsfreie Kriterien formulieren, die eine Reihe von Fällen treffend erfassen, diese Kriterien sind aber lediglich Ausdruck zugrundeliegender gesicherter Vorrangrelationen [...]. Wenn die Vorrangrelation *gewiß* ist, erscheint das Kriterium selbstverständlich. Wenn das Kriterium selbstverständlich ist, erübrigen sich zur Begründung der Fallentscheidung jedenfalls umfangreiche Überlegungen zu Präferenzen. Sie können sogar verwirren. [...]. Abwägungsfreie Klauseln können deshalb ein Stück weit als Faustregeln dienen, ihre Berechtigung bleibt aber von den zugrundeliegenden Abwägungen abhängig. *Kommen Zweifel auf, so ist eine Abwägung unausweichlich*. Abwägungsfreie Kriterien sind daher stets *Ergebnisbegriffe*, die auf Abwägungen beruhen und deren Resultate bestenfalls ein Stück weit treffend zusammenfassen können. Ein unmittelbarer, ‚intuitiv' zu nennender Zugang zu ihnen erfüllt nicht *die Anforderungen an eine rationale Begründung* und scheitert in Zweifelsfällen. Der *intuitive Eindruck ihrer Richtigkeit* oder Selbstverständlichkeit, der in zahlreichen Fällen besteht, hat seinen Grund in der *Offensichtlichkeit* der Gewichtsverteilung der gegenläufigen Prinzipien."[45]

Es folgt also aus den „Anforderungen an eine rationale Begründung", dass in Zweifelsfällen eine Abwägung zwischen Normen stattfinden muss, die nicht abschließend anhand ‚abwägungsfreier Kriterien' definiert sind, sondern die gemäß der Alexyschen Unschärferelation[46] dauerhaft für Einzelfallabwägungen offen stehen.

Die Notwendigkeit solcher Abwägungen folgt daher für Alexy aus dem „Anspruch auf Richtigkeit" juristischen Begründens, der ein zentrales verbindendes Element seines wissenschaftlichen Gesamtwerks bildet:

„[D]er Anspruch auf Richtigkeit verlangt, dass die Entscheidung des Verfassungsgerichts so rational wie möglich ist. *Wenn* [...] *Fragen aufkommen, ist eine Abwägung unverzicht-*

---

[45] *Alexy*, Theorie der Grundrechte, S. 111; Hervorh. hinzugef. Die zitierten Ausführungen beziehen sich unmittelbar auf das Verhältnis zwischen Grundrechtsnorm und Schrankengründen (s. näher unten S. 111 [bei Fn. 37]). Sie sind jedoch so allgemein gehalten, dass man sie getrost als Aussagen über Prinzipien generell verstehen darf. Alexy führt zwar aus, es komme „[a]nders als bei konkreten Vorrangbedingungen" bei „abstrakten Schrankenklauseln wegen ihrer Offenheit und der Vielfalt grundrechtlicher Rechtsverhältnisse [...] *häufig zu Zweifelsfällen*" (ibid., S. 111; Hervorh. hinzugef.). Wie die obigen Ausführungen zur Alexyschen Unschärferelation zeigen (s. S. 50 ff.), sind jedoch für Alexy auch bei konkreter formulierten Vorrangbedingungen Zweifelsfälle, auch wenn sie dort seltener sein mögen, niemals auszuschließen – und für diese Zweifelsfälle muss ganz dasselbe gelten wie im Falle der abstrakten Schrankenklauseln: „*In diesen Zweifelsfällen tritt die Abwägung wieder in ihr Recht.*" (ibid., S. 111; Hervorh. hinzugef.).
[46] S. oben S. 50 ff.

bar. Abwägung ist die rationalste Methode, diese Fragen zu beantworten, und aus diesem Grund ist sie *durch den Anspruch auf Richtigkeit notwendig geboten.*"[47]

Die Prinzipientheorie kann deshalb nach Alexy für juristische Begründungen „den höchstmöglichen Grad an Rationalität" gewährleisten.[48] Die Abwägung von Prinzipien erlaubt, wie Borowski es für die Prinzipientheorie im Allgemeinen formuliert, die „Entscheidung normativer Probleme *auf dem derzeit höchstmöglichen analytischen Niveau".*[49] Wo immer „das Spiel von Grund und Gegengrund" gespielt wird, wäre es nach Alexy schlicht unvernünftig, zu glauben, man könne es ohne die Abwägung von Prinzipien spielen.[50]

2. Prinzipienabwägung oder Intuitionismus als abschließende Alternativen

Wer auf Prinzipienabwägungen verzichtet, der muss nach Alexy auf das Begründen verzichten. Er kann dann lediglich noch auf angeblich Selbstverständliches verweisen. Fragen, über die man mit guten Gründen streiten kann, „mit einem Hinweis auf das Selbstverständliche zu beantworten", hieße jedoch „eine *rational nicht kontrollierbare Antwort* zu geben und liefe auf einen *grundrechtlichen Intuitionismus* hinaus".[51] Gegenüber einem solchen Intuitionismus, den

---

[47] *Alexy,* Comments & Responses, in: Klatt (Hrsg.), Institutionalized Reason, S. 319 (334) („[T]he claim to correctness [...] requires that the decision of the constitutional court be as rational as possible. [...] If [...] questions should arise, balancing is indispensable. Balancing is *the most rational method* of answering these questions, and for this reason it is necessarily required by *the claim to correctness."* (Übers. d. Verf.; Hervorh. hinzugef.).

[48] *Ders.,* ibid., S. 319 (337) („Principles theory is [...] able to provide for *the highest possible degree of rationality");* Hervorh. hinzugef.

[49] *Borowski,* Grundrechte als Prinzipien, 1. Aufl., S. 97 („Verbunden mit einer Theorie rationaler juristischer Argumentation erlaubt die Prinzipientheorie eine Entscheidung normativer Probleme *auf dem derzeit höchstmöglichen analytischen Niveau.");* vgl. auch *ders.,* Abwehrrechte als grundrechtliche Prinzipien, in: Sieckmann (Hrsg.), Die Prinzipientheorie der Grundrechte, S. 81 (82) („die gesamte Theorie der Grundrechte [...] auf *ein völlig neues, bislang unerreichtes analytisches Niveau gehoben");* Hervorh. jeweils hinzugef.

[50] Vgl. *Alexy,* Theorie der Grundrechte, S. 289 f. (die Vorstellung, ein Tatbestands- oder Schutzbereichsausschluss könne „zwar mit einem Spiel von Grund und Gegengrund zu tun" haben, „aber nichts mit einer Abwägung", weil „das Überwiegen des Gegengrundes so deutlich" sei, dass eine Abwägung „gänzlich überflüssig" sei, sei für problematische Fälle „zu grob" und halte „für *die juristisch interessanten Zwischenfälle, in denen eine Abwägung erforderlich wird"* entweder keine Antwort bereit oder führe zu Widersprüchen oder übermäßig komplizierten Konstruktionen); s. auch ibid., S. 290 („nicht als das Ergebnis eines Spiels von Grund und Gegengrund, *und das heißt,* nicht *als das Ergebnis einer Abwägung zwischen Prinzipien");* Hervorh. jeweils hinzugef.

[51] Ibid., S. 109; Hervorh. hinzugef. Die Aussage bezieht sich dort auf das von Dürig vorgeschlagene Kriterium des ‚materiellrechtlichen Kriminalunrechts' zur Beschränkung vorbehaltloser Grundrechte. Alexy führt aus, dass man darüber, was materiellrechtliches Kriminalunrecht ist, streiten könne; bei bestimmten Straftatbeständen, insbesondere des Nebenstrafrechts, das nach Dürig in der Regel selbstverständliche Nichtstörungsschranken formuliere,

er als die einzige Alternative zur Prinzipienabwägung wahrnimmt, besteht Alexy daher darauf, dass „auch klare Fälle [...] das Ergebnis einer Abwägung sind und daß die *Abwägungsmöglichkeit für alle Fälle offenzuhalten ist* und in keinem Fall durch Evidenzen welcher Art auch immer ersetzt werden darf".[52]

3. Begrenzung des Festsetzungsgehaltes von Regeln auf eindeutig aus dem Wortlaut folgende Fälle

Konsequenterweise sieht Alexy den möglichen eigenständigen Gehalt von Regeln als sehr begrenzt an. Regeln können ihm zufolge nur dann Festsetzungen treffen, wenn sich diese erstens aus ihrem Wortlaut ergeben[53] und zweitens in jedem Fall ein abwägungsfreies Entscheiden ermöglichen. Ansonsten muss bei der Regelanwendung doch auf Prinzipienabwägungen zurückgegriffen werden:

„Ist die Regel nicht abwägungsfrei anwendbar, so ist sie als Regel unvollständig. Soweit sie in diesem Sinne unvollständig ist, setzt das grundrechtliche Entscheiden einen Rückgriff auf die Prinzipienebene mit allen damit verbundenen Unsicherheiten voraus."[54]

Ein solcher Rückgriff auf die Prinzipienebene ist immer schon dann fällig, wenn der Wortlaut das Ergebnis nicht zweifelsfrei und eindeutig vorgibt, denn: „Kommen Zweifel auf, so ist eine Abwägung unausweichlich."[55] Sind Gegengründe denkbar, muss nach der Exklusivitätsthese letztlich stets eine Prinzipienabwägung entscheiden.

---

lasse sich durchaus die Frage stellen, „ob durch sie zu Recht Grundrechte eingeschränkt" würden (ibid.).

[52] Ibid., S. 290, s. zum Kontext der Aussage näher unten S. 108 (bei Fn. 27).

[53] Vgl. ibid., S. 121 („Forderung, *die die durch die Grundrechtsbestimmungen getroffenen Festsetzungen*, also den Wortlaut der Verfassung, ernst zu nehmen"), 122 („*durch den Wortlaut* der Grundrechtsbestimmungen *definierte* Regelebene[ ]"); Hervorh. hinzugef.

[54] Ibid., S. 121; Hervorh. hinzugef.

[55] Ibid., S. 111; vgl. auch *ders.*, Grundrechte und Verhältnismäßigkeit, in: Schliesky/Ernst/Schulz (Hrsg.), Festschrift Schmidt-Jortzig, S. 3 (14) („Wenn diese Regel jedoch vage, mehrdeutig oder evaluativ offen ist, dann kommen die substantiellen Prinzipien, die hinter ihr stehen, sofort wieder zurück ins Spiel.").

3. Kapitel

Relativierungen der Trennungsthese durch Alexy selbst

Die Vorstellung, Prinzipien und Regeln seien Normen mit unterschiedlicher logischer „Struktur" (normstrukturelle Trennungsthese),[1] wird allerdings von Alexy schon in der *Theorie der Grundrechte* selbst, sieht man genauer hin, ganz erheblich relativiert.

I. Prinzipienabhängigkeit von Regeln durch Einfügung von Ad-hoc-Ausnahmen

Die bedingten Vorrangregeln, die nach Alexys Kollisionsgesetz angeben, unter welchen Bedingungen ein Prinzip vorgeht, müssen stets für Einzelfallabwägungen offen bleiben. Das verlangt, wie beschrieben, das Alexysche Unschärfeerfordernis.[2] Zu den Vorrangbedingungen gehört also stets eine Unschärfebedingung, ein Einzelfallvorbehalt, der positiv als Ceteris-paribus-Klausel oder negativ als Abweichungsvorbehalt formuliert werden kann.[3] Das gilt nicht nur für die Vorrangregeln nach dem Kollisionsgesetz, sondern für alle Regeln. Wie eben beschrieben sind für Alexy Regeln, deren Anwendung Zweifelsfragen aufwirft, generell nicht „abwägungsfrei" anwendbar, sondern verlangen einen „Rückgriff auf die Prinzipienebene mit allen damit verbundenen Unsicherheiten".[4]

Alexy beschreibt in der Theorie der Grundrechte selbst zwei Möglichkeiten dafür, wie ein solcher Rückgriff auf die Prinzipienebene erfolgen kann. Zum einen können Prinzipien sozusagen von außen auf Regeln einwirken, indem sie fallbezogen die Einfügung neuer Ausnahmeklauseln in die Regel gebieten, also ad hoc eine „reg eländernde und -umstoßende Kraft"[5] entfalten. Zum anderen

---

[1] S. zur Exklusivitätsthese Alexys oben, S. 58 ff.
[2] S. oben S. 50 ff.
[3] S. oben S. 53 ff.
[4] *Alexy*, Theorie der Grundrechte, S. 121; s. oben S. 61.
[5] Ibid., S. 507 f.

können Prinzipien aber auch sozusagen flexibilisierend auf Regeln einwirken, wenn der Inhalt dieser Regeln von vornherein als abwägungsbezogen definiert verstanden wird. Die erste Möglichkeit, das Einfügen von Ad-hoc-Ausnahmen, spielt eine entscheidende Rolle bei der Auseinandersetzung Alexys mit dem Prinzipienbegriff im Frühwerk Ronald Dworkins.

1. Prinzipienbegriff bei Dworkin und Alexy – Nichtaufzählbarkeit von Gegenbeispielen für Prinzipien

Alexy entwickelte sein Prinzipienmodell bekanntlich in direkter Auseinandersetzung mit der Unterscheidung von Regeln und Prinzipien (rules and principles), die Ronald Dworkin in einigen seiner frühen Arbeiten[6] verwendete.[7] Dworkins Ansatz war eine Inspirationsquelle für den Grundgedanken Alexys, die Dimension des Gewichts von Normen in den Mittelpunkt zu stellen und sie bei der Auflösung von Normenkollisionen ins Spiel zu bringen.[8] Während die Unterscheidung von Prinzipien und Regeln jedoch in Dworkins späteren Arbeiten keine entscheidende Rolle mehr spielt,[9] machte Alexy sie zum zentralen Dreh- und Angelpunkt seiner *Theorie der Grundrechte*.

---

[6] Vgl. *Ronald Dworkin*, The Model of Rules, in: U. Chi. L. Rev. 35 (1967), S. 14 ff.; *ders.*, Social Rules and Legal Theory, in: Yale L. J. 81 (1972), S. 855 ff., beide wiederabgedr. in: *ders.*, Taking Rights Seriously, 1978, S. 14 ff., 46 ff. (dort u.d.T. „Model of Rules II"); dt. Übersetzung: *ders.*, Bürgerrechte ernstgenommen, 1984, S. 42 ff., 91 ff.

[7] Vgl. vor allem *Alexy*, Zum Begriff des Rechtsprinzips (1979), in: *ders.*, Recht, Vernunft, Diskurs, S. 177 ff.; s. ferner *ders.*, Theorie der Grundrechte, S. 77 (mit Fn. 27: „Die dargelegte Unterscheidung ähnelt der Unterscheidung Dworkins […]."), 88 f. (mit Fn. 54 f.), 99 (mit Fn. 80 f.); s. auch *Poscher*, Theorie eines Phantoms, in: Rechtswissenschaft 1 (2010), S. 349 (352) („In der präzisierenden Rekonstruktion der Prinzipien Dworkins als Optimierungsgebote lag die analytische Leistung der frühen Prinzipientheorie.").

[8] Vgl. *Dworkin*, Bürgerrechte ernstgenommen, S. 61 f. („Prinzipien haben eine Dimension, die Regeln nicht haben – die Dimension des Gewichts oder der Bedeutung. Wenn Prinzipien sich schneiden […] muß derjenige, der den Konflikt auflösen muß, das relative Gewicht der beiden Prinzipien berücksichtigen.").

[9] Vgl. dazu auch *Claudia Bittner*, Recht als interpretative Praxis – Zu Ronald Dworkins allgemeiner Theorie des Rechts, 1988, S. 117 ff.; *Lange*, Grundrechtsbindung des Gesetzgebers, S. 227 Fn. 56 („für sein Werk weniger zentral, als die Rezeption vermuten lässt"). Vgl. auch die frühe Relativierung der Bedeutung der Unterscheidung für seine Auseinandersetzung mit dem Positivismus durch Dworkin selbst *Dworkin*, Bürgerrechte ernstgenommen, S. 131 („[…] unabhängig voneinander"; „Wenn es mir daher nicht gelingt, meine Unterscheidung […] nachzuweisen, dann folgt keineswegs, daß mein allgemeines Argument gegen den Rechtspositivismus untergraben wäre."), 137 („Mein Punkt war nicht, daß ‚das Recht' eine feste Anzahl von Maßstäben enthält, von denen einige Regeln und andere Prinzipien sind."), 549 („Als ich die Vorstellung zurückwies, daß das Recht ein System von Regeln ist, wollte ich damit nicht diese Vorstellung durch die Theorie ersetzen, daß das Recht ein System von Regeln und Prinzipien ist.").
Eine wichtige Rolle spielt hingegen auch in Dworkins späterem Werk die davon sorgfältig zu unterscheidende inhaltliche Gegenüberstellung von Prinzipien (im engeren Sine) und Ziel-

I. Prinzipienabhängigkeit von Regeln durch Einfügung von Ad-hoc-Ausnahmen

Dworkin nahm an, dass die Ausnahmen von Regeln stets aufzählbar seien, die von Prinzipien dagegen nicht, und dass gerade darin ein wesentlicher Unterschied zwischen Regeln und Prinzipien liege. Weil die Ausnahmen von Regeln aufzählbar sind, haben Regeln laut Dworkin einen Alles-oder-Nichts-Charakter: „Eine genaue Angabe der Regel", muss und könnte danach alle ihre Ausnahmen mitaufzählen: „Wenn die Liste der Ausnahmen sehr umfangreich ist, wäre es zu schwerfällig, sie jedes Mal bei Angabe der Regel zu wiederholen; es besteht jedoch kein theoretischer Grund dafür, warum man sie nicht alle hinzufügen können sollte, und je mehr hinzugefügt werden, umso genauer ist die Angabe der Regel".[10] Bei Prinzipien wäre das hingegen nach Dworkin aussichtslos. Ihre „Gegenbeispiele" lassen sich nicht einfach durch eine „ausführlichere Angabe des Prinzips erfassen": „Sie sind nicht einmal theoretisch Gegenstand einer Aufzählung", weil die *„zahllosen imaginären Fälle, in denen wir im voraus wissen, daß das Prinzip nicht gelten würde"*, nicht aufzählbar sind.[11] Die Aufzählung „einiger dieser Fälle könnte *unser Gefühl für das Gewicht* des Prinzips

---

setzungen („principles" und „policies"), bei der Prinzipien für auf subjektive Rechte bezogene Argumente, Zielsetzungen („policies") hingegen für auf Kollektivinteressen bezogene Argumente stehen. Auf diese Unterscheidung, und nicht auf die Regel-Prinzipien-Unterscheidung, bezieht sich etwa der Titel des Werks ders., A Matter of Principle, 1986, s. ibid., S. 2 f. („a distinction of capital importance to legal theory, a distinction that is the most immediate reference to the book´s title").
Weder in seinem bislang unübersetzt gebliebenen Hauptwerk zur Rechtstheorie (*ders.,* Law's Empire, 1986/1998; s. dazu für das deutsche Schrifttum grundlegend *Bittner*, Recht als interpretative Praxis) noch in seinen späteren Arbeiten ist hingegen für Dworkin die Regel-Prinzipien-Unterscheidung entscheidend (vgl. etwa *Ronald Dworkin*, Freedom's Law – The Moral Reading of the American Constitution, 1996; *ders.,* Justice in Robes, 2006; *ders.,* Justice for Hedgehogs, 2011). Zu Prinzipien (im engeren Sinne) und Zielsetzungen vgl. auch *Heinold*, Die Prinzipientheorie bei Ronald Dworkin und Robert Alexy, S. 134 ff., der den Unterschied zur Regel-Prinzipien-Unterscheidung allerdings selbst vernachlässigt, wenn er für die Aussage, für Dworkin seien „Prinzipien [...] untrennbar mit dem Vorgang der Interpretation verbunden" und bildeten „die Struktur für eine in sich konsistente rechtliche Interpretation" (ibid., S. 103 mit Fn. 149) auf *Dworkin*, Law's Empire, S. 221, verweist. Denn die dortige Aussage Dworkins bezieht sich auf die Prinzipien im engeren, nicht auf die im weiteren Sinn; vgl. ibid., S. 221 („Integrity is about principle and does not require any simple form of consistency in policy."; Hervorh. hinzugef.; vgl. auch die zugehörige Fn. 30, ibid., S. 438 („I have elsewhere attempted to describe and defend the distinction between principle and policy [...]"; Hervorh. hinzugef.). Ansonsten stützt sich Heinold, soweit ersichtlich, für sein Urteil, „[d]en Prinzipien" werde von Dworkin „die zentrale Rolle im interpretativen Modell der Integrität eingeräumt" (*Heinold*, Die Prinzipientheorie bei Ronald Dworkin und Robert Alexy, S. 102, allein auf die frühen Arbeiten Dworkins (vgl. ibid., S. 80–102); s. auch zutr. ibid., S. 102 („legt den Fokus von den Rechtsprinzipien auf den Begriff der Interpretation um"; „Dieser Paradigmenwechsel wird spätestens mit der Veröffentlichung von ‚Law's Empire' im Jahre 1986 vollzogen.").

[10] *Dworkin*, Bürgerrechte ernstgenommen, S. 59.
[11] Ibid., S. 60.

schärfen"; sie würde aber „nicht eine genauere oder vollständigere Angabe des Prinzips bedeuten".[12]

Auch für Alexy sind die Gegenbeispiele von Prinzipien nicht aufzählbar. Er folgt Dworkin also insoweit. Für Alexy gehört dies, wie gesehen, zu der ‚strukturellen' Unschärfe von Normen dieser Gattung.[13] Anders als Dworkin sieht Alexy darin jedoch kein trennscharfes Unterscheidungsmerkmal zu Regeln, weil es auch Regeln geben kann, die eine nicht aufzählbare Menge von Ausnahmen haben. Der Grund dafür liegt darin, dass die Einfügung von Ausnahmen in eine Regel auch *aufgrund eines Prinzips* erfolgen kann. Sobald man das aber annimmt, was auch Dworkin tut, dann folgt daraus zwingend, dass auch die Ausnahmen einer solchen Regel nicht mehr aufzählbar sein können:[14] Die „aufgrund von Prinzipien in Regeln einfügbaren Ausnahmeklauseln sind, anders als Dworkin meint, auch theoretisch nicht aufzählbar".[15] Die Nichtaufzählbarkeit der Gegenbeispiele für das Prinzip schlägt auf die Nichtaufzählbarkeit der Ausnahmen von der Regel durch. Der Alles-oder-Nichts-Charakter von Regeln, den Dworkin aus der Aufzählbarkeit ihrer Ausnahmen ableitet, ist deshalb für Alexy kein taugliches Unterscheidungskriterium zwischen Prinzipien und Regeln.[16]

2. Unterscheidung von Prinzipien und Regeln nach ihrem definitiven Charakter – Ad hoc-Ausnahmen als Grund auch gegen dieses Unterscheidungskriterium

Alexy geht stattdessen davon aus, dass Regeln und Prinzipien sich in ihrem „prima facie-Charakter" grundsätzlich unterscheiden. Prinzipien enthalten, so Alexy, „keine *definitiven*, sondern nur *prima facie-Gebote*".[17] Sie sind „stets nur prima facie-Gründe", die „durch gegenläufige Gründe ausgeräumt werden können", und statuieren daher „für sich genommen" nur „prima facie-Rechte".[18] Prinzipien seien als solche niemals definitive Gründe, sondern führten nur mittelbar zu definitiven Rechten, nämlich als Gründe und Gegengründe, zwischen denen durch Festsetzung bedingter Vorrangregeln im konkreten Fall entschieden werden müsse: „Der Weg vom Prinzip, also vom prima facie-Recht, zum definitiven Recht verläuft über die Festsetzung einer Präferenzrelation."[19] Da-

---

[12] Ibid., S. 60.
[13] S. oben S. 50 ff.
[14] *Alexy*, Theorie der Grundrechte, S. 88.
[15] Ibid., S. 88 f.; Hervorh. hinzugef.
[16] *Ders*., Zum Begriff des Rechtsprinzips (1979), in: *ders*., Recht, Vernunft, Diskurs, S. 177 (190). Vgl. ebenso *ders*., Grundrechte als subjektive Rechte und als objektive Normen (1990), in: *ders*., Recht, Vernunft, Diskurs, S. 262 (220 f.).
[17] *Alexy*, Theorie der Grundrechte, S. 87.
[18] Ibid., S. 88, 91 f., Hervorh. geänd.
[19] Ibid., S. 92.

I. Prinzipienabhängigkeit von Regeln durch Einfügung von Ad-hoc-Ausnahmen   67

gegen soll eine Regel nach Alexy einen *definitiven* Grund für ein konkretes Sollensurteil bilden, allerdings nicht ohne weiteres, sondern nur dann, wenn sie „gilt, anwendbar ist" und wenn von der Regel „*nicht eine Ausnahme zu statuieren ist*".[20] Wenn in eine Regel „aus Anlaß der Entscheidung eines Falles eine Ausnahmeklausel einzufügen" ist, verliert sie „für die Entscheidung des Falles ihren definitiven Charakter" und erhält ebenfalls Prima facie-Charakter.[21]

Auch dieses Unterscheidungskriterium wird jedoch durch die Möglichkeit einer ausnahmebegründenden Wirkung von Prinzipien auf Regeln zweifelhaft. Bei Regeln, in die aufgrund von Prinzipien Ausnahmen einzufügen sind, kann dies nach Alexy in einer nicht aufzählbaren Zahl von Fällen geschehen. Bei solchen Regeln kann dann aber der definitive Charakter der Regel nicht grundsätzlich höher sein als derjenige des jeweiligen Prinzips. Von dem Unterschied im definitiven Gehalt zwischen Regeln und Prinzipien bleibt dann im Ergebnis nichts übrig.

Alexy nimmt zwar gleichwohl an, der Prima-facie-Charakter von Regeln sei von „*grundsätzlich anderer Art*" als derjenige von Prinzipien, weil die Durchsetzungskraft von Regeln als Regeln stets noch durch formelle Prinzipien gestützt werde.[22] Der Prima-facie-Charakter von Regeln, „der sich auf die Tatsache einer bereits getroffenen autoritativen oder tradierten Festsetzung" stütze, sei „*etwas grundsätzlich anderes und wesentlich Stärkeres*" als derjenige von Prinzipien.[23] Das kann jedoch kaum überzeugen: Formelle Prinzipien sind ebenfalls Prinzipien. Wenn eine Regel prinzipienabhängig ist, dann sind die möglichen Ausnahmen von ihr, ungeachtet der sie stützenden formellen Prinzipien, per definitionem nicht aufzählbar. Wenn aber der definitive Charakter solcher Regeln in einer nicht aufzählbaren Menge von Fällen aufgehoben wird, ist nicht ersichtlich, inwiefern ihr Prima-facie-Charakter dann noch ‚von grundsätzlich anderer Art' sein soll. Auf die Frage des definitiven Charakters von Regeln und Prinzipien wird noch ausführlicher einzugehen sein.[24] Schon hier ist aber festzuhalten, dass der definitive Charakter prinzipienabhängiger Regeln sich kaum qualitativ von demjenigen von Prinzipien unterscheiden kann. Prinzipien sind nach Alexys eigenen Prämissen auch für solche Regeln per definitionem eine potentiell unerschöpfliche Quelle von Ausnahmen.

---

[20] Vgl. ibid., S. 90 („wenn nicht eine Ausnahme zu statuieren ist"), 91 („wenn sie gilt, anwendbar ist und keine Ausnahme zulässt"), Hervorh. im Text hinzugef.
[21] Ibid., S. 88.
[22] Ibid., S. 89, 76 Fn. 24; Hervorh. hinzugef.
[23] Ibid., S. 90; Hervorh. hinzugef.
[24] S. unten S. 86 ff.

3. Ausnahmeverbote und ‚strikt geltende' Regeln

Es ist zwar nach Alexy durchaus „ein Rechtssystem denkbar, das die Einschränkung von Regeln durch die Einfügung von Ausnahmeklauseln verbietet".[25] Ein solches Verbot kann jedoch nach Alexys Prämissen in Zweifelsfällen keine durchschlagende Wirkung entfalten.

Da Normen nach Alexy stets entweder Regeln oder Prinzipien sein sollen,[26] kann ein solches Ausnahmeverbot seinerseits nur eine dieser beiden „Normstrukturen" haben. Ein Ausnahmeverbots-Prinzip wäre wirkungslos, weil es selbst Raum für eine nichtaufzählbare Zahl von Ausnahmen lassen müsste. Für eine Ausnahmeverbots-Regel würde sich hingegen sofort die Frage stellen, ob in sie nicht ihrerseits aufgrund von Prinzipien Ausnahmen eingefügt werden können.

Die Ausnahmeverbots-Regel könnte überhaupt nur dann wirkungsvoll sein, wenn sie eine „strikte" Regel wäre. Alexy unterscheidet an etwas versteckter Stelle zwischen „strikten" und „nicht strikten" Regeln.[27] Bei strikt geltenden Regeln geht danach im Konflikt mit einem Prinzip die Regel vor, „ganz gleich, wie wichtig die Erfüllung" des Prinzips und „wie unwichtig" die der Regel ist.[28] Bei nicht strikt geltenden Regeln kann dagegen das Prinzip die Regel „unter bestimmten Bedingungen" zurückdrängen oder einschränken, die sich wiederum aus einer Prinzipienabwägung ergeben.[29] Bei dieser Abwägung fallen zwar auf der Seite der Regel auch formelle Prinzipien ins Gewicht, die – prinzipiell – die Beachtung der Regel als Regel verlangen.[30] Jedoch muss es definitionsgemäß auch davon eine nicht aufzählbare Menge von Ausnahmen geben. Eine „nicht strikt" geltende Ausnahmeverbots-Regel wäre daher im Ergebnis genauso unwirksam wie ein Ausnahmeverbots-Prinzip.

Das Verbot, aufgrund von Prinzipien Ausnahmen in Regeln einzufügen, muss also, wenn es wirksam sein soll, eine „strikt geltende" Ausnahmeverbots-Regel sein. Kann eine solche Regel unter dem Grundgesetz gelten? In der *Theorie der Grundrechte* führt Alexy relativ vage zum einen im Hinblick auf strikt geltende Regeln allgemein aus, dass „in modernen Rechtsordnungen jedenfalls nicht alle Regeln" strikt gelten,[31] sowie zum anderen bezogen auf ein Ausnahmeverbot, dass das Rechtssystem der Bundesrepublik *„auf jeden Fall nicht für alle Rechtsgebiete* ein solches Verbot" enthalte.[32] In einem weiteren Beitrag Alexys heißt es wesentlich weitergehend, „[d]ie modernen Rechtsord-

---

[25] *Alexy*, Theorie der Grundrechte, S. 89.
[26] Ibid., S. 76 f.; s. oben S. 35.
[27] Ibid., S. 76 Fn. 24.
[28] Ibid., S. 76 Fn. 24.
[29] Ibid., S. 76 Fn. 24, S. 88 f.
[30] Ibid., S. 88 f.
[31] Ibid., S. 76 Fn. 24.
[32] Ibid., S. 89; Hervorh. hinzugef.

nungen" enthielten, „wie ein Blick auf die Praxis lehr[e], ein solches Verbot nicht."³³

Auf welche Weise es festzustellen ist, ob eine strikt geltende Ausnahmeverbotsregel gilt oder nicht gilt, führt Alexy nicht ausdrücklich aus. Allerdings ergibt sich aus Alexys Exklusivitätsthese,³⁴ dass in allen Zweifelsfällen Abwägungen unausweichlich sind. Das heißt, dass eine strikte Ausnahmeverbots-Regel allenfalls dann gelten kann, wenn sie in so eindeutiger Weise normiert wurde, dass an ihrer strikten Geltung keinerlei begründete Zweifel denkbar sind. Es ist deutlich, dass das Grundgesetz Regeln, die diesem Eindeutigkeitsanspruch genügen, allenfalls ganz vereinzelt enthält. Ein denkbarer Kandidat wäre Art. 102 GG: „Die Todesstrafe ist abgeschafft."³⁵ Soweit ersichtlich hat bislang niemand ausdrücklich dafür argumentiert, die Todesstrafe könne trotz dieses Wortlauts de constitutione lata ausnahmsweise doch zulässig sein. Bei den meisten anderen Bestimmungen des Grundgesetzes kann hingegen zumindest mit guten Gründen darüber gestritten werden, ob und wieweit Ausnahmen möglich sind. Das gilt insbesondere auch für die Menschenwürdegarantie. Nach Alexys Prämissen folgt schon daraus, dass die Geltung einer strikten Ausnahmeverbots-Regel insoweit nicht festgestellt werden kann.³⁶ In allen Zweifelsfragen stellt also auch keine Ausnahmeverbots-Regel sicher, dass verfassungsrechtliche Regeln abwägungsfrei anwendbar wären. Der definitive Charakter kann daher, entgegen Alexy, ebensowenig ein maßgebliches Unterscheidungskriterium zwischen Prinzipien und Regeln sein wie der Alles-oder-Nichts-Charakter von Normen.

---

³³ *Ders.*, Grundrechte als subjektive Rechte und als objektive Normen (1990), in: *ders.*, Recht, Vernunft, Diskurs, S. 262 (220 f.); Hervorh. hinzugef.
³⁴ Siehe oben, S. 58 ff.
³⁵ Vgl. *Alexy*, Grundrechte und Verhältnismäßigkeit, in: Schliesky/Ernst/Schulz (Hrsg.), Festschrift Schmidt-Jortzig, S. 3 (13): „Ein Beispiel für eine strikt bindende Grundrechtsregel im Grundgesetz ist Art. 102 GG [...]". Es ist freilich unklar, wie ‚strikt' Alexy an dieser Stelle den Begriff ‚strikt bindend' verwendet. Denn unmittelbar im Anschluss daran führt er allgemein aus, dass bei Festsetzungen von Regeln substantielle Prinzipien nicht nur bei Mehrdeutigkeit wieder ins Spiel kommen, sondern auch dann, „wenn die Regel mit Verfassungsprinzipien unvereinbar ist, die zumindest in einigen [...] Fällen ein größeres Gewicht haben als das formelle Prinzip der Autorität der Verfassung zusammen mit den substantiellen Prinzipien, die die Regel stützen." (ibid., S. 13 f.). Ähnlich unklar bleibt auch die Verwendung des Beispiels des Todesstrafenverbots in *ders.*, Grundrechte, Demokratie und Repräsentation, in: Der Staat 54 (2015), S. 201 (202).
³⁶ *Alexy*, Grundrechte und Verhältnismäßigkeit, in: Schliesky/Ernst/Schulz (Hrsg.), Festschrift Schmidt-Jortzig, S. 3 (14): „Wenn diese Regel jedoch vage, mehrdeutig oder evaluativ offen ist, dann kommen die substantiellen Prinzipien, die hinter ihr stehen, sofort wieder zurück ins Spiel."; vgl. bereits oben S. 61 (hier: Fn. 55).

II. Abwägungsbezogene Tatbestandsmerkmale von Regeln

Bei der Ad-hoc-Einfügung neuer Ausnahmeklauseln entfalten Prinzipien nach Alexy „regeländernde und -umstoßende Kraft".[37] Sie wirken also sozusagen von außen anpassend auf Regeln ein. Daneben können Prinzipien Alexy zufolge ihre Wirkung auf Regeln aber auch gewissermaßen von innen entfalten, ohne die Regeln selbst zu verändern. Das ist der Fall, wenn Regeln von vornherein einen abwägungsbezogenen Inhalt aufweisen, der eine solche Ausstrahlungswirkung von Prinzipien vorsieht. Dafür gibt es wiederum zwei Möglichkeiten: Regeln können entweder über einen abwägungsbezogenen Einzelfallvorbehalt verfügen oder durch „abwägungsbezogene Ergebnisbegriffe" definiert sein.

1. Abwägungsbezogener Einzelfallvorbehalt – positive Ceteris-paribus-Klausel oder negative Ausnahmeklausel

Eine Regel mit abwägungsbezogenem Einzelfallvorbehalt ist wiederum in zwei Unterformen denkbar, die der negativen oder positiven Variante der Unschärfebedingung zum Alexyschen Kollisionsgesetz[38] entsprechen. Der Einzelfallvorbehalt kann also entweder positiv als Ceteris-paribus-Bedingung oder negativ als eine Ausnahmeklausel formuliert sein. Als positives Tatbestandsmerkmal formuliert besagt er, dass die Rechtsfolge der Regel *nur dann* eintritt, wenn eine Abwägung von Prinzipien im Einzelfall ergibt, dass es geboten ist. Als negative Ausnahmeklausel formuliert er, dass die Rechtsfolge der Regel dann *nicht* eintritt, wenn eine Einzelfallabwägung es verlangt.

Alexy hat sich mit solchen abwägungsbezogenen Vorbehaltsklauseln und ihrer Wirkung auf die Klassifizierung von Regeln und Prinzipien mehrfach außerhalb der *Theorie der Grundrechte* auseinandergesetzt.[39] Eine solche „allgemeine[ ]"[40] oder „abstrakte"[41] Vorbehaltsklausel kann danach etwa lauten: „wenn nicht nach einem Prinzip etwas anderes geboten ist".[42] Wird eine solche Klausel eingefügt, dann „verschwindet" eine eventuelle Kollision mit Prinzi-

---

[37] *Ders.*, Theorie der Grundrechte, S. 508.
[38] S. oben S. 53 ff. Die bedingten Vorrangregeln des Kollisionsgesetzes sind also Unterfälle von Regeln mit abwägungsbezogenem Inhalt.
[39] *Alexy*, Zum Begriff des Rechtsprinzips (1979), in: *ders.*, Recht, Vernunft, Diskurs, S. 177 (190–196); *ders.*, Grundrechte als subjektive Rechte und als objektive Normen (1990), in: *ders.*, Recht, Vernunft, Diskurs, S. 262 (222 f.).
[40] *Alexy*, Zum Begriff des Rechtsprinzips (1979), in: *ders.*, Recht, Vernunft, Diskurs, S. 177 (190).
[41] *Ders.*, Rechtsregeln und Rechtsprinzipien (1985), in: Alexy/Koch/Rüßmann (Hrsg.), Elemente einer juristischen Begründungslehre, S. 217 (222).
[42] *Ders.*, Zum Begriff des Rechtsprinzips (1979), in: *ders.*, Recht, Vernunft, Diskurs, S. 177 (190).

pien.⁴³ Die Abwägung wird stattdessen „in die Anwendung" der Norm selbst „verlagert".⁴⁴

2. Abwägungsbezogene Ergebnisbegriffe

Ein abwägungsbezogener Einzelfallvorbehalt bringt das Abwägungserfordernis unmittelbar und unabhängig von den sonstigen Tatbestandsmerkmalen der Regel zum Ausdruck. Bei einer Regel mit ‚abwägungsbezogenen Ergebnisbegriffen'⁴⁵ ergibt sich das Abwägungserfordernis hingegen mittelbarer, nämlich aus der Interpretation der Regel mithilfe eines Ergebnisbegriffs, der inhaltlich wiederum durch das Ergebnis einer Prinzipienabwägung definiert wird. Vor allem Begriffe mit weiten semantischen Spielräumen können nach Alexy eine solche „Möglichkeit der Abwägung" im Zuge ihrer interpretativen Ausfüllung bieten.⁴⁶

III. Grundrechtsnormen mit unklarem ‚Doppelcharakter'

Wie sind nun die grundrechtlichen Normen des Grundgesetzes in Alexys Modell einzustufen? An die Stelle einer schlichten „Anwendung der Prinzipientheorie auf die Theorie der Grundrechtsnorm",⁴⁷ wie sie Alexy ankündigt, findet sich auf diese Frage eine erhebliche Modifizierung und Verunklarung seiner Prinzipientheorie, in der sich die Probleme spiegeln, zu denen die Klassifizierung abwägungsbezogener Regeln wie gesehen führt.

Alexy führt an dieser Stelle das eigentümliche Konzept der Grundrechtsnormen „mit Doppelcharakter" ein:⁴⁸ Grundrechtsnormen sind zwar, wie Alexy ausführt, „zunächst einmal entweder [...] Regeln oder Prinzipien".⁴⁹ Jedoch erhält man „Grundrechtnormen mit einem Doppelcharakter [...], wenn man die Grundrechtsnorm so konstruiert, daß in ihr beide Ebenen zusammengefügt sind",⁵⁰ was der Fall sein soll, wenn „in die Formulierung der Grundrechtsnorm eine prinzipien- und damit abwägungsbezogene Schran-

---

⁴³ Ders., Rechtsregeln und Rechtsprinzipien (1985), in: Alexy/Koch/Rüßmann (Hrsg.), Elemente einer juristischen Begründungslehre, S. 217 (222) (Einfügung in Prinzipien).
⁴⁴ Ders., Grundrechte als subjektive Rechte und als objektive Normen (1990), in: ders., Recht, Vernunft, Diskurs, S. 262 (222).
⁴⁵ Ders., Theorie der Grundrechte, S. 110, 115, 286; vgl. auch ibid., S. 111 („Ergebnisbegriffe, die auf Abwägungen beruhen").
⁴⁶ Vgl. ibid., S. 96.
⁴⁷ Ibid., S. 87.
⁴⁸ Ibid., S. 122–125.
⁴⁹ Ibid., S. 122 f.
⁵⁰ Ibid., S. 122 f.

kenklausel eingefügt wird".⁵¹ Damit ist nicht etwa lediglich gemeint, dass ein und derselben sprachlichen Grundrechts*bestimmung*⁵² zwei verschiedene grundrechtliche Normen zugeordnet werden. Wie Alexy ausdrücklich klarstellt, meint er vielmehr tatsächlich einen Doppelcharakter einer – einzelnen – Grundrechtsnorm selbst.

Als Beispiel nennt Alexy die folgende Formulierung für das Grundrecht der Kunstfreiheit: „Eingriffe des Staates in Betätigungen, die zum Kunstbereich gehören, sind verboten, wenn sie nicht zur Erfüllung solcher gegenläufigen Prinzipien von Verfassungsrang […] erforderlich sind, die unter den Umständen des Falles dem Prinzip der Kunstfreiheit vorgehen".⁵³ Eine solche Norm habe „in zwei Hinsichten ganz und gar den Charakter einer Regel": Sie sei „anwendbar, ohne daß sie gegen eine andere Norm abgewogen werden muß", und unter sie könne „subsumiert werden": „Was den Tatbestand, aber nicht die Schrankenklausel erfüllt, ist verboten."⁵⁴ Sie habe aber „insofern ganz und gar nicht den Charakter einer Regel", als sie in der Schrankenklausel „ausdrücklich auf Prinzipien und deren Abwägung" verweise.⁵⁵ „Normen dieser Form" könnten „als ‚Grundrechtsnormen mit Doppelcharakter' bezeichnet werden".⁵⁶ Sie entstünden „stets dann, wenn man das, was durch Grundrechtsbestimmungen unmittelbar statuiert" werde, „mit Hilfe abwägungsbezogener Klauseln zu subsumtionsfähigen Normen" vervollständige.

Das kann kaum anders gedeutet werden als so, dass Alexy hier selbst mit seiner normstrukturellen Trennungsthese bricht, nach der eine Norm entweder Regel oder Prinzip sein soll,⁵⁷ und eine dritte Normenklasse einführt: Normen mit „Doppelcharakter". Normen sind nur ‚zunächst einmal' Regeln oder Prinzipien. Sie können aber auch ein Drittes sein, wenn beides ‚zusammengefügt' wird. Der „Grundpfeiler"⁵⁸ der Prinzipientheorie, die „strikt[e]"⁵⁹ und „qualitative[ ]"⁶⁰ Unterscheidung von Prinzipien und Regeln gerät hier nicht nur ins Wanken, sondern wird von Alexy eigenhändig umgestoßen.

Alexy hat in späteren Arbeiten sowohl auf der normstrukturellen Trennungsthese beharrt, als auch an der Kategorie einer Grundrechtsnorm mit Doppelcharakter festgehalten. Er hat die Unterscheidung zwischen Regeln und Prinzi-

---

⁵¹ Ibid., S. 122 f.
⁵² S. zur Unterscheidung zwischen Grundrechtsbestimmung (oder Grundrechtsnormsatz) und Grundrechtsnorm ibid., S. 42 f., 54–57, sowie oben S. 44 (mit Fn. 166).
⁵³ Ibid., S. 123.
⁵⁴ Ibid., S. 124.
⁵⁵ Ibid., S. 124.
⁵⁶ Ibid., S. 124.
⁵⁷ Ibid., S. 76 f.
⁵⁸ Ibid., S. 71.
⁵⁹ Ibid., S. 75.
⁶⁰ Ibid., S. 75.

pien als „Dichotomie" bezeichnet,[61] wiederholt, dass „jede Norm entweder eine Regel oder ein Prinzip" sei,[62] und hat die „Subsumtion" als die „charakteristische" Anwendungsform von Regeln,[63] die „Abwägung" dagegen als diejenige von Prinzipien bezeichnet.[64] Er hat auf der anderen Seite aber auch erneut von Grundrechtsnormen mit Doppelcharakter gesprochen, die in gewisser Hinsicht den Charakter einer Regel, in anderer Hinsicht „demgegenüber ganz und gar nicht den Charakter einer Regel" hätten, und dazu ausgeführt: „Die regelorientierte Subsumtion setzt [...] eine prinzipienorientierte Abwägung voraus. Genau dies ist gemeint, wenn hier vom ‚Doppelcharakter der Grundrechtsnormen' gesprochen wird."[65]

Die Begrifflichkeit Alexys gerät in der *Theorie der Grundrechte* also ausgerechnet bei der zentralen Frage ins Schwanken, wie Grundrechtsnormen in sein Normenmodell einzuordnen sind. Mit einer strikten Trennung von Prinzipien und Regeln ist es schlicht unvereinbar, dass „beide Ebenen" in ein- und derselben Norm mit Doppelcharakter wieder „zusammengefügt"[66] sollen werden können. Konstruktiv ist freilich leicht zu erkennen, dass es sich bei den so genannten Grundrechtsnormen mit Doppelcharakter um nichts anderes handelt als um einen Unterfall von Regeln mit abwägungsbezogenem Inhalt, nämlich um Regeln mit abwägungsbezogenem Einzelfallvorbehalt.[67] Dafür eine eigene Normenkategorie einzuführen, wäre schon aus der Perspektive der Prinzipientheorie selbst nicht nötig gewesen.

IV. Alles-oder-Nichts-Charakter von Prinzipien durch Formulierung als Regeln mit Ausnahmeklauseln

Die Möglichkeit von Regeln mit abwägungsbezogenem Inhalt führt freilich zu einem konzeptuellen Problem der Alexyschen Prinzipientheorie, das dazu beigetragen haben mag, dass Alexy in der Theorie der Grundrechte auf das Postu-

---

[61] *Ders.*, Grundrechte als subjektive Rechte und als objektive Normen (1990), in: *ders.*, Recht, Vernunft, Diskurs, S. 262 (268).
[62] *Ders.*, Zur Struktur der Rechtsprinzipien, in: Schilcher/Koller/Funk (Hrsg.), Regeln, Prinzipien und Elemente im System des Rechts, S. 31 (32).
[63] *Ders.*, Begriff und Geltung des Rechts, S. 120; *ders.*, Grundrechte als subjektive Rechte und als objektive Normen (1990), in: *ders.*, Recht, Vernunft, Diskurs, S. 262 (268).
[64] *Alexy*, Begriff und Geltung des Rechts, S. 120.
[65] *Ders.*, Grundrechtsnorm und Grundrecht, in: Werner Krawietz (Hrsg.), Politische Herrschaftsstrukturen und neuer Konstitutionalismus – Iberoamerika und Europa in theorievergleichender Perspektive, 2000, S. 101 (110 f.); vgl. auch *ders.*, Comments & Responses, in: Klatt (Hrsg.), Institutionalized Reason, S. 319 (343 f.) („[d]ouble aspect constitutional rights norms").
[66] *Alexy*, Theorie der Grundrechte, S. 122 f.
[67] Siehe dazu oben S. 70 f.

lat von Normen mit „Doppelcharakter" auswich: Die Anwendung solcher abwägungsbezogener Regeln ist nicht unterscheidbar von der Anwendung der Prinzipien selbst.

Alexy selbst ist mehrfach auf dieses Problem gestoßen; unter anderem auch bei seiner Untersuchung des Alles-oder-Nichts-Charakters von Normen als Unterscheidungskriterium für Regeln und Prinzipien. Wie gesehen verwirft Alexy den Alles-oder-Nichts-Charakter als Unterscheidungskriterium von Regeln und Prinzipien, weil Regeln, in die aufgrund von Prinzipien Ausnahmen eingefügt werden können, nicht mehr auf eine Alles-oder-Nichts-Weise anwendbar sind.[68]

In diesem Zusammenhang erörtert Alexy auch die Möglichkeit, den Alles-oder-Nichts-Charakter solcher Regeln dadurch zu retten, dass in sie eine allgemeine abwägungsbezogene Ausnahmeklausel eingefügt wird. Die Rechtsfolge der entsprechenden Regel gilt immer dann, wenn ihr sonstiger Tatbestand erfüllt ist und die allgemeine Ausnahmeklausel nicht greift. Die Anwendung der Regel werde dann sofort wieder „zu einer Alles-oder-Nichts-Angelegenheit".[69] Wie gesehen ist das freilich nur teilweise richtig, weil der Inhalt der Regel auch bei dieser Variante der Prinzipienabhängigkeit gleichwohl abwägungsbezogen bleibt.

An dieser Stelle ist von Belang, dass Alexy es dabei nicht bewenden lässt, sondern auch feststellt, dass das Ganze auch umgekehrt funktioniert: Die Einfügung solcher Klauseln ist *„auch bei Prinzipien möglich"* – mit der sozusagen spiegelverkehrten Wirkung, dass dann auch sie „auf eine Alles-oder-Nichts-Weise anwendbar" werden:[70] Immer dann, wenn der Tatbestand des Prinzips erfüllt und die Vorbehaltsklausel nicht erfüllt ist, ist die Rechtsfolge des Prinzips geboten, so dass die Entscheidung sich stets „zwingend aus diesem Prinzip" ergibt.[71]

Schon diese frühe präzise Analyse Alexys muss allerdings die naheliegende Frage aufwerfen, ob sie nicht auch auf die sonstigen von Alexy vorgeschlagenen Unterscheidungsmerkmale zwischen Regeln und Prinzipien übertragbar ist: Lassen sich Prinzipien von Regeln mit abwägungsbezogenen Ausnahmeklauseln oder abwägungsbezogenen Ergebnisbegriffen tatsächlich noch „normstrukturell" unterscheiden?

---

[68] Siehe oben S. 73 ff.
[69] *Alexy*, Zum Begriff des Rechtsprinzips (1979), in: *ders.*, Recht, Vernunft, Diskurs, S. 177 (190 f.).
[70] *Ders.*, ibid., S. 177 (192).
[71] *Ders.*, ibid., S. 177 (192).

V. Optimierungsgebote als Regeln

Das Problem, das die Möglichkeit von Regeln mit abwägungsbezogenem Inhalt für die Trennungsthese bedeutet, kehrt auch in der prinzipientheoretischen Diskussion um die Definition der Prinzipien als Optimierungsgebote wieder. In diesem Zusammenhang hat sich Alexy dem Problem dann auch selbst gestellt.

1. Regelstruktur von Optimierungsgeboten

Prinzipien sind nach der von Alexy als „Standarddefinition"[72] bezeichneten Begrifflichkeit Optimierungsgebote, also „Normen, die gebieten, dass etwas in einem relativ auf die tatsächlichen und rechtlichen Möglichkeiten möglichst hohen Maße realisiert wird".[73] Ein solches Gebot hat jedoch, indem es genau dies definitiv gebietet, selbst Regelcharakter. Sieckmann und Aarnio haben darauf wie gesagt schon frühzeitig hingewiesen.[74] Alexy hat den Regelcharakter der Optimierungsgebote, auf diese Einwände antwortend, schließlich auch ausdrücklich eingeräumt: „Dieses Gebot hat in der Tat einen definitiven Charakter. Es kann nur entweder erfüllt oder nicht erfüllt werden, und es ist stets seine volle Erfüllung geboten. [...] Optimierungsgebote haben deshalb als solche die Struktur von Regeln".[75] Der Vorbehalt der rechtlichen Möglichkeiten lässt sich danach als eine abwägungsbezogene Ausnahmeklausel zu den Optimierungsgeboten als Regeln verstehen.

2. Optimierungs- oder Maximierungsregeln in der Theorie der Grundrechte

Auch der Regelcharakter von Optimierungsgeboten lässt sich der Sache nach bereits in der *Theorie der Grundrechte* selbst nachweisen. So stuft Alexy dort alle drei Teilgrundsätze des Grundsatzes der Verhältnismäßigkeit als Regeln ein, also auch das Gebot der Verhältnismäßigkeit im engeren Sinne.[76] Gleichzeitig soll jedoch der Grundsatz der Verhältnismäßigkeit im engeren Sinne mit

---

[72] *Ders.*, Zur Struktur der Rechtsprinzipien, in: Schilcher/Koller/Funk (Hrsg.), Regeln, Prinzipien und Elemente im System des Rechts, S. 31 (32, 38).
[73] *Ders.*, Theorie der Grundrechte, S. 75 f.; *ders.*, Zur Struktur der Rechtsprinzipien, in: Schilcher/Koller/Funk (Hrsg.), Regeln, Prinzipien und Elemente im System des Rechts, S. 31 (38).
[74] Siehe erneut oben S. 7 (Fn. 26), mit den dortigen w. Nw.
[75] *Alexy*, ibid., S. 31 (38).
[76] *Ders.*, Theorie der Grundrechte, S. 100 Fn. 84; ebenso *Clérico*, Die Struktur der Verhältnismäßigkeit, S. 20 f. (m. Nw. abweichender Auffassungen, die demgegenüber einen Prinzipiencharakter des Verhältnismäßigkeitsgrundsatzes annehmen).

dem Abwägungsgebot „identisch"[77] sein, das aus dem Optimierungsgebot folgt. Schon daraus folgt jedoch, dass auch das Optimierungsgebot selbst regelabhängig sein muss.

In der *Theorie der Grundrechte* findet sich sogar schon eine genauere Rekonstruktion der Optimierungsgebote als (nur auf die tatsächlichen Möglichkeiten relativierte) ‚Maximierungsgebote', welche durch eine ‚*Optimierungsregel*' einander zugeordnet werden. In einer Fußnote stellt Alexy fest, dass dann, wenn man Prinzipien „für sich oder isoliert, d.h. unabhängig von ihren Relationen zu anderen Prinzipien betrachtet", der Bezug auf die rechtlichen Möglichkeiten seine Bedeutung verliere.[78] Das Prinzip werde dann „vom Optimierungs- zum nur noch auf die faktischen Möglichkeiten bezogenen Maximierungsgebot".[79]

Gemeint ist damit offenbar ein Gebot etwa der Form:

„Die Pressefreiheit ist relativ auf die tatsächlichen Möglichkeiten maximal zu verwirklichen."

Alexy erwägt die Möglichkeit einer solchen Definition von Prinzipien als Maximierungsgebote, hält dann aber fest, dass die konstitutive Relation zu anderen Prinzipien mit erfasst werden müsse.[80] Als eine Möglichkeit dazu sieht er es an, einer solchen Definition „eine auf Maximierungsgebote bezogene *Optimierungsregel hinzu[zu]fügen*".[81] Hier ist offenbar eine Regel etwa der folgenden Form gemeint:

„Die verschiedenen Gebote, die Gegenstände grundrechtlicher Freiheiten relativ auf die tatsächlichen Möglichkeiten zu maximieren (Maximierungsgebote), sind im Verhältnis zueinander auf ihre jeweils optimale Erfüllung hin zu relativieren."

Alexy führt aus, dass gegenüber einer Definition von Prinzipien als Maximierungsgebote, denen eine Optimierungsregel hinzugefügt wird, „die hier gewählte allgemeine Definition als Optimierungsgebot den Vorzug der Einfachheit" habe.[82] Wenn aber die Definition durch eine Optimierungsregel, welche die Maximierungsgebote einander zuordnet, lediglich komplizierter, ansonsten aber *äquivalent* zu der Definition von Prinzipien als Optimierungsgebote sein soll, so ist schon nach diesen Ausführungen kein Grund dafür ersichtlich, warum nicht auch die – lediglich einfacher gefassten – Optimierungsgebote als Optimierungsregeln einzustufen sein sollten.

---

[77] *Alexy*, Verfassungsrecht und einfaches Recht – Verfassungsgerichtsbarkeit und Fachgerichtsbarkeit, in: VVDStRL 61 (2002), S. 7 (18).
[78] *Ders.*, Theorie der Grundrechte, S. 80 Fn. 37.
[79] Ibid., S. 80 Fn. 37.
[80] Ibid., S. 80 Fn. 37.
[81] Ibid., S. 80 Fn. 37; Hervorh. hinzugef.
[82] Ibid., S. 80 Fn. 37.

3. ‚Prinzipien als solche' als Prima-facie-Gebote (‚ideales Sollen' oder ‚zu optimierende Gebote')

Nach Alexy soll der Regelcharakter der Optimierungsgebote „keinesfalls" dazu führen, dass die „Prinzipientheorie in Gestalt der Optimierungsthese" deshalb zusammenbricht.[83] Vielmehr sei lediglich „feiner zu unterscheiden" als bisher,[84] nämlich zwischen dem „Prinzip als solchem", als dem „was zu optimieren" sei, und dem „Optimierungsgebot als Regel".[85] Prinzipien als solche seien „als Gegenstände der Abwägung keine Optimierungsgebote, sondern zu optimierende Gebote".[86] Als zu optimierende Gebote und „Abwägungsgegenstände" enthielten Prinzipien (als solche) „ein ideales, noch nicht auf die tatsächlichen und rechtlichen Möglichkeiten relativiertes Sollen".[87]

Mit dem Begriff des idealen Sollens verwendet Alexy eine frühere Kennzeichnung des entscheidenden Merkmals von Prinzipien, modifiziert sie allerdings. Während sich in der früheren Definition Optimierungsgebot und ideales Sollen noch entsprachen,[88] soll die Relativierung auf die tatsächlichen und rechtlichen Möglichkeiten jetzt entfallen. Das ideale Sollen soll also jedenfalls auch das Prima-facie-Gebot bezeichnen, das sich aus einem Optimierungsgebot ergibt, wenn man die Relativierung auf die tatsächlichen und relativen Möglichkeiten weglässt. Wenn Optimierungsgebote Normen sind, „die gebieten, dass etwas in einem relativ auf die tatsächlichen und rechtlichen Möglichkeiten möglichst hohen Maße realisiert wird",[89] dann sind ‚Prinzipien als solche' demnach zumindest auch Normen, die schlicht gebieten, dass etwas in möglichst hohem Maße realisiert wird.

Das ideale Sollen steht bei Alexy also jedenfalls auch für den überschießenden Prima-facie-Gehalt,[90] der sich ergibt, wenn man in Optimierungsgeboten von der Relativierung gegenüber den tatsächlichen Verhältnissen und gegenläufigen Normen absieht. Es liegt nahe, dass die ‚Prinzipien als solche' insoweit im Wesentlichen mit jenen Maximierungsgeboten übereinstimmen, von denen

---

[83] Ders., Zur Struktur der Rechtsprinzipien, in: Schilcher/Koller/Funk (Hrsg.), Regeln, Prinzipien und Elemente im System des Rechts, S. 31 (38 f.).
[84] Vgl. ders., ibid., S. 31 (39) („wenn die Analyse dies erfordert, feiner zu unterscheiden [...]").
[85] Ders., ibid., S. 31 (39).
[86] Ders., ibid., S. 31 (39).
[87] Ders., ibid., S. 31 (39).
[88] „Statt von Optimierungsgeboten könnte man [...] auch von ‚idealem Sollen' [...] sprechen. Ein ideales Solen ist jedes Sollen, *das nicht voraussetzt, daß das, was gesollt ist, in vollem Umfang tatsächlich und rechtlich möglich ist, das dafür aber möglichst weitgehende oder approximative Erfüllung* verlangt"; ders., Zum Begriff des Rechtsprinzips (1979), in: ders., Recht, Vernunft, Diskurs, S. 177 (203 f.); Hervorh. hinzugef.
[89] Ders., Theorie der Grundrechte, S. 75 f.
[90] Vgl. ders., Comments & Responses, in: Klatt (Hrsg.), Institutionalized Reason, S. 319 (344 f.) („ideal *or* prima facie ‚ought'"; Hervorh. geänd.).

Alexy bereits in der *Theorie der Grundrechte* sagt, dass sie das ausdrücken, was Prinzipien gebieten, wenn man sie „für sich oder isoliert, d.h. unabhängig von ihren Relationen zu anderen Prinzipien betrachtet".[91] Der einzige Unterschied besteht insoweit darin, dass Alexy diese Maximierungsgebote als „nur noch auf die faktischen Möglichkeiten bezogene[ ]" Gebote versteht,[92] also bei ihnen eine Relativierung auf die tatsächlichen Möglichkeiten beibehält. Beim idealen Sollen soll dagegen auch diese Relativierung entfallen.

Mit den ‚Prinzipien als solchen' oder ‚zu optimierenden Geboten' sind demnach mindestens Gebote gemeint, den jeweiligen Gegenstand *maximal* zu verwirklichen, das heißt ohne Relativierung auf die tatsächlichen oder rechtlichen Möglichkeiten. Ein zu optimierendes Gebot wäre also beispielsweise das Gebot, das rechtliche Erlaubtsein von Meinungsäußerungen oder den tatsächlichen Zustand der körperlichen Unversehrtheit zu maximieren.

Das „Optimierungsgebot als Regel", das die Relativierung dieser Maximierungsgebote auf die tatsächlichen und rechtlichen Möglichkeiten enthält, stellt nach Alexy eine notwendige Folge dieser zu optimierenden Gebote dar: „Es gibt eine *notwendige Beziehung* zwischen dem idealen Sollen, also dem Prinzip als solchem, und dem Optimierungsgebot als Regel. Das ideale Sollen impliziert das Optimierungsgebot und umgekehrt. Es geht um zwei Seiten einer Sache."[93] Das gilt unabhängig von der weitgehend ungeklärten und noch näher zu erörternden Frage, ob der Inhalt der ‚zu optimierenden' Gebote über diesen Prima-facie-Gehalt *hinausreicht*, weil diese Gebote auch selbst ‚zu optimieren' sein sollen.[94]

VI. Fazit

Nimmt man die Aussagen Alexys zur „normstrukturellen" Trennungsthese genauer und im Zusammenhang in den Blick, so zeigt sich, dass diese These von Alexy bereits in der *Theorie der Grundrechte* selbst schon fast bis zur Unkenntlichkeit relativiert wird.

Alexy führt seine These einer normstrukturellen Dichotomie zwischen Regeln und Prinzipien schon eigenhändig in erhebliche Schwierigkeiten. Die spä-

---

[91] Ders., Theorie der Grundrechte, S. 80 Fn. 37; Hervorh. hinzugef.
[92] Ibid., S. 80 Fn. 37.
[93] Ders., Zur Struktur der Rechtsprinzipien, in: Schilcher/Koller/Funk (Hrsg.), Regeln, Prinzipien und Elemente im System des Rechts, S. 31 (39); Hervorh. hinzugef.; vgl. auch *Susanne Bracker*, Kohärenz und juristische Interpretation, 2000, S. 205.
[94] S. unten S. 77 f., 91 ff., 101 f. (auch zu der Kritik Ralf Poschers an der Vorstellung zu optimierender Gebote).

tere Klassifizierung des „Optimierungsgebot[s] als Regel"[95] findet sich noch nicht ausdrücklich, wohl aber implizit schon in der *Theorie der Grundrechte*.[96] Alexy erkennt an, dass Regeln prinzipienabhängig sein können, sei es weil in sie aufgrund von Prinzipien ad hoc Ausnahmen eingefügt werden müssen, sei es durch abwägungsbezogene Tatbestandsmerkmale (Einzelfallvorbehalte oder „abwägungsbezogene Ergebnisbegriffe").[97] Das stellt die strukturelle Entgegensetzung zweier „Normenarten" ebenso in Frage wie die These Alexys, dass Grundrechtsnormen einen „Doppelcharakter" haben sollen, also Zwittergestalten sein sollen, denen zugleich Regelcharakter als auch Prinzipiencharakter zukommt, mithin etwas, das es der Trennungsthese zufolge gar nicht geben dürfte.[98]

Die Abweichungen von der Trennungsthese schon bei Alexy selbst beleuchten aus verschiedenen Blickwinkeln das jeweils gleiche Problem der Einordnung von Regeln mit abwägungsbezogenem Inhalt. Schon die genauere Analyse seiner Theorie selbst legt daher nahe, dass sich der normative Gehalt von Prinzipien verlustfrei im Rahmen der „Normstruktur" von Regeln mit abwägungsbezogenem Inhalt wiedergeben lässt.

---

[95] *Alexy*, Zur Struktur der Rechtsprinzipien, in: Schilcher/Koller/Funk (Hrsg.), Regeln, Prinzipien und Elemente im System des Rechts, S. 31 (39).
[96] Vgl. *ders.*, Theorie der Grundrechte, S. 80 Fn. 37 (zur Kennzeichnung von Prinzipien als Maximierungsgebote, die durch eine relativierende „Optimierungsregel" aufeinander bezogen werden), 100 Fn. 84 (zum Regelcharakter des Gebots der Verhältnismäßigkeit im engeren Sinne; s. oben S. 75 [bei Fn. 76]).
[97] Siehe oben S. 63 ff., 70 ff.
[98] Siehe oben S. 71 ff.

4. Kapitel

Nichtexistenz und Überflüssigkeit von Prinzipien? – Die Alexy-Poscher-Debatte

Was bleibt nach den erheblichen Relativierungen, die Alexy selbst vorgenommen hat, von der normstrukturellen Trennungsthese noch übrig? Und falls sie zu verwerfen ist: Bedeutet sie auch das Ende von Prinzipien eigenständiger Klasse von Normen, die sich von anderen Normen unterscheiden lässt? Oder war Alexy nicht doch einem entscheidenden klassifikatorischen Unterschied auf der Spur?

I. Prinzipientheorie als „Theorie eines Phantoms"? – Die Kritik Ralf Poschers

Alexy hält die Unterscheidung zwischen Prinzipien und Regeln wie beschrieben[1] keineswegs für erledigt, weil trotz des Regelcharakters von Optimierungsgeboten nunmehr zwischen Prinzipien als Optimierungsgeboten (und Regeln) und ‚Prinzipien als solchen' (oder ‚zu optimierenden Geboten') zu unterscheiden sei.

Ralf Poscher hat in einer intensiven Debatte mit Alexy[2] geltend gemacht, dass es solche ‚zu optimierenden Gebote' oder ‚Prinzipien als solche' schlicht

---

[1] S. oben S. 77 f.
[2] *Poscher*, Einsichten, Irrtümer und Selbstmissverständnis der Prinzipientheorie, in: Sieckmann (Hrsg.), Die Prinzipientheorie der Grundrechte, S. 69 ff.; ausführlich replizierend *Alexy*, Ideales Sollen, in: Clérico/Sieckmann (Hrsg.), Grundrechte, Prinzipien und Argumentation, S. 21 (22–32); Duplik: *Poscher*, Theorie eines Phantoms, in: Rechtswissenschaft 1 (2010), S. 349 ff. Vgl. auch die englischsprachige Variante: ders., The Principles Theory, in: Klatt (Hrsg.), Institutionalized Reason, S. 218 ff.; *Alexy*, Comments & Responses, in: Klatt (Hrsg.), Institutionalized Reason, S. 319 (340–345). Zum teils durchaus polemischen Charakter der Kritik vgl. etwa *Poscher*, Theorie eines Phantoms, in: Rechtswissenschaft 1 (2010), S. 349 (353: „hydra-artige[s] Phänomen"; „Promiskuität" des Prinzipienbegriffs; 354: „Die Prinzipientheoretiker mögen sich dann gleichsam darüber streiten, ob Engel körperliche Wesen sind, Flügel haben und weiße Nachthemden tragen, folgen würde daraus nichts."; 360: „Notationsmanöver"; 370: „idiosynkratische[ ] Phantomdebatten"); s. auch die für Alexys Verhältnisse vergleichsweise temperamentvolle Reaktion: *Alexy*, Comments & Responses,

nicht gebe („Existenzeinwand").[3] Die Prinzipientheorie sei deshalb, wie Poscher es recht plakativ formuliert, zu einer Theorie auf der „erfolglosen Suche nach ihrem Gegenstand" geworden, zur „Theorie eines Phantoms".[4] Damit nicht genug: Solche zu optimierenden Gebote seien, selbst wenn es sie denn gäbe, für alles, was die Prinzipientheorie behaupten wolle, überflüssig („Überflüssigkeitseinwand").[5] Poschers Thesen richten sich dabei auf Nichtexistenz und Überflüssigkeit jeglicher Normgehalte von Prinzipien, die über ihren Charakter als Optimierungsregeln hinausreichen.[6]

Ist der Vorwurf an die Prinzipientheorie gerechtfertigt, ihr sei ihr Gegenstand abhandengekommen? Wie dargestellt will Alexy mit der Rede vom idealen Sollen zumindest *auch* darauf hinaus, dass die ‚Prinzipien als solche' *prima facie* oder *pro tanto*[7] inhaltlich weiter reichen als Optimierungsgebote. Sie sollen, anders als Optimierungsgebote, ein „noch nicht auf die tatsächlichen und rechtlichen Möglichkeiten relativiertes Sollen"[8] enthalten. In seiner Erwiderung auf Poscher hat Alexy namentlich auf die Erklärungskraft des idealen Sollens für das Kollisionsverhalten von Prinzipien hingewiesen: „Von besonderer Bedeutung" sei die „Unversehrtheit des zurücktretenden Prinzips" in solchen Kollisionen.[9]

Poscher hat dieses „Kollisionsargument" zurückgewiesen: Ob der Inhalt von Kollisionstatbeständen, welche Normenkollisionen koordinieren, abwä-

---

in: Klatt (Hrsg.), Institutionalized Reason, S. 319 (344) („Poscher's attempt [...] *misses the point*. It is as *far from the mark* as the attempt, criticized so vigorously by H.L.A. Hart, to reduce power-conferring rules to ‚mere aspects or fragments of the rules of duty'"; Hervorh. hinzugef.).

[3] *Poscher*, Theorie eines Phantoms, in: Rechtswissenschaft 1 (2010), S. 349 (353, 366–368); *ders.*, Einsichten, Irrtümer und Selbstmissverständnis der Prinzipientheorie, in: Sieckmann (Hrsg.), Die Prinzipientheorie der Grundrechte, S. 69 (69 f.).

[4] Vgl. *Poscher*, Theorie eines Phantoms, in: Rechtswissenschaft 1 (2010), S. 349 (Titel und Untertitel; 370); siehe auch bereits *ders.*, Einsichten, Irrtümer und Selbstmissverständnis der Prinzipientheorie, in: Sieckmann (Hrsg.), Die Prinzipientheorie der Grundrechte, S. 69 (70) („Theorie ohne Gegenstand").

[5] *Poscher*, ibid., S. 69 (69 f.).

[6] Vgl. *ders.*, Theorie eines Phantoms, in: Rechtswissenschaft 1 (2010), S. 349 (366, 370) (366: „Der Annahme von Prinzipien, die *nicht mit Optimierungsgeboten identisch* sind, bedarf es nicht."; 370: „Es gibt keine Prinzipien im Sinne der Prinzipientheorie, die sich *von Optimierungsgeboten unterscheiden* [...]."; Hervorh. hinzugef.).

[7] Zu den Begriffen des Pro-tanto-Sollens (etwas „so zu behandeln, als ob es für das Ganze oder für alles, was zählt, stünde") und des Prima-facie-Sollens („Jedes Pro-tanto-Sollen [...] ist zugleich ein Prima-facie-Sollen, wenn man den Begriff des Prima-facie-Sollens so versteht, daß er sich auf ein Sollen bezieht, das in den Blick kommt, wenn man sich auf nur einen Aspekt eines Normenkonflikts beschränkt.") vgl. *Alexy*, Ideales Sollen, in: Clérico/Sieckmann (Hrsg.), Grundrechte, Prinzipien und Argumentation, S. 21 (23 m. Fn. 13 f.).

[8] *Ders.*, Zur Struktur der Rechtsprinzipien, in: Schilcher/Koller/Funk (Hrsg.), Regeln, Prinzipien und Elemente im System des Rechts, S. 31 (39).

[9] *Ders.*, Ideales Sollen, in: Clérico/Sieckmann (Hrsg.), Grundrechte, Prinzipien und Argumentation, S. 21 (30).

gungsbezogen sei, wie bei Optimierungsgeboten, oder nicht, sei „gänzlich kontingent" und lasse „die rechtslogische Struktur der Normen unberührt".[10] Als Beispiel für einen Kollisionstatbestand, wie ihn Optimierungsgebote enthalten, nennt Poscher unter anderem den folgenden:

„Wenn eine Handlung der Presse dient und überwiegende auswärtige Belange des Staates nicht gefährdet, dann soll der Staat Verbote unterlassen."[11]

Zum Verständnis derartiger Kollisionstatbestände bedürfe es keines idealen Sollens.[12] Auch wenn der Tatbestand eine relative Gewichtung in Form einer Optimierung verlange, zeigten diese Normen „keine Eigenschaften, zu deren Erklärung die Annahme eines idealen Sollens oder sonstiger zusätzlicher normativer Entitäten" etwas beitragen müsse oder auch nur könne.[13]

Welche der beiden Positionen trifft zu? Es soll im Folgenden argumentiert werden, dass an beiden etwas Wahres ist. Poscher hat Recht damit, dass die Trennungsthese der Prinzipientheorie als normstrukturelle These nicht zu halten und zugunsten einer normstrukturellen Vereinigungsthese zu verwerfen ist. Die Trennungsthese ist jedoch deshalb nicht ganz zu verwerfen: Sie ist als *norminhaltliche* Trennungsthese aufrechtzuerhalten. Denn Alexy hat darin Recht, dass der Norminhalt von Prinzipien über ihren definitiven Gehalt als Optimierungsgebote hinausweist, was sich gerade auch in ihrem Kollisionsverhalten niederschlägt. Die Prinzipientheorie hat deshalb weiterhin einen Gegenstand. Sie sollte ihn allerdings neu begreifen, nämlich nicht als Normen einer bestimmten Struktur, sondern eines bestimmten, besonders unscharfen Inhalts.

II. Der Begriff der Normenkollision und die Unterscheidung von prima facie und definitiv geltenden Normen

1. Drei-Normen-Modell der Kollision

Eine Normenkollision liegt nach einem weithin gebräuchlichen Verständnis dann vor, wenn mehrere Normen für sich betrachtet im selben Fall zu einander widersprechenden Rechtsfolgen führen.[14]

---

[10] *Poscher*, Theorie eines Phantoms, in: Rechtswissenschaft 1 (2010), S. 349 (364).
[11] Ibid., S. 349 (365 f., Hervorh. weggelassen).
[12] Ibid., S. 349 (364).
[13] Ibid., S. 349 (366).
[14] Vgl. *Alexy*, Theorie der Grundrechte, S. 77 („daß zwei Normen, *jeweils für sich angewandt*, zu miteinander unvereinbaren Ergebnissen, nämlich zu zwei sich widersprechenden konkreten rechtlichen Sollensurteilen führen"); Hervorh. hinzugef. S. ferner auch *Röhl/Röhl*, Allgemeine Rechtslehre, 3. Aufl., S. 153–158 (bes. 156 f.), 285–290 (zum Kollisionsverhalten von Prinzipien und Regeln), 585–595 (bes. 594 f.), 596–602 (bes. 596: „wenn mehrere Normen

Schon dieser Definition der Normenkollision liegt eine Unterscheidung zwischen zwei verschiedenen Perspektiven zugrunde, der Prima-facie-Perspektive und der Perspektive definitiver Geltung. Um überhaupt von einer Kollision sprechen zu können, muss die Wirkung der Normen danach zunächst „für sich betrachtet", also prima facie oder pro tanto, bewertet werden. Erst die kollisionsauflösende Norm legt fest, dass nur eine der prima facie weiterreichenden kollidierenden Normen definitiv gilt. Erst aus der Perspektive der definitiven Geltung, die die kollisionsauflösende Norm mit einbezieht, wird die Wirkung einer der prima facie kollidierenden Normen begrenzt.

Man kann dieses Modell der Normenkollision als ein Drei-Normen-Modell charakterisieren: Zwei miteinander kollidierende Normen werden durch eine dritte Norm, die Kollisionsnorm, einander zugeordnet. Erst die Kollisionsnorm führt dazu, dass eine der kollidierenden Normen, obwohl sie prima facie weiter reicht, im Bereich der Kollision auf der Ebene der definitiven Geltung nicht gilt.

Normensysteme, die auf Widerspruchsfreiheit angelegt sind, verlangen nach einer solchen Kollisionsauflösung: „Daß zwei sich widersprechende konkrete Sollensurteile gelten" ist, „ganz gleich, wie man es im einzelnen begründet, auszuschließen".[15] Widerspruchsfrei lässt sich nur aufgrund von Normen entscheiden, die nicht oder nicht mehr miteinander kollidieren. Es ist diese Perspektive der definitiv anwendbaren Normen, die Kant einnimmt, wenn er feststellt, „eine Kollision von Pflichten und Verbindlichkeiten" sei „gar nicht denkbar (obligationes non colliduntur)".[16]

Es zählt zu den entscheidenden Leistungen Dworkins und Alexys, mit dem Prinzipienbegriff die Aufmerksamkeit auf die Möglichkeit solcher prima facie oder pro tanto geltender Normen gelenkt zu haben.[17] Die sich daraus ergeben-

---

unterschiedliche, miteinander nicht verträgliche Handlungen gebieten"); *Jan C. Joerden*, Logik im Recht – Grundlagen und Anwendungsbeispiele, 2. Aufl., 2010, S. 71–79 (zur Pflichtenkollision), 344–347 (zum Kollisionsverhalten von Prinzipien und Regeln nach Alexy); *Bernd Rüthers/Christian Fischer/Axel Birk*, Rechtstheorie – mit juristischer Methodenlehre, 10. Aufl. 2018, Rn. 274; *Klatt/Schmidt*, Epistemic Discretion in Constitutional Law, in: Int'l J. Const. L. 10 (2012), S. 69, Rn. 274, 275 mit 756 ff. (zur Auflösung von Normkonflikten durch eine Prinzipienabwägung nach Alexy), 845.

[15] *Alexy*, Theorie der Grundrechte, S. 78 m.w.Nw.
[16] *Immanuel Kant*, Die Metaphysik der Sitten (1797/1798), 1977/1993, S. 330: „Ein *Widerstreit* der *Pflichten* (collisio officiorum, s. obligationum) würde das Verhältnis derselben sein, durch welche eine derselben die andere (ganz oder zum Teil) aufhöbe. – Da aber Pflicht und Verbindlichkeit überhaupt Begriffe sind, welche die objektive praktische *Notwendigkeit* gewisser Handlungen ausdrücken und zwei einander entgegengesetzte Regeln nicht zugleich notwendig sein können, sondern, wenn nach einer derselben zu handeln es Pflicht ist, so ist nach der entgegengesetzten zu handeln nicht allein keine Pflicht, sondern sogar pflichtwidrig: so ist eine *Kollision* von *Pflichten* und Verbindlichkeiten gar nicht denkbar (obligationes non colliduntur)" (Hervorh. im Original gesperrt).
[17] Vgl. auch die ausdrückliche Anerkennung dieses Punktes durch Hart, der vom „non-conclusive character" der Prinzipien spricht: *Herbert Lionel Adolphus Hart*, The Con-

den grundlegenden Fragen sind allerdings noch keineswegs befriedigend geklärt: Sind Prima-facie-Normen wirklich Normen? Wenn ja, gelten sie nur vor der Normenkollision oder auch noch danach? Wie hängt ihre Geltung mit juristischen Argumenten zusammen?

2. Prima-facie-Normen als bloße Normvorstufen (Klement)?

Jan Henrik Klement hat den Normcharakter so genannter Prima-facie-Normen bestritten. Das Sollen einer Norm müsse „die Identifizierung von Verhalten als rechtswidrig" erlauben, mithin ein definitives Sollen sein.[18] Prinzipien seien deshalb selbst noch keine Normen, sondern als lediglich prima facie maßgebliche Gründe für Normen nur „Vorstufen" zu Normen.[19] Nach diesem Konzept müsste die Vorstellung einer Normenkollision aufgegeben werden, die wie gesehen prima facie geltende Normen voraussetzt. Was miteinander kollidiert, wären dann (noch) keine Normen, sondern lediglich ,Vorstufen' von Normen. Man müsste also von einer ,Normvorstufen-Kollision' sprechen.

Den Sprachgebrauch auf diese Weise zu ändern wäre sicherlich möglich. Es würde allerdings eine erhebliche Umstellung der bisherigen Praxis erfordern. Darauf hat Kai Möller in einer ähnlichen Debatte mit Webber zu Recht hingewiesen.[20] So ist es üblich, von einem „Recht" auf freie Persönlichkeitsentfaltung oder körperliche Unversehrtheit zu sprechen, das „beschränkt" wird, auch wenn die Beschränkung gerechtfertigt sein kann, so dass das Recht im Ergebnis nicht verletzt ist. Als „Recht" wird in diesem Fall also auch das nur prima facie geltende Recht bezeichnet. Das entspricht auch der Terminologie der Grundrechtskataloge selbst. So kann in die „Rechte" auf Leben, körperliche Unversehrtheit und Freiheit der Person laut Art. 2 Abs. 2 S. 3 GG nur auf Grund eines Gesetzes „eingegriffen" werden. Das schließt auch die Fälle ein, in denen der Eingriff im Ergebnis gerechtfertigt ist, in denen das Recht also nur prima facie gilt.

---

cept of Law, 2. Aufl., 1994/1997, Postscript, S. 238 (259–263, bes. 263: „Much credit is due to Dworkin for having shown and illustrated their importance and their role in legal reasoning, and certainly it was a serious mistake on my part not to have stressed their non-conclusive force."). Zu Dworkin siehe näher oben S. 64 ff., bes. S. 65 (Fn. 9).

[18] *Klement*, Vom Nutzen einer Theorie, die alles erklärt, in: JZ 2008, S. 756 (760); s. auch *Jan Henrik Klement*, Common Law Thinking in German Jurisprudence – on Alexy's Principles Theory, in: Klatt (Hrsg.), Institutionalized Reason, S. 173 (177 f.). Alexy hat auf Klements Einwände erwidert, dass bei Vorrangigkeit einer Kollisionsnorm das Prima-facie-Sollen dieser Norm in ein definitives Sollen „mit exakt demselben Inhalt" transformiert werde, was sich „schwer verstehen" lasse, wenn man Prima-facie-Gehalte nicht als Normen gelten lasse. Verständlich und in sich konsistent ist Klements Alternativkonzept jedoch durchaus.

[19] *Klement*, Vom Nutzen einer Theorie, die alles erklärt, in: JZ 2008, S. 756 (760).

[20] *Kai Möller*, Proportionality and Rights Inflation, in: Huscroft/Miller/Webber, Grégoire C. N. (Hrsg.), Proportionality and the Rule of Law, S. 155 ff.

Es kommt hinzu, dass mit der Änderung der Terminologie die sachlichen Fragen nicht verschwinden. Der Verzicht auf die Rede von Prima-facie-Normen würde die Probleme, die die Geltung und Tragweite prima facie gültiger Argumente betreffen, lediglich terminologisch aus dem Bereich des „Sollens" in den Bereich des „Normvorstufen-Sollens" führen, ohne dass damit ein erkennbarer Gewinn in der Sache verbunden wäre. Nach Alexy gilt ein Prinzip dann, „wenn es zu Recht für oder gegen eine grundrechtliche Entscheidung angeführt werden kann".[21] Auch wenn man Prinzipien zu Normvorstufen erklärt, ändert sich dadurch nichts daran, dass die Belange oder Gründe, für die sie stehen, ‚zu Recht' für oder gegen eine grundrechtliche Entscheidung angeführt werden können. Die Frage, wann und wie sich aus Normvorstufen-Kollisionen (definitive) Normen ableiten lassen, würde sich genauso wie zuvor stellen. Es erscheint deshalb als zweckmäßiger,[22] das weithin eingebürgerte[23] Drei-Normen-Modell der Kollision beizubehalten und es nicht zugunsten eines Vorstufen-Modells aufzugeben.

III. Optimierungsgebote als definitiver Gehalt von Prinzipien – am Beispiel des Lüth-Urteils

Wie dargelegt sind Prinzipien mit abwägungsabhängigen Regeln ‚normstrukturell' identisch, was auch ihren Prima-facie-Charakter betrifft. Das gilt in beiden Richtungen: Abwägungsabhängige Regeln sind letztlich nicht von Prinzipien zu unterscheiden, sie weisen also auch dieselbe inhaltliche Unschärfe auf wie Prinzipien. Umgekehrt haben auch Prinzipien Regelstruktur; als Optimierungsgebote weisen sie daher zumindest einen gewissen definitiven Festsetzungsgehalt auf. Die Aussage Alexys, Prinzipien enthielten „keine *definitiven*, sondern nur *prima facie-Gebote*",[24] kann nur für ‚Prinzipien als solche' zutreffen, nicht aber für Prinzipien als Optimierungsgebote (und damit Regeln). Worin der definitive Festsetzungsgehalt von Prinzipien genauer besteht, soll im Folgenden am Beispiel des Lüth-Urteils genauer untersucht werden.

---

[21] *Alexy*, Theorie der Grundrechte, S. 117; s. näher oben S. 43 (Fn. 164).
[22] Die Diskussion zeigt nur einmal mehr, dass auch Grundbegriffe der Rechtstheorie wie die des Sollens und der Norm keine kriteriellen Begriffe sind, deren Bedeutung anhand einer allgemein konsentierten Verwendung ermittelt werden könnte, sondern dass sie als interpretative Begriffe stets nach einer wertebezogenen und stets potentiell streitbefangenen Konkretisierung verlangen. Zum Konzept interpretativer Begriffe siehe näher *Hong*, Der Menschenwürdegehalt der Grundrechte, 1. Kap., VIII.4.
[23] S. die Nw. oben Fn. 14, S. 83 f.
[24] *Alexy*, Theorie der Grundrechte, S. 87.

1. Abstrakte definitive Rechte

Alle Normen, die nicht leerlaufen sollen, müssen gewisse definitive Festsetzungen treffen. Die abstrakteste definitive Festsetzung, die eine nicht leer laufende Norm trifft, besteht darin, dass ihre Rechtsfolge in all jenen Fällen *definitiv* eintritt, in denen die positiven Tatbestandsvoraussetzungen der Norm erfüllt und eventuelle negative Tatbestandsvoraussetzungen nicht erfüllt sind. Wenn die Norm nicht leerläuft, so muss es zumindest einen Fall geben, auf den das zutrifft.

Wenn die Norm ein subjektives Recht begründet, kann insoweit von dem *abstrakten definitiven Recht* gesprochen werden, das sie normiert. So statuiert jede Grundrechtsnorm, die ein subjektives Recht begründet, ein abstraktes definitives Recht für alle Fälle, in denen die positiven Voraussetzungen des Rechts erfüllt sind (etwa: Schutzbereichsberührung und Eingriff) und etwaige negative Voraussetzungen nicht erfüllt sind (etwa: die Rechtfertigungsvoraussetzungen für einen Eingriff).

Im Lüth-Fall lautete dieses abstrakte definitive Recht etwa wie folgt:

Abstraktes definitives Recht im Lüth-Fall: Erich Lüth hat aus seinem Grundrecht der Meinungsfreiheit (Art. 5 Abs. 1 S. 1 GG) ein Recht gegenüber dem Staat darauf, dass dieser alle nicht gerechtfertigten Eingriffe in den Schutzbereich dieses Grundrechts zu unterlassen hat.

Alexy spricht insoweit selbst von einer „*abstrakte[n] definitive[n]* Position" des Grundrechtsträgers, die man erhalte, wenn man Tatbestand und Schrankenklausel des Grundrechts zusammenfügt.[25]

2. Konkret-individuelle definitive Rechte – reine Fallvorschriften

Mit jeder Behauptung, dass ein abstraktes definitives Recht in einem konkreten Fall verletzt sei, wird ihm als Konkretisierung eine definitive Vorschrift zugeordnet, die konkret-individuell gilt, also nur genau für diesen einen Sachverhalt (konkret) und Adressaten (individuell). Nach einer solchen Vorschrift gilt also die Rechtsfolge unter den Bedingungen genau dieses einen Falles. Eine solche Vorschrift sei als *reine Fallvorschrift* bezeichnet.[26]

---

[25] Ibid., S. 251, Hervorh. im Original.
[26] Vgl. auch die der hier entwickelten Typologie ähnliche, aber nicht mit ihr identische Typologie fallnaher Normen, die er „Fallregeln" nennt, bei *Lothar Kuhlen*, Regel und Fall in der juristischen Methodenlehre (1992), in: Alexy/Koch/Rüßmann (Hrsg.), Elemente einer juristischen Begründungslehre, S. 61 (73–77). Ausgangspunkt ist für Kuhlen eine nur minimal abstrahierende, detaillierte tatbestandliche Umschreibung einer Fallkonstellation („Sachverhaltsgefüge"). Er unterscheidet zwischen Regeln, die einem solchen (relativ) konkreten Sachverhaltsgefüge *exakt entsprechen* („reine Fallregel"), solchen, in denen nur allgemein auf das Vorliegen der „wesentlichen Merkmale" verwiesen wird („unspezifizierte fallgebundene

Eine solche reine Fallvorschrift lag etwa dem stattgebenden Tenor des Lüth-Urteils[27] zugrunde. Das Landgericht hatte Lüth dazu verurteilt, es zu unterlassen, zum Boykott des Films „Unsterbliche Geliebte" des Regisseurs Veith Harlan aufzurufen.[28] Lüth erhob dagegen Verfassungsbeschwerde. Das Lüth-Urteil hob das angegriffene Urteil des Landgerichts wegen Verstoßes gegen die Meinungsfreiheit Lüths auf. Der Tenor stellte die Verletzung des Grundrechts durch das Landgerichts-Urteil fest („verletzt das Grundrecht des Beschwerdeführers aus Art. 5 Abs. 1 des Grundgesetzes [...]") und erklärte die Aufhebung („[...] und wird deshalb aufgehoben").

Das Bundesverfassungsgericht entnahm also dem abstrakten definitiven Recht Lüths aus Art. 5 Abs. 1 S. 1 GG die reine Fallvorschrift, dass Lüth unter den konkreten Bedingungen seines Falles ein Recht auf Aufhebung des angegriffenen Urteils zustehe:

Konkret-individuelles definitives Recht im Lüth-Fall: Erich Lüth hat unter den konkreten Bedingungen seines Falles am 15. Januar 1958 gegenüber dem Staat ein Recht auf Aufhebung des von ihm angegriffenen Urteils des Landgerichts Hamburg.

Die Geltung einer solchen Vorschrift wird mit jedem konkreten rechtlichen Sollensurteil behauptet, das die Verletzung eines abstrakten definitiven Rechtes in einem konkreten Fall feststellt. Das Lüth-Urteil hob in seinem Tenor das Landgerichts-Urteil auf (konkretes rechtliches Sollensurteil), weil es die Geltung der beschriebenen reinen Fallvorschrift bejahte.

Man kann darüber streiten, ob eine solche reine Fallvorschrift schon eine „Norm" ist. Alexy betrachtet solche Vorschriften als einen Unterfall von „individuellen Normen".[29] Sie bilden jedenfalls einen Grenzfall des Normbegriffes, weil es ihnen an jeglicher Generalität und Abstraktheit mangelt.

Nur unter solche Vorschriften kann in einem quasi-mechanischen Sinn subsumiert werden. Allein bei ihnen besteht zwischen den tatbestandlichen Voraussetzungen der Vorschrift und dem Sachverhalt im konkreten Fall eine Relation exakter Identität. Schon wenn eine solche reine Fallvorschrift einem abstrakten definitiven Recht zugeordnet wird, wenn also etwa das konkret-in-

---

Ähnlichkeitsregel"), sowie solchen, in denen bestimmte relevante Merkmale des Falles konkret benannt werden („spezifizierte fallgebundene Ähnlichkeitsregel").

[27] Vgl. BVerfGE 7, 198 (199): „Das Urteil des Landgerichts Hamburg vom 22. November 1951 – Az. 15. O. 87/51 – verletzt das Grundrecht des Beschwerdeführers aus Art. 5 Abs. 1 des Grundgesetzes und wird deshalb aufgehoben. Die Sache wird an das Landgericht Hamburg zurückverwiesen."

[28] Vgl. BVerfGE 7, 198 (200 f.) – Lüth (1958) (Lüth war im Einzelnen dazu verurteilt worden, es zu unterlassen, „1. die deutschen Theaterbesitzer und Filmverleiher aufzufordern, den bei der Klägerin zu 1) produzierten und von der Klägerin zu 2) zum Verleih im Bundesgebiet übernommenen Film ,Unsterbliche Geliebte' nicht in ihr Programm aufzunehmen", sowie „2. das deutsche Publikum aufzufordern, diesen Film nicht zu besuchen.").

[29] *Alexy*, Normenbegründung und Normanwendung (1993), in: *ders.*, Recht, Vernunft, Diskurs, S. 52 (60); vgl. *ders.*, Theorie der Grundrechte, S. 73 (Fn. 11), 90 f.

dividuelle Recht Lüths als Folgerung aus seinem abstrakten definitiven Recht auf Meinungsfreiheit abgeleitet wird, wird jedoch der Bereich einer quasi-mechanischen Subsumtionsautomatik verlassen und der Bereich der juristischen Argumentation betreten. Denn schon die Gültigkeit einer solchen Zuordnung bedarf der argumentativen Rechtfertigung. Sie muss auch dem Subsumtionsmodell, den Gesetzen deduktiver Logik genügen.[30] Sie lässt sich aber, anders als die Subsumtion unter die reine Fallvorschrift selbst, nicht mehr allein daraus begründen.

3. Fallbezogene definitive Rechte

Das abstrakte und das konkret-individuelle definitive Recht sind keineswegs schon alle definitiven Rechte, die immer behauptet werden, wenn eine konkrete Grundrechtsverletzung behauptet wird. Wo aufgrund von Normen entschieden wird, wird mit dem Anspruch auf Verallgemeinerbarkeit entschieden.[31]

Mit jedem konkret-individuellen Recht wird deshalb zugleich auch ein definitives Recht statuiert, das *für alle in relevanter Hinsicht gleichliegenden* Fälle Geltung beansprucht. Mit jeder konkret-individuellen Fallvorschrift wird auch eine entsprechende genereller geltende Norm aufgestellt. Eine solche Norm sei als fallbezogene Norm bezeichnet, ein entsprechendes Recht als fallbezogenes definitives Recht. Im Lüth-Fall wurde mit dem konkret-individuellen definitiven Recht Erich Lüths zugleich implizit anerkannt, dass ein entsprechendes Recht auch in allen anderen Fällen gelten muss, die in allen relevanten Hinsichten gleich liegen:

Fallbezogenes definitives Recht im Lüth-Fall: Jeder Person, die Trägerin des Grundrechts auf Meinungsfreiheit ist, steht ein Recht auf Aufhebung eines gegen sie ergangenen zivilgerichtlichen Unterlassungsurteils zu, sofern ihr Fall in allen relevanten Hinsichten gleich liegt wie der im Lüth-Urteil entschiedene Fall.

Gleiche Fälle gleich zu behandeln ist der Idee des Rechts eingeschrieben. Gerechtigkeit nach gleichem Maß mag ein ethisches Paradoxon, die Kluft zwischen Fall und Norm letztlich unüberbrückbar sein. Auch wer dies annimmt, wie etwa Jaques Derrida, wird jedoch zugestehen, dass *aus der Perspektive des Rechts* die Alternative einer regellosen Entscheidung nicht zur Verfügung steht.[32] Wo rechtlich entschieden wird, wird mit einem individuell-konkreten

---

[30] Vgl. *Koch/Rüßmann*, Juristische Methodenlehre und analytische Philosophie, in: Alexy/Dreier/Neumann (Hrsg.), Rechts- und Sozialphilosophie in Deutschland heute, S. 186 (191).

[31] Vgl. zutr. *Jan-Reinard Sieckmann*, Autonome Abwägung, in: ARSP 90 (2004) (72): Aus „dem Grundsatz der Verallgemeinerbarkeit" ergibt sich: „Eine rationale Normbegründung muß zu einer generellen Norm führen."

[32] „Jeder Fall ist anders, jede Entscheidung ist verschieden und bedarf einer vollkommen einzigartigen Deutung, für die keine bestehende, eingetragene, codierte Regel vollkommen

Recht daher stets zugleich auch das entsprechende fallbezogene Recht mitbehauptet.

4. Alexysche Prinzipien als Normen mit definitiver Festlegung auf einen minimalen definitiven Gehalt

Legt man die beschriebene Einteilung zugrunde, so sollte leicht zu erkennen sein, dass die bedingten Vorrangrelationen, die sich nach Alexys Kollisionsgesetz aus der Prinzipienabwägung ergeben, *fallbezogene Normen* sind, die einen entsprechenden Vorbehalt gleichbleibender Umstände aufweisen. Mit ihnen ist zunächst nicht mehr, aber auch nicht weniger definitiv festgelegt, als dass in einigen der von der Vorrangrelation erfassten Fälle der Einzelfallvorbehalt erfüllt ist, in anderen dagegen nicht – mal so, mal so.

Grundrechte haben auch nach der Prinzipientheorie wie gesehen einen definitiven Gehalt. Für sich betrachtet, also als Maximierungsgebote, statuieren grundrechtliche Prinzipien zwar „nur prima facie-Rechte".[33] Als Optimierungsgebote, also als Gebote, etwas relativ auf die tatsächlichen und rechtlichen Möglichkeiten zu optimieren, haben sie jedoch einen definitiven Gehalt. Sie begründen zunächst *abstrakte definitive Rechte*: Das grundrechtliche Recht setzt sich kategorisch immer dann durch, wenn anderen Prinzipien nicht das größere Gewicht zukommt. Optimierungsgebote sind diejenigen „Regeln, die in abstrakter Form den definitiven normativen Gehalt von Prinzipien ausdrücken".[34] Bei jeder Anwendung des Alexyschen Kollisions- und Abwägungsgesetzes werden jedoch auch konkret-individuelle Rechte und fallbezogene Rechte als

---

einstehen kann und darf. Wenn eine solche Regel ein ausreichender, ein ausreichend sicherer Garant für die Deutung ist, erweist sich der Richter als eine Rechenmaschine (was manchmal zutrifft) und kann nicht als gerecht, frei und verantwortungsbewußt gelten. Umgekehrt kann er auch dann nicht als gerecht, frei und verantwortungsbewußt gelten, wenn er sich auf kein Recht, keine Regel bezieht, oder wenn er keine Regel für vorgegeben hält, die über seine Deutung hinaus geht, und deshalb die Entscheidung suspendiert, beim Unentscheidbaren stehen bleibt oder bar aller Regeln und Prinzipien improvisiert. Aus diesem Paradoxon folgt, daß man niemals *in der Gegenwart* sagen kann: eine Entscheidung oder irgend jemand *sind* gerecht (das heißt frei und verantwortlich); und noch weniger: ‚*ich bin gerecht*'.

Statt ‚gerecht' kann man ‚gesetzmäßig' oder ‚legitim' sagen, in Übereinstimmung mit einem Recht, mit Regeln und Konventionen, die ein Berechnen ermöglichen, deren (be)gründender Ursprung aber das Problem der Gerechtigkeit lediglich aufschiebt [...]. Das beste Paradigma ist hier das der Gründung der Nationalstaaten oder der Akt, der den Grund für eine Verfassung legt und jenes instauriert, was man im Französischen etat le droit (und im Deutschen Rechtsstaat) nennt" (*Jacques Derrida*, Gesetzeskraft – Der „mystische Grund der Autorität", 1991, S. 48). Vgl. dazu auch *Ulfrid Neumann*, Juristische Methodenlehre und Theorie der juristischen Argumentation, in: Rechtstheorie 32 (2001), S. 239 (244).

[33] Vgl. *Alexy*, Theorie der Grundrechte, S. 91 f.

[34] *Bracker*, Kohärenz und juristische Interpretation, S. 205, vgl. auch die nähere formale Rekonstruktion der Optimierungsgebote „als Gebilde aus Tatbestand und definitiver Rechtsfolge", ibid., S. 205–207.

definitive Rechte festgestellt, welche diese abstrakten definitiven Rechte konkretisieren.

Entscheidend ist nun, dass die Alexysche Unschärferelation[35] zugleich bestimmt, dass sich der definitive Gehalt aller prinzipienabhängigen grundrechtlichen Positionen *darin auch erschöpft*. Alexysche Prinzipien sind definitionsgemäß Normen, die mit einer besonderen Intensität inhaltlich kollidieren. Die Verteilung der Prinzipiengewichte auf die Fälle soll stets so unregelmäßig und unvorhersehbar, so unscharf sein, dass weitergehende definitive Festlegungen kategorisch ausscheiden, wie sie bei einer größeren Gleichverteilung der Gewichte möglich wären. Jeder Fall soll in Bezug auf jedes gegenläufige Prinzip zu entscheidenden Gewichtsunterschieden führen können. Nach Alexys Prinzipientheorie haben die Grundrechte des Grundgesetzes deshalb nur genau den minimalen definitiven Gehalt, den sie haben müssen, wenn sie nicht leerlaufen sollen. Alexysche Prinzipien sind Normen mit minimalem definitivem Festsetzungsgehalt, die darüber hinaus nur eine weitere definitive Festsetzung treffen: Sie schließen jeden darüber hinausreichenden definitiven Festsetzungsgehalt definitiv aus.

IV. Zum Kollisionsverhalten von Prinzipien und Regeln und zum Verständnis von Ausnahmen von einer Norm: Ein zweiter Blick nach dem Zusammenbruch der normstrukturellen Trennungsthese

Aus der Perspektive der definitiven Geltung betrachtet sind Alexysche Prinzipien also Optimierungsgebote, deren definitiver Gehalt ausschließlich aus abstrakten, individuell-konkreten und fallbezogenen definitiven Normen besteht[36] und die jeden weitergehenden, nicht fallbezogenen definitiven Inhalt definitiv ausschließen. Welche Folgerungen ergeben sich daraus für die Prima-facie-Perspektive und für das Kollisionsverhalten von Prinzipien?

Nach Alexy[37] und Dworkin[38] unterscheiden sich Regeln und Prinzipien in ihrem Kollisionsverhalten. Prinzipien sollen in Kollisionen als Prima-facie-Normen weiterhin vollständig gültig bleiben, auch wenn sie in einem konkreten Kollisionsfall zurückweichen müssen. Das zurücktretende Prinzip wird nach Alexy „weder durch einen vollständigen noch durch einen teilweisen Gel-

---

[35] S. oben S. 50 ff.
[36] S. zu diesen Kategorien definitiver Normen oben S. 87 ff.
[37] Siehe oben S. 35 ff.
[38] Vgl. *Dworkin*, Bürgerrechte ernstgenommen, S. 75 („sie bleiben unversehrt bestehen, wenn sie nicht den Ausschlag geben"); *ders.*, Taking Rights Seriously, S. 35 („they survive intact when they do not prevail").

tungsverlust versehrt".³⁹ Ganz anders soll es bei Regeln liegen. Wenn Regeln kollidieren und die Kollision dadurch aufgelöst wird, dass in die eine Regel eine Ausnahme eingefügt wird, so soll diese Regel insoweit partiell unwirksam und die Kollision deshalb endgültig beseitigt sein. Wo die Ausnahme gilt, ist die Regel dauerhaft unwirksam geworden, eine Kollision kann deshalb nicht mehr vorliegen. Die Vorstellung, nach Einfügung der Ausnahmeklausel liege weiter ein Normenkonflikt vor, bezeichnet Alexy als eine „bizarre" Vorstellung davon, was ein Normenkonflikt sei, womit er sich einer Entgegnung Dworkins auf eine entsprechende Kritik von Joseph Raz anschließt.⁴⁰ Es sei zunächst einmal dahingestellt, ob Alexys und Dworkins Sicht der Dinge wirklich zutrifft.⁴¹ Sie scheint aber jedenfalls auf den ersten Blick nicht unplausibel: Wenn klar ist, dass die Regel im Bereich der Ausnahme definitiv nicht mehr gilt, scheint es zunächst sinnlos zu sein, sie dort als in irgendeinem Sinn weiter gültig zu betrachten.

Wenn Prinzipien aber als Optimierungsgebote selbst Regeln sind, kann das noch nicht die ganze Wahrheit sein. Als Regeln können sie sich auch im Kollisionsverhalten nicht strukturell von anderen Regeln unterscheiden. In der Tat lässt sich zeigen, dass Prinzipien, die in einer Kollision ‚zurückweichen', partiell genauso ungültig sind wie andere Regeln. Die Sichtweise Alexys und Dworkins behält jedoch trotzdem einen wahren Kern: In gewissem Sinne können Prinzipien nach einer Kollision, in der sie unterlegen sind, auch weiterhin als vollständig gültig betrachtet werden. Allerdings folgt das nicht aus ihrer ‚Normstruktur', sondern allein aus ihrem spezifischen Inhalt.

1. Partielle Gültigkeitslücken von Prinzipien nach Kollisionen

Wenn man fürs Erste einmal unterstellt,⁴² dass Regeln stets unwirksam werden, wenn in sie aufgrund einer Kollision eine Ausnahme eingefügt wird – dann muss dies auch für Optimierungsgebote als Regeln gelten. Auch sie müssen (dann) als Regeln in ihrem Ausnahmebereich ungültig sein.

Optimierungsgebote lassen sich wie gesehen als der definitive Gehalt von Prima-facie-Maximierungsregeln (Prinzipien als solchen) verstehen. Aus einer Kollisionsperspektive betrachtet kann man sagen, dass sie dadurch entstehen,

---

³⁹ *Alexy*, Ideales Sollen, in: Clérico/Sieckmann (Hrsg.), Grundrechte, Prinzipien und Argumentation, S. 21 (31).
⁴⁰ *Ders.*, Zum Begriff des Rechtsprinzips (1979), in: *ders.*, Recht, Vernunft, Diskurs, S. 177 (S. 193 mit Fn. 74); *Dworkin*, Bürgerrechte ernstgenommen, S. 130 ff. (134 f.). Vgl. auch die entsprechende Rekonstruktion der Einfügung einer Ausnahmeklausel bei *Martin Borowski*, Grundrechte als Prinzipien – Die Unterscheidung von Prima-facie-Position und definitiver Position als fundamentaler Konstruktionsgrundsatz der Grundrechte, 2. Aufl., 2007, S. 79 f. (Fn. 54), 94 f.
⁴¹ Näher dazu unten S. 94 ff.
⁴² Näher dazu unten S. 94 ff.

IV. Zum Kollisionsverhalten von Prinzipien und Regeln

dass aufgrund der Kollision von gegenläufigen Regeln dieses Inhalts in jede der Regeln eine kollisionsauflösende *abwägungsbezogene Ausnahmeklausel* eingefügt wird: Das Prinzip des Persönlichkeitsschutzes besagt als Optimierungsgebot formuliert dann beispielsweise, dass eine Maximierung der Meinungsfreiheit immer dort *nicht* geboten ist, wo gegenläufigen Prinzipien in der Abwägung der Vorrang gebührt.[43]

Wenn in einer Prinzipienabwägung in einem konkreten Fall ein Vorrang festgestellt wird, werden wie gesehen minimale definitive Festsetzungen dahingehend getroffen, dass der Vorrang in diesem konkreten Fall und in allen im Wesentlichen gleichliegenden Fällen besteht. Konstruiert man das Lüth-Urteil als Prinzipienabwägung,[44] so gebührt dem Prinzip der Meinungsfreiheit danach definitiv der Vorrang nicht nur für den konkreten Boykottaufruf Lüths, sondern auch für alle in relevanter Hinsicht gleich liegenden Fälle.[45] Das entsprechende abstrakte definitive Recht Lüths auf Meinungsfreiheit wird konkretisiert durch ein konkret-individuelles definitives Recht, das für seinen Fall gilt, und durch ein fallbezogenes definitives Recht aller Grundrechtsträger in allen im Wesentlichen gleich liegenden Fällen.[46]

Für die in der Abwägung *unterlegenen* Prinzipien werden damit aber spiegelbildliche definitive Ausnahmen festgesetzt: Der Persönlichkeitsschutz Veith Harlans und die wirtschaftlichen Interessen der Verleihfirma an seinem Film „Unsterbliche Geliebte" genießen im konkreten Fall definitiv *keinen* Vorrang. Gleiches gilt für den Persönlichkeitsschutz und die wirtschaftlichen Interessen dieser oder anderer Grundrechtsträger, die in im Wesentlichen gleichliegenden Fällen von einem Boykottaufruf betroffen werden. Im Anwendungsbereich des konkret-individuellen Rechts Lüths und der fallbezogenen Rechte aller Träger der Meinungsfreiheit wirkt sich der Vorbehalt rechtlicher Möglichkeiten also wie eine Ausnahmeklausel aus, die die Geltung der *unterlegenen* Prinzipien definitiv ausschließt. Das Optimierungsgebot für den Persönlichkeitsschutz etwa verlangt danach eine Maximierung des Persönlichkeitsschutzes in allen Fällen *außer* im Lüth-Fall und allen im Wesentlichen gleich liegenden Fällen. Es lässt sich also sagen, dass der Norminhalt eines Prinzips nach einer Kollisionsentscheidung, in der es nachrangig ist, einen definitiv ungültigen Bereich aufweist. Prinzipien bleiben also in konkreten Kollisionen nicht gänzlich unversehrt: Jeder Fall, in dem sie nachrangig sind, schlägt für diesen konkreten Fall und für alle vergleichbaren Fälle gewissermaßen eine Geltungslücke in das Prinzip.

---

[43] Vgl. oben S. 75 ff., 77 ff.
[44] Die Rekonstruktion mag für den Lüth-Fall im Kern zutreffen, auch wenn die Meinungsfreiheit, wie alle Grundrechte, nur teilweise Prinzipiencharakter hat, im Übrigen aber als Grundsatznorm auch abwägungsfeste Gehalte aufweisen kann.
[45] S. oben S. 87 ff.
[46] Zu diesen Rechten s. oben S. 89 ff.

2. Unversehrtheit von Prinzipien in neuen Kollisionen für alle praktischen Zwecke

Jedoch bleibt auch an der Betrachtungsweise etwas richtig, dass Prinzipien in Kollisionen unversehrt bleiben. Denn ob ein *neuer* Fall in den Gültigkeitsbereich eines Prinzips gehört oder in seinen Ungültigkeitsbereich, das lässt sich wegen der inhaltlichen Unschärfe des Prinzips gerade nicht im Voraus ohne eine Einzelfallabwägung sagen. Voraussetzungsgemäß gibt es für jede fallübergreifende Definition der Vorrangrelationen eine nicht aufzählbare Menge von Gegenbeispielen. Jeder Fall liegt anders, und nach der Alexyschen Unschärferelation kann sich das auch stets im Abwägungsergebnis niederschlagen. Jedes neue Einzelfallmerkmal kann sich in der Abwägung als Träger des entscheidenden Gewichtspartikels erweisen.[47]

Die Rede davon, dass Prinzipien auch nach einer Kollision vollständige Geltung behalten, ist deshalb für alle praktischen Zwecke, nämlich für alle *neuen* Abwägungsfälle, gerechtfertigt. In neuen Fällen sind Prinzipien so zu behandeln, als ob sie prima facie vollständig gültig wären – trotz ihrer *stricte dictu* vielleicht bereits festgestellten Geltungslücken. Sie als vollständig unversehrt zu bezeichnen, ist also jedenfalls als eine ungenaue Abkürzung für die vollständigere Beschreibung gerechtfertigt, die wie folgt lautet:

„Das Prinzip gilt weiterhin unversehrt, außer in den bereits festgestellten konkreten Fällen der Nachrangigkeit und in allen gleich liegenden Fällen. Nur lassen sich diese gleich liegenden Fälle allein im Wege der Einzelfallabwägung konkret ermitteln."

Das Alexysche Prinzip gleicht in gewissem Sinne dem Mond. So wie die Mondoberfläche, aus der Nähe betrachtet, die Einschlagskrater zahlreicher Meteoriten zeigt, kann auch ein Prinzip schon viele Geltungslücken aufweisen, zu denen auch ständig neue hinzukommen, wenn wieder einmal in einem konkreten Fall sein Nachrang festgestellt wird. Wo eine neue Geltungslücke geschlagen wird, lässt sich jedoch immer nur ex post nach einer Einzelfallabwägung feststellen, so dass das Prinzip ex ante wie unversehrt behandelt werden muss – ganz wie die Silberscheibe des Mondes, bei Vollmond und mit bloßem Auge von der Erde aus betrachtet, stets ‚rund und schön' bleibt.

3. Prima-facie-Geltung von Regeln nach Einfügung einer Ausnahmeklausel

Es ist also beides richtig: Einerseits gibt es ein eigenständiges „Kollisionsverhalten" Alexyscher Prinzipien, das sie auszeichnet und von anderen Normen unterscheidet. Andererseits folgt das nicht aus einer eigenständigen Normstruk-

---

[47] Siehe oben S. 50 ff.

IV. Zum Kollisionsverhalten von Prinzipien und Regeln

tur, sondern lediglich aus ihrem – kontingenten – Norminhalt, der Alexyschen Unschärfe.

Weil sich das Ergebnis einer Prinzipienkollision aber aufgrund dieser Unschärfe definitionsgemäß nicht ohne Abwägung im Einzelfall vorhersagen lässt, ist es sinnvoll, ihre Anwendung im Modus einer dauerhaften Kollision zu konstruieren, die sich immer nur konkret, immer nur für einzelne Fälle auflösen lässt. Ihrer Struktur nach unterscheiden sich jedoch Prinzipienkollisionen gleichwohl nicht von Regelkollisionen – weil Prinzipien nichts anderes sind als Regeln mit einem bestimmten Inhalt.

Der inhaltliche Charakter des Unterschieds von Prinzipien als abwägungsabhängigen Regeln und sonstigen Regeln im Kollisionsverhalten zeigt sich, wenn man sich noch einmal die andere Seite der Gleichung genauer anschaut, nämlich die angebliche Ungültigkeit von *Regeln*, wenn aufgrund einer Kollision in sie eine Ausnahme eingefügt wird. Wie gesagt hielten Alexy und Dworkin es für eine bizarre Vorstellung, dass eine Regel immer noch gelte und mit anderen Regeln kollidiere, wenn die Kollision schon durch Einfügung einer Ausnahmeklausel aufgelöst wurde.[48] Ist das aber wirklich so?

Nach dem Drei-Normen-Modell der Kollision setzten Kollisionen wie gesehen eine Ebenenunterscheidung voraus. Die Ebene der definitiven Geltung ist danach nicht die allein maßgebliche Ebene der Normgeltung, sondern es gibt daneben noch eine Ebene der Prima-facie-Geltung.[49] Für sich betrachtet, also noch unter Ausblendung der Kollisionsnorm, sind alle kollidierenden Normen anwendbar und – prima facie – gültig. Erst auf der Ebene der definitiven Geltung, wenn die Kollisionsnorm mitberücksichtigt wird, kommt es zum Schwur und klärt sich, welche der Normen auch definitiv gilt.

Auf der Ebene der definitiven Geltung kann sicherlich nicht mehr sinnvoll davon die Rede sein, dass die eine Regel auch dort noch „Gültigkeit" hat, wo in sie eine Ausnahme eingefügt ist. Wenn es darum geht, welche Rechtsfolgen letzten Endes gelten, also unter Berücksichtigung aller einschlägigen Normen, dann gilt die Regel dort, wo die Ausnahme greift, eben definitiv nicht. Fragt man aber nicht nach der definitiven, sondern nach der Prima-facie-Geltung, so wird die Antwort weniger eindeutig. Warum soll man nicht sagen, dass die Regel für sich betrachtet, also wenn man die kollidierende Norm und die Ausnahmeklausel hinwegdenkt, noch oder wieder ohne die Ausnahme gilt? Bleibt die Regel als Prima-facie-Regel nicht vollständig und wird nur dann in ihrem Anwendungsbereich reduziert, wenn man die kollidierende Norm und die dadurch verursachte Ausnahmeklausel mit in die Betrachtung einbezieht – also in die Perspektive der definitiven Geltung wechselt?

---

[48] Siehe oben S. 92 (mit Fn. 40).
[49] Siehe oben S. 83 ff.

Hat man sich auf die Unterscheidung zwischen definitiver Geltung und Geltung für sich betrachtet einmal eingelassen, dann scheint eine Fortgeltung von Normen auf der Prima-facie-Ebene zumindest völlig unschädlich zu sein: Mag die Regel für sich betrachtet auch fortgelten so viel sie will, in der Perspektive der definitiven Geltung bleibt sie schließlich weiterhin durch die Ausnahmeklausel beschränkt.

Das Drei-Normen-Modell der Kollision sagt noch nichts darüber, was mit den Normen, die in einer Kollision auf der Ebene der definitiven Geltung für nachrangig erklärt werden, auf der Ebene der Prima-facie-Geltung geschieht. Nehmen wir das Beispiel der Lex-superior-Regel als Kollisionsregel. Wenn eine niederrangige Norm mit einer höherrangigen kollidiert, verliert sie danach (jedenfalls grundsätzlich) ihre definitive Geltung. Was ist aber mit der Prima-facie-Geltung der niederrangigen Norm? Verschwindet die auch? Oder gilt die niederrangige Norm nicht auf der Ebene der Prima-facie-Geltung unbeschadet fort, weil man sie dort per definitionem rein für sich betrachten kann, also noch – oder genauer: wieder – ohne die höherrangige Norm und die Lex-superior-Kollisionsregel? Die Perspektive der Für-sich-Betrachtung, die alles andere ausblendet als die Prima-facie-Norm, legt eine solche Unabhängigkeit gerade nahe. Warum soll es nicht möglich sein, jederzeit wieder in die Perspektive der Für-sich-Betrachtung zurückzuwechseln und sich die Prima-facie-Geltung der in der Kollision nachrangigen Normen bewusst zu machen? Im Reich des idealen Sollens können dann Normen fröhlich fortgelten, die im Reich des definitiven Sollens längst ausgelöscht sind.

Was die Kollisionsauflösung durch Einfügung einer Ausnahmeklausel betrifft, so schwingt eine solche Vorstellung schon in der Alltagsbedeutung des Begriffs der „Ausnahme" zumindest mit: Eine Ausnahme von einer Regel zu machen, heißt jedenfalls nach einem gebräuchlichen Verständnis, die Regel nicht anzuwenden, obwohl sie eigentlich, also für sich betrachtet, anzuwenden wäre. Gäbe es nicht einen überschießenden Gehalt der Regel, der auch den Bereich der Ausnahme an sich erfassen würde, bliebe unklar, wovon überhaupt eine Ausnahme gemacht wird. Der Begriff der Ausnahme selbst evoziert also schon die Prima-facie-Perspektive vor der definitiven Kollisionsauflösung, in der die Regel, von der die Ausnahme gemacht wird, für sich betrachtet noch so weit reicht, dass sie eigentlich auch die Fälle einschließt, für die dann die Ausnahme gemacht wird.[50]

Man nehme als Beispiel den Satz: „Man darf nicht lügen, außer zur Lebensrettung." Es ist jedenfalls möglich, diesen Satz als Kurzbeschreibung für eine Kollision in der Prima-facie-Perspektive zu verstehen: Die Prima-facie-Norm:

---

[50] Vgl. zum Problem der Kollisionsbezogenheit des Ausnahmebegriffes (mit allerdings konzeptionell abw. Antwort) auch *Claire Oakes Finkelstein*, When the Rule Swallows the Exception, in: Quinnipiac L. Rev. 19 (2000), S. 505 ff.

„Man darf nicht lügen.", kollidiert mit der gegenläufigen Prima-facie-Norm: „Man darf tun, was zur Lebensrettung erforderlich ist." Erst auf der Ebene der definitiven Geltung wird die Kollision durch Einfügung der Ausnahmeklausel: „außer zur Lebensrettung", zugunsten der gegenläufigen Norm entschieden. Sicherlich ist diese Deutung nicht alternativlos. Man kann den Satz: „Man darf nicht lügen, außer zur Lebensrettung.", auch enger verstehen, so dass er nur die definitiv geltende Norm zum Ausdruck bringt. Er steht dann nur für ein definitiv geltendes „Nicht-Lebensrettungs-Lügenverbot", in dem die Ausnahmeklausel lediglich ein negatives Tatbestandsmerkmal ist: „Man darf nur dann und immer dann nicht lügen, wenn es nicht zur Lebensrettung geschieht." Das Lügenverbot wäre dann durch die Ausnahmeklausel ein für alle Mal beschränkt, ohne dass damit noch irgendwelche weiterreichenden Prima-facie-Aussagen verbunden sein sollen.

Sprachlich liegt das weitergehende Verständnis allerdings näher: Eine Formulierung, die auf eine Ausnahme verweist, wie: „außer zur Lebensrettung", suggeriert eben, dass man eigentlich nie lügen darf, dass davon aber für die Lebensrettung abgewichen wird. In der Ausnahmeklausel bleibt ein prima facie weiterreichender Gehalt der Regel sprachlich präsent. Und „normstrukturell" gilt: Nichts in der Normstruktur von Regeln schließt eine solche Prima-facie-Fortgeltung nach einer Kollision aus.

4. Prima-facie-Normen und die hinter ihnen stehenden Argumente

Wenn eine Ausnahmeklausel so verstanden wird, dass sie den überschießenden Prima-facie-Gehalt der Regel nicht beseitigt, dann bleibt auch die Möglichkeit bestehen, sich die Gründe und Argumente in der juristischen Argumentation bewusst zu machen, die für sich betrachtet für die umfassendere Geltung sprechen.

Allerdings ist dann auch zwischen Prima-facie-Geltung und definitiver Geltung solcher Argumente sorgfältig zu unterscheiden. Wenn beispielsweise in ein Lügenverbot eine Ausnahmeklausel für Lebensrettungen eingefügt wurde, dann spielt es auf der Ebene der definitiven Geltung keine Rolle mehr, dass eine lebensrettende Äußerung eine Lüge ist. Das Argument, dass Lügen an sich unzulässig sind, wird durch die Ausnahmeklausel für die Lebensrettung definitiv zurückgewiesen. Die Tatsache, dass die „rettende Äußerung eine Lüge ist", kann insoweit bei der Anwendung der Norm in der Ebene der definitiven Geltung „nicht einmal mehr als Argument" gegen ihre Zulässigkeit berücksichtigt werden.[51]

---

[51] Vgl. – für ein moralisches Lügenverbot – *Ulfrid Neumann*, Die Geltung von Regeln, Prinzipien und Elementen, in: Schilcher/Koller/Funk (Hrsg.), Regeln, Prinzipien und Elemente im System des Rechts, S. 115 (126).

Anders sieht es jedoch auf der Ebene der Prima-facie-Geltung aus. Die Gründe, die den überschießenden Gehalt einer Prima-facie-Norm rechtfertigen, können auch im Bereich einer Ausnahmeklausel weiterhin als Gründe wahrgenommen werden, die *für sich betrachtet* für die entsprechende Rechtsfolge sprechen. Wenn das Lügenverbot prima facie umfassend gilt, dann bleibt es – für sich betrachtet – auch weiterhin ein Argument gegen die Zulässigkeit einer Lüge, dass sie eine Lüge ist, auch wenn sie der Lebensrettung dient. Die prima facie geltende Norm kann als eine Abbildung solcher Gründe auf der Ebene der Normen betrachtet werden. Freilich kann es aus inhaltlichen Gründen als *überflüssig* erscheinen, von einer solchen Prima-facie-Fortgeltung von Regeln auszugehen – und zwar immer dann, wenn die Inhalte der Regel und der Ausnahmeklausel abwägungsfest gelten, sich also inhaltlich unabhängig von einer Einzelfallabwägung der gegenläufigen Belange ermitteln lassen.

V. Der klassifikatorische Unterschied zwischen prinzipienabhängigen und sonstigen Normen – zugleich „Mehr oder Weniger" und „Alles oder Nichts"

Der Unterschied zwischen Alexyschen Prinzipien und sonstigen Regeln ist nach alledem kein normstruktureller, sondern ein inhaltlicher. Können Prinzipien dann aber überhaupt noch als eigene Klasse von Normen angesehen werden? Ist der Unterschied nicht lediglich ein gradueller, so dass eine trennscharfe Unterscheidung gar nicht vorgenommen werden kann?

Der Begriff des graduellen Unterschieds ist seinerseits mehrdeutig. Der Unterschied zwischen prinzipienabhängigen Normen im Sinne Alexys und sonstigen Normen kann zwar als ein „gradueller" angesehen werden, wenn damit nur gemeint ist, dass komparative Vergleiche mit anderen Normen in bestimmten Dimensionen möglich sind. Eine graduelle Reihung in diesem Sinne ergibt sich etwa, wenn man Normen nach dem Maß ihres Festsetzungsgehaltes ordnet.[52]

---

[52] Vgl. *Poscher*, Theorie eines Phantoms, in: Rechtswissenschaft 1 (2010), S. 349 (369 m.w.Nw. in Fn. 59) („Der Unterschied […] ist […] graduell in den Dimensionen der Konkretisierungsbedürftigkeit und der Bedeutung einer Norm für die Rechtsordnung"). Siehe auch den damit verwandten Einwand Harts, bei der Dworkinschen Unterscheidung zwischen Prinzipien und Regeln handele es sich um eine Frage des Grades („a matter of degree"): *Hart*, The Concept of Law, 2. Aufl., Postscript, S. 238 (261–263).
Siehe ferner auch *Borowski*, Abwehrrechte als grundrechtliche Prinzipien, in: Sieckmann (Hrsg.), Die Prinzipientheorie der Grundrechte, S. 81, S. 102 Fn. 206, der erwägt, Normen mit abwägungsbezogenen Ausnahmeklauseln „im Sinne einer vermittelnden Ansicht" als eine „Mischform" von Regeln und Prinzipien einzustufen und diese lediglich nach dem „quantifizierbaren Kriterium des Maßes an Festsetzungsgehalt" zu unterscheiden, was dazu führe, dass dann „nur ein gradueller Unterschied" bestehe – dies jedoch im Ergebnis ablehnt, weil

Alexysche Prinzipien reihen sich in diesem Sinne in die große Vielfalt von Normen höchst unterschiedlichen Generalitäts- und Fundamentalitätsgrades ein.[53]

Die Abgrenzung ist dagegen keine „graduelle", wenn damit eine fließende Unschärfe in dem Sinne gemeint ist, wie sie nach Alexy gerade den Prinzipienbegriff selbst kennzeichnet. Ob eine Norm inhaltlich von Alexyschen Prinzipien abhängt oder nicht, lässt sich für jede Norm trennscharf und klassifikatorisch angeben. Maßgeblich dafür ist allein, ob die Norm inhaltlich die spezifische Alexysche Unschärfe aufweist oder nicht. Alexysche Prinzipien und von ihnen inhaltlich abhängige Normen lassen sich anhand dieses Inhalts exakt von Normen unterscheiden, die einen anderen, nämlich weniger unscharfen Inhalt aufweisen.

Der Unterschied ist also kein gradueller, wenn damit ein von Einzelnorm zu Einzelnorm fließender Übergang gemeint ist, der es unmöglich machen würde, eine Norm eindeutig klassifikatorisch zuzuordnen. Die Grenzlinie zwischen Alexys Prinzipien und anderen Normen wird, mit anderen Worten, selbst nicht durch Prinzipien definiert, sondern lässt sich anhand abwägungsfester Kriterien bestimmen. Mathematisch ausgedrückt geht es nicht um ein Kontinuum zwischen Normen des einen und Normen des anderen Inhalts, sondern um einen diskreten Übergang.

Der entscheidende Punkt lässt sich auch unter Rückgriff auf die Unterscheidung zwischen Fragen des „Mehr oder Weniger" oder des „Alles oder Nichts" formulieren: Der Unterschied zwischen prinzipienabhängigen und anderen Normen ist zwar eine Frage des „Mehr oder Weniger", wenn man den Grad des Festsetzungsgehaltes der Norm in den Blick nimmt. Er ist jedoch zugleich eine Frage des „Alles oder Nichts", wenn es um den klassifikatorischen Charakter der Abgrenzung geht. Der Bedarf für eine Fortentwicklung der Prinzipientheorie knüpft gerade daran an, dass etwas *zugleich* eine Frage von „Mehr oder Weniger" *und* eine Frage von „Alles oder Nichts" sein kann: Im Raum der mehr oder weniger gewichtigen juristischen Argumente kann es nicht nur Grenzen geben, die die Alexysche Unschärfe aufweisen, sondern kann es ebenso auch gerechtfertigt sein, eine diskrete Alles-oder-Nichts-Grenze zu ziehen.

---

eine Unterscheidung nach dem „Maß des Festsetzungsgehalts" zu „kaum lösbaren Abgrenzungsschwierigkeiten" führe und „eine derartige Grenze des Maßes an Festsetzungsgehalt" nur „höchst schwer zu bestimmen" sei (Hervor. hinzugef.; s. auch insoweit identisch bereits ders., Grundrechte als Prinzipien, 1. Aufl., S. 86 Fn. 168); *Thomas Osterkamp*, Juristische Gerechtigkeit – Rechtswissenschaft jenseits von Positivismus und Naturrecht, 2004, S. 157 f. mit Fn. 33.

[53] Zu dieser Vielfalt umfassend: *Franz Reimer*, Verfassungsprinzipien: ein Normtyp im Grundgesetz.

VI. Theorie eines Phantoms? –
Norminhaltliche statt normstrukturelle Trennungsthese:
Prima-facie-Maximierungsregeln als ‚Prinzipien als solche'

Poschers These, dass es sich bei der Prinzipientheorie um eine Theorie ohne Gegenstand, um die Theorie eines Phantoms[54] handele, ist deshalb teils beizupflichten, teil ist ihr aber auch zu widersprechen.

Recht zu geben ist Poscher zunächst darin, dass die Trennungsthese der Prinzipientheorie als normstrukturelle These nicht zu halten und zugunsten einer normstrukturellen Vereinigungsthese zu verwerfen ist. Zu Recht hält Poscher fest, dass Prinzipien und Regeln Normen ein- und derselben Struktur sind, die lediglich „je nach Interpretation einen unterschiedlichen Inhalt haben können".[55] Auch das Kollisionsverhalten von Prinzipien resultiert nicht aus einer besonderen Struktur dieser Normen, sondern aus dieser inhaltlichen Unschärfe. Die Normstruktur von Prinzipien unterscheidet sich auch hinsichtlich von Kollisionen nicht von derjenigen von (anderen) Regeln.[56] Soweit Alexy seine Prinzipien als Normen mit einer eigenen Normstruktur versteht, fehlt seiner Theorie also in der Tat der Gegenstand. Poschers „Existenzeinwand" ist also ein Stück weit berechtigt: Es gibt keine Prinzipien, wenn man darunter eine eigene Normenart mit besonderen „normstrukturellen" Eigenschaften versteht.

Poscher ist jedoch zu widersprechen, soweit er die Nichtexistenz und Überflüssigkeit jeglicher Normgehalte behauptet, die über Optimierungsgebote als Regeln hinausreichen. Optimierungsgebote benennen nur die definitiven Norminhalte von Prinzipien. Alexy will aber mit seiner Rede von den ‚Prinzipien als solchen' zumindest auch geltend machen, dass es prima facie oder pro tanto[57] geltende Gebote gibt, die für sich betrachtet inhaltlich über die Optimierungsgebote hinausreichen. Als Prima-facie-Normen sollen die Prinzipien auch ein „noch nicht auf die tatsächlichen und rechtlichen Möglichkeiten relativiertes Sollen"[58] zum Ausdruck bringen. Das lässt sich an dem Beispiel konkretisieren, das Poscher für einen Kollisionstatbestand nennt, wie ihn Optimierungsgebote enthalten:

---

[54] S. dazu oben S. 81 ff.
[55] Vgl. *Poscher*, Theorie eines Phantoms, in: Rechtswissenschaft 1 (2010), S. 349 (369).
[56] Ibid., S. 349 (364–366).
[57] Zu den Begriffen des Pro-tanto-Sollens (etwas „so zu behandeln, als ob es für das Ganze oder für alles, was zählt, stünde") und des Prima-facie-Sollens („Jedes Pro-tanto-Sollen […] ist zugleich ein Prima-facie-Sollen, wenn man den Begriff des Prima-facie-Sollens so versteht, daß er sich auf ein Sollen bezieht, das in den Blick kommt, wenn man sich auf nur einen Aspekt eines Normenkonflikts beschränkt.") vgl. *Alexy*, Ideales Sollen, in: Clérico/Sieckmann (Hrsg.), Grundrechte, Prinzipien und Argumentation, S. 21 (23 m. Fn. 13 f.).
[58] *Ders.*, Zur Struktur der Rechtsprinzipien, in: Schilcher/Koller/Funk (Hrsg.), Regeln, Prinzipien und Elemente im System des Rechts, S. 31 (39).

„Wenn eine Handlung der Presse dient und überwiegende auswärtige Belange des Staates nicht gefährdet, dann soll der Staat Verbote unterlassen."[59]

Die Formulierung konzentriert sich auf den *definitiven* Gehalt eines auf die Pressefreiheit bezogenen Optimierungsgebotes. Nach Alexy erschöpft sich jedoch der Inhalt von Prinzipien nicht in einer solchen definitiven Regel mit dem negativen Tatbestandsmerkmal, dass überwiegende auswärtige Belange nicht gefährdet sind. Das Merkmal „überwiegende auswärtige Belange" wäre ihm zufolge vielmehr als ein abwägungsbezogener Ergebnisbegriff zu verstehen. Es würde also auf eine fortbestehende Kollision von Maximierungsregeln (alias ‚Prinzipien als solche', alias ‚ideales Sollen') verweisen, die prima facie weiter reichen. Sie seien P und A genannt:

P: „Wenn eine Handlung der Presse dient, soll sie erlaubt werden.'

A: „Wenn eine Handlung auswärtige Belange des Staates gefährdet, soll der Staat sie verbieten."

Diese Prima-facie-Normen weisen über die Optimierungsgebote als Regeln hinaus. Insoweit ist Poschers „Existenzeinwand" unberechtigt und die Prinzipientheorie keine ‚Theorie eines Phantoms'. Allerdings handelt es sich bei diesen Prinzipien, entgegen Alexy, nicht um Normen einer eigenen ‚Struktur', sondern lediglich um Normen mit einem spezifischen Inhalt.

VII. ‚Zu optimierende' Gebote?

Was Alexy mit der Rede davon meint, die Prinzipien als solche seien ‚*zu optimierende*' Gebote,[60] kann danach dahinstehen. Die Bezeichnung suggeriert, dass die jeweiligen *Gebote selbst* auf irgendeine Weise zu optimieren sein sollen. Poscher hat, insoweit wiederum zu Recht, kritisiert, dass diese Vorstellung rätselhaft bleibt. Nimmt man an, dass die von Alexy postulierten ‚Prinzipien als solche' jedenfalls Prima-facie-Maximierungsregeln sind, dann spricht einiges dafür, dass mit den ‚zu optimierenden Geboten' letztlich nichts anderes gemeint ist.[61] Die Bezeichnung könnte also – sprachlich missverständlich – lediglich da-

---

[59] *Poscher*, Theorie eines Phantoms, in: Rechtswissenschaft 1 (2010), S. 349 (365 f., Hervorh. weggelassen).

[60] S. oben S. 77 f.

[61] So spricht Alexy davon, dass das prima facie-Gebot, die Gesundheit zu schützen, „nichts anderes als das ideale ‚Sollen'" sei, das in dem zu optimierenden Gebot enthalten sei (vgl. *Alexy*, Comments & Responses, in: Klatt (Hrsg.), Institutionalized Reason, S. 319 [344 f.]: „[…] that it is prima facie obligatory that health be protected. *This prima facie obligation, however, would be nothing other than the ideal ‚ought' as contained in a command to be optimized.*", Hervorh. geändert).

rauf zielen, dass diese Prima-facie-Gebote einander im Wege der Abwägung zuzuordnen und so zu Optimierungsgeboten zu relativieren sind. Unabhängig davon, ob diese Deutung zutrifft, und ob Alexy unter den ‚Prinzipien als solchen' noch mehr versteht als nur die beschriebenen Prima-facie-Maximierungsgebote und das Gebot ihrer Relativierung aufeinander, reicht jedenfalls aus, dass er darunter *zumindest auch* dies versteht.

VIII. Fazit: Von der normstrukturellen zur norminhaltlichen Trennungsthese

Als Fazit kann auf der einen Seite festgehalten werden, dass die normstrukturelle Trennungsthese Alexys – mit Poscher – zurückzuweisen und eine normstrukturelle Vereinigungsthese zu befürworten ist: Es gibt lediglich Normen einer einheitlichen Struktur, „die je nach Interpretation einen unterschiedlichen Inhalt haben können".[62] Auf der anderen Seite unterscheiden sich Prinzipien im Sinne Alexys zwar nicht in ihrer Normstruktur von sonstigen Regeln, wohl aber durch einen spezifischen Inhalt, der hier als „Alexysche Unschärfe"[63] bezeichnet worden ist. Die Prinzipientheorie hat also zwar keinen eigenen Gegenstand mehr, soweit sie in den Prinzipien Normen einer eigenen Art und Normstruktur sieht. Wohl aber hat sie weiterhin einen eigenen Gegenstand, soweit man darunter eine eigene Klasse von Normen eines ganz bestimmten Inhalts versteht. Die normstrukturelle Trennungsthese Alexys lässt sich als *norminhaltliche* Trennungsthese reformulieren.

Der definitive Inhalt von Prinzipien bleibt nach Alexy definitionsgemäß auf ein Minimum beschränkt, nämlich auf abstrakte, konkret-individuelle und fallbezogene Normen.[64] Die bedingten Vorrangregeln, die Prinzipienkollisionen auflösen, enthalten keine weitergehenden definitiven Festlegungen, weil sie stets durch einen Einzelfallvorbehalt an genau die konkreten Umstände gebunden bleiben, unter denen sie aufgestellt wurden. Das Kollisionsgesetz Alexys, seine beiden Abwägungsgesetze und seine Gewichtsformel sind durch entsprechende Unschärfebedingungen zu ergänzen, die gewährleisten, dass sich das genaue Gewicht der Prinzipien stets nur durch eine Abwägung im konkreten Fall ermitteln lässt.[65]

Diese inhaltliche Unschärfe von Prinzipien führt auch dazu, dass ihrem Kollisionsverhalten und ihrer Prima-facie-Geltung besondere Bedeutung zu-

---

[62] Vgl. *Poscher*, Theorie eines Phantoms, in: Rechtswissenschaft 1 (2010), S. 349 (369).
[63] S. oben S. 50 ff.
[64] S. oben S. 86 ff.
[65] Zu den Unschärfebedingungen s. oben S. 53 ff., 57 ff.

kommt. Alexy hat darauf zu Recht die Aufmerksamkeit gelenkt. Normstrukturell gilt freilich für Prinzipien, genau wie für alle anderen Regeln, dass jede Kollision, in der sie nachrangig sind, eine definitive Geltungslücke in das Prinzip schlägt. Aufgrund der Unschärfe der Prinzipien lässt sich jedoch in jedem neuen Fall definitionsgemäß nur durch Einzelfallabwägung feststellen, ob er unter die fallbezogen festgestellten Geltungslücken fällt oder nicht. Ein Alexysches Prinzip kann deshalb für alle praktischen Zwecke so behandelt werden als sei es weiterhin vollständig gültig.

Der unscharfe Inhalt Alexyscher Prinzipien macht es also sinnvoll, bei ihnen die Kollisionsperspektive zu verstetigen und ihre praktische Anwendung als Auflösung einer dauerhaften Kollision von Prima-facie-Normen zu konstruieren. Die prinzipientheoretische „Kernaussage", dass bei einer Prinzipienkollision „nicht eine der beiden Normen ungültig wird, sondern ein Zurücktreten einer der Normen im konkreten Fall ohne Verlust ihrer Geltung erfolgt",[66] lässt sich deshalb für alle praktischen Zwecke aufrechterhalten, nämlich bei jeder Anwendung von Prinzipien auf einen neuen Fall. Anders als Alexy annimmt, spiegelt sich jedoch auch darin keine eigene „Normstruktur" von Prinzipien, sondern lediglich ihr besonderer Inhalt.

---

[66] Vgl. *Borowski*, Abwehrrechte als grundrechtliche Prinzipien, in: Sieckmann (Hrsg.), Die Prinzipientheorie der Grundrechte, S. 81.

5. Kapitel

Grundrechte und grundrechtliche Kerngehalte nach Alexy

Nachdem gezeigt worden ist, dass die vermeintlich normstrukturelle Unterscheidung zwischen Regeln und Prinzipien als inhaltliche Unterscheidung zwischen Normen mit und ohne Alexysche Unschärfe[1] zu rekonstruieren ist, sei im Folgenden genauer untersucht, wie und mit welchen Gründen Alexy Grundrechte und grundrechtliche Kerngehalte in sein Modell einordnet.

I. Grundrechte als durch Abwägungen relativierbare Rechte

1. Grundrechtsnormen mit Doppelcharakter und Doppelcharakter von Grundrechtsbestimmungen

Alexy attestiert jedenfalls bestimmten Grundrechtsnormen wie beschrieben einen „Doppelcharakter", also einen ebenso unklaren wie unnötigen Zwitterstatus, der mit seiner eigenen Trennungsthese unvereinbar ist.[2] Grundrechtsnormen mit Doppelcharakter sollen aus Regel- und Prinzipienebene zusammengefügt sein und sich teils wie Regeln, teils wie Prinzipien verhalten. Es handelt sich um Normen, in die „eine prinzipien- und damit abwägungsbezogene Schrankenklausel eingefügt wird",[3] beispielsweise die Norm: „Eingriffe des Staates in Betätigungen, die zum Kunstbereich gehören, sind verboten, wenn sie nicht zur Erfüllung solcher gegenläufigen Prinzipien von Verfassungsrang [...] erforderlich sind, die unter den Umständen des Falles dem Prinzip der Kunstfreiheit vorgehen".[4] Es ist bereits dargelegt worden, dass es sich bei diesen Normen letztlich nicht um eine eigene Normenkategorie handelt, sondern lediglich um Regeln mit abwägungsbezogenen Ausnahmeklauseln.[5]

---

[1] Zu dieser oben S. 50 ff.
[2] S. oben S. 71 ff.
[3] *Alexy*, Theorie der Grundrechte, S. 122 f.
[4] Ibid., S. 123.
[5] S. oben S. 71 ff.

Neben diesen Hybridgestalten entnimmt Alexy den Grundrechtsbestimmungen allerdings auch gewöhnliche, also nicht ‚doppelnaturhafte' Prinzipien und Regeln in seinem Sinne. Insoweit statuieren die Grundrechtsbestimmungen dann „zwei Arten von Normen", nämlich „Regeln und Prinzipien".[6] Alexy spricht insoweit von einem „Doppelcharakter der Grundrechts*bestimmungen*",[7] was die Unübersichtlichkeit der Terminologie noch erhöht. Grundrechtsbestimmungen statuieren danach einerseits Prinzipiennormen, die auf subjektive Rechte bezogen sind: „Immer dann, wenn eine Grundrechtsbestimmung ein subjektives Recht gewährt, ist ihr mindestens ein derartiges Prinzip zuzuordnen".[8] So statuiert beispielsweise die Grundrechtsbestimmung: „Die Kunst ist frei.", in Art. 5 Abs. 3 GG, ein subjektives Prinzip der Kunstfreiheit. Zum anderen statuieren manche Grundrechtsbestimmungen objektive Prinzipien, die auf „kollektive Güter" bezogen sind.[9] Daneben statuieren Grundrechtsbestimmungen aber auch Regelnormen: „Wenn durch eine Grundrechtsbestimmung *irgendeine Festsetzung relativ auf die Anforderungen gegenläufiger Prinzipien* getroffen worden ist, ist durch sie nicht nur ein *Prinzip*, sondern auch eine *Regel* statuiert worden."[10]

2. Prinzipiencharakter der Wortlautbindung

Haben damit alle Grundrechtsnormen einen durchgehend durch Abwägungen relativierbaren Inhalt? Alexy behauptet zwar nicht unmittelbar eine begrenzende Wirkung aller Prinzipien auf alle Grundrechte. Die auf der „Regelebene" getroffenen Festsetzungen sind vielmehr „soweit sie reichen, ernst zu nehmen".[11] So statuieren Grundrechtsbestimmungen Regeln, soweit sie „differenzierte Gewährleistungstatbestände und Schrankenklauseln aufweisen" und dadurch „Festsetzungen angesichts der Anforderungen gegenläufiger Prinzipien" treffen.[12] Die Regelebene soll also die Wirkung der geltenden Prinzipien auf die Grundrechte durchaus in gewissem Umfang begrenzen.

Die Festsetzungen der Regelebene können allerdings wie gesehen in Zweifelsfällen nie kategorisch gelten. Es gilt die Exklusivitätsthese, nach der in allen Zweifelsfällen Prinzipienabwägungen unausweichlich werden.[13] Wenn eine Regel nicht „in allen Fällen abwägungsfreies Entscheiden ermöglicht", weist sie „einen unvollkommenen Charakter" auf, ist „als Regel unvollständig" und setzt

---

[6] *Alexy*, Theorie der Grundrechte, S. 122.
[7] Ibid., S. 122, Hervorh. im Original.
[8] Ibid., S. 118.
[9] Ibid., S. 118 f.
[10] Ibid., S. 121, Hervorh. teilweise hinzugef.
[11] Ibid., S. 121.
[12] Ibid., S. 121.
[13] Siehe oben S. 58 ff.

I. Grundrechte als durch Abwägungen relativierbare Rechte

bei ihrer Anwendung „einen Rückgriff auf die Prinzipienebene mit allen damit verbundenen Unsicherheiten voraus".[14] Die von den Grundrechtsbestimmungen statuierten Regeln sind, wie Alexy nicht versäumt einzuflechten, „i.d.R. unvollständige" Regeln in diesem Sinne.[15]

Selbst ‚vollständige' Regeln, die ihrem Wortlaut nach für sich betrachtet abwägungsfrei anwendbar sind, können nach Alexy jedenfalls unter dem Grundgesetz[16] einen Rückgriff auf Prinzipienabwägungen nur begrenzt verhindern. Alexy verweist dafür auch auf die Rechtsprechung des Bundesverfassungsgerichts.[17] Die Verfassungsbindung bewirke danach zwar grundsätzlich einen Vorrang der „mit dem Wortlaut getroffenen Festsetzungen" der Regelebene.[18] Das Gericht nehme jedoch „jedenfalls keinen gänzlich unumstößlichen Vorrang" dieser Festsetzungen an.[19] Die Vorrangrelation sei „keine strikte", vielmehr gehe die Regelebene der Prinzipienebene nur solange vor, wie „die Gründe für andere Festsetzungen" nicht „so stark" werden, dass sie „auch das Prinzip der Bindung an den Wortlaut der Verfassung zurückdrängen".[20]

Das „Prinzip der Bindung an den Wortlaut der Verfassung" ist danach also eben dies – ein Alexysches Prinzip. Als solches gilt es definitionsgemäß nicht strikt, sondern steht unter Abwägungsvorbehalt. Die Frage, wann die Gründe stark genug sind, um Abweichungen davon zu rechtfertigen, ist „Gegenstand der grundrechtlichen Argumentation".[21] Kurz: Der Vorrang der Regelebene vor der Prinzipienebene erfasst erstens nur eindeutig aus dem Wortlaut folgende Festsetzungen und gilt zweitens auch nur als formelles Prinzip, das im Einzelfall durch Prinzipienabwägungen entkräftet werden kann.

3. Weite Schutzbereichsbestimmung

Die Exklusivitätsthese Alexys, nach der in Zweifelsfällen schon die Notwendigkeit, Grund und Gegengrund gegeneinander abzuwägen, Prinzipienabwägungen unausweichlich macht,[22] bestimmt auch seine Argumentation bei der Konkretisierung grundrechtlicher Schutzbereiche und Schrankenregelungen.

---

[14] *Alexy*, Theorie der Grundrechte, S. 121.
[15] Ibid., S. 122.
[16] Zu strikt geltenden Ausnahmeverboten bei Alexy s. oben S. 68 f.
[17] *Alexy*, Theorie der Grundrechte, S. 122.
[18] Ibid., S. 122.
[19] Ibid., S. 122.
[20] Ibid., S. 122. Siehe auch ibid., S. 503 („Gründe [...] müssen so schwer wiegen, daß sie vom Standpunkt der Verfassung aus ein Abweichen von ihrem Wortlaut rechtfertigen"), 504 („Festsetzungen in Regelform [...] sind [...] verbindlich, *es sei denn, es lassen sich hinreichende verfassungsrechtliche Gründe gegen deren Verbindlichkeit anführen*"; Hervorh. hinzugef.).
[21] Ibid., S. 122; zur grundrechtlichen Argumentation nach Alexy siehe oben S. 45 f.
[22] S. oben S. 58 ff.

Bei der Schutzbereichskonstruktion wirkt sich dies zugunsten eines weiten *Prima-facie*-Schutzes aus. Alexy tritt daher für eine weite Tatbestandstheorie ein, „die alles das, für dessen Schutz das jeweilige grundrechtliche Prinzip spricht, in den Schutzbereich fallen läßt".[23] Den Grund sieht Alexy darin, dass Schutzbereichsausschlüsse die gebotene Abwägung von Grund und Gegengrund abschneiden würden. Grundrechtlicher Schutz hänge stets „von einem Verhältnis zwischen einem Grund für den grundrechtlichen Schutz und einem ihm gegenüber zulässigen Gegengrund" ab, „und nicht von unabhängig hiervon erkennbaren Eigenschaften des Schutzbereichs".[24] Allein das „Spiel von Grund und Gegengrund"[25] kann danach letztlich entscheiden.

Bei bestimmten Kriterien scheint zwar „das Überwiegen des Gegengrundes so deutlich" zu sein, „daß die Vornahme einer Abwägung gänzlich überflüssig" erscheint. Auch sie erweisen sich aber stets als „zu grob" für die Lösung der „juristisch interessanten Zwischenfälle", in denen dann am Ende doch stets „eine Abwägung erforderlich wird".[26] Auch scheinbar „klare Fälle grundrechtlichen Nicht-Schutzes" seien letztlich „das Ergebnis einer Abwägung", so dass „die Abwägungsmöglichkeit für alle Fälle offenzuhalten" sei und „in keinem Fall durch Evidenzen welcher Art auch immer ersetzt werden" dürfe:[27] Abwägungen dürfen nicht ausgeschlossen werden, denn: „Grundrechtliche Urteile sind nur dann richtig, wenn sie das Ergebnis einer zutreffenden Abwägung sein können."[28]

4. Relativierbarkeit durch Abwägung aufgrund von Schrankenregelungen

Bei der Rekonstruktion der grundrechtlichen Schrankensystematik wirkt sich dieselbe Argumentation, die stets auf Einzelfallabwägungen besteht, hingegen nicht nur grundrechtsstärkend, sondern teils auch grundrechtsschwächend aus.

Die von Alexy befürwortete Schrankensystematik entspricht im Wesentlichen dem anerkannten System der Grundrechtsschranken – allerdings mit der entscheidenden Zutat der Alexyschen Unschärfe.[29] Die Grundrechtsnormen sind jeweils durch eine abwägungsbezogene Schrankenklausel zu vervollständigen, deren Reichweite sich zwar prima facie danach unterscheidet, ob es sich nach dem grundrechtlichen Normtext um vorbehaltlose Grundrechte oder um solche mit einem qualifizierten oder einfachen Vorbehalt handelt. Es muss aber

---

[23] *Alexy*, Theorie der Grundrechte, S. 290.
[24] *Alexy*, Theorie der Grundrechte, S. 289.
[25] *Alexy*, Theorie der Grundrechte, S. 289.
[26] Ibid., S. 290.
[27] Ibid., S. 290; Hervorh. hinzugef.
[28] Ibid., S. 290.
[29] Zu dieser oben S. 50 ff.

auf der Rechtfertigungsebene stets eine Einzelfallabwägung nach dem Grundsatz der Verhältnismäßigkeit im engeren Sinne möglich bleiben.

Grundrechtsstärkend wirkt sich das aus, weil Beschränkungen von Grundrechten danach nie nach fallübergreifenden Kriterien für *zulässig* erklärt werden können, sondern sich immer noch im konkreten Fall als Grundrechtsverstoß erweisen können. Grundrechtsschwächend wirkt es sich aus, weil Beschränkungen danach nie nach fallübergreifenden Kriterien als kategorisch *unzulässig* eingestuft werden können, sondern sich immer noch im konkreten Fall als zulässig erweisen können. Es verhindert also abwägungsfrei formulierte Grenzen der Beschränkung.

Auch die formell vorbehaltlosen Grundrechte sind danach mit einer abwägungsbezogenen Klausel zu versehen, die eine Abwägung allerdings nur gegen Prinzipien mit Verfassungsrang zulässt, also solche, deren „unmittelbare inhaltliche Zuordnung zu einer Verfassungsbestimmung dargetan werden" kann.[30] Eine Zuordnung zu Kompetenznormen bezeichnet Alexy als „[n]icht unproblematisch", schließt sie aber auch nicht aus.[31] Grenzen für die Beschränkung, die durch abwägungsfreie Kriterien formuliert wären, lehnt er ab. Solche Kriterien könnten zwar zutreffende Generalisierungen über eine Vielzahl von Fällen sein. Die „Schwächen derartiger Generalisierungen" würden jedoch in allen „fraglichen Fällen" offenbar.[32] Die „entscheidende Frage" könne dann nur sein, ob der jeweils für die Verbotsnorm sprechende Grund „gewichtiger ist als die grundrechtliche Erlaubnis".[33] Das Kriterium müsse zum „abwägungsbezogenen Ergebnisbegriff"[34] werden, bei dem die Entscheidung, ob es erfüllt ist, davon abhängig wird, ob die Schrankennorm so Wichtiges schützt, dass die Einschränkung gerechtfertigt ist.[35] Die Frage, „ob sich wie auch immer konstruierte Kriterien formulieren lassen, die bei vorbehaltlos gewährleisteten Grundrechten Entscheidungen über den Umfang des Grundrechtsschutzes *ohne jede Abwägung* ermöglichen",[36] beantwortet Alexy am Ende mit der bereits ausführlich zitierten Formulierung seiner Exklusivitätsthese.[37]

---

[30] Vgl. *Alexy*, Theorie der Grundrechte, S. 119 f., 123. *Alexy* unterscheidet dort des Näheren zwischen Verfassungsrang ersten Ranges und zweiten Ranges. Für die Begrenzung formell vorbehaltloser Grundrechte ist Verfassungsrang ersten Ranges erforderlich.

[31] Ibid., S. 118. Von seinem ‚strukturtheoretischen' Anspruch aus ist es in sich durchaus konsistent, dass er sich in dieser streitigen Frage nicht festlegt: Es gilt die allgemeine Aussage, dass ein Prinzip dann gilt, „wenn es zu Recht für oder gegen eine grundrechtliche Entscheidung angeführt werden kann" (ibid., S. 117).

[32] Ibid., S. 110.
[33] Ibid., S. 109 f.
[34] Ibid., S. 110.
[35] Ibid., S. 110.
[36] Ibid., S. 107, Hervorh. im Original.
[37] Ibid., S. 111, s. das Zitat oben bei S. 59 (Fn. 45).

Bei Grundrechten, die einen verfassungstextlichen Vorbehalt haben, soll Entsprechendes gelten, außer dass bei ihnen „die gegenläufigen Prinzipien nicht den Filter des Verfassungsranges durchlaufen" müssen.[38] Bei qualifizierten Schrankenklauseln sei zwar zunächst „der Kreis der gegenläufigen Prinzipien durch Festsetzungen auf der Regelebene begrenzt".[39] Auch diese Festsetzungen bedürfen jedoch „einer Vervollständigung", die einerseits verstärkend „den Grundsatz der Verhältnismäßigkeit" in sie einbaut,[40] andererseits aber auch – gegebenenfalls abschwächend – ihre Abwägungsabhängigkeit sicherstellt. Alexy verdeutlicht das am Beispiel des Kriteriums der Raumnot in Art. 13 Abs. 3 GG. Mit ihm habe zwar „der Verfassungsgeber eine unmittelbar anwendbare Präferenzentscheidung getroffen" – allerdings nur für „solche klaren Fälle", in denen „eine Maßnahme, die nicht sehr intensiv [...] eingreift", zur Behebung der Raumnot „geeignet und erforderlich" sei.[41] In solchen klaren Fällen brauche „*nicht mehr ausführlich*" abgewogen zu werden.[42] Der Versuch, auch weniger klare Fälle „allein durch abwägungsfreie Subsumtion unter den Begriff der Raumnot auf rationale Weise zu lösen" sei hingegen zum Scheitern verurteilt; das Kriterium müsse daher als abwägungsbezogener Ergebnisbegriff gedeutet werden.[43]

Bei Grundrechten mit einfachem Vorbehalt muss der Eingriff schlicht der Erfüllung „solcher gegenläufigen Prinzipien" dienen, „die unter den Umständen des Falles" vorgehen.[44] Maßgeblich soll also eine Abwägung nach Maßgabe des Verhältnismäßigkeitsgrundsatzes sein.[45] Auch aus der Wesensgehaltsgarantie können nach Alexy keine abwägungsfrei formulierten Alternativen zum Verhältnismäßigkeitsgrundsatz folgen, denn: „Wie bei den vorbehaltlosen Grundrechten gezeigt, können abwägungsfreie Kriterien zwar ein Stück weit klare Fälle zutreffend erfassen, spätestens in Zweifelsfällen wird aber deutlich, daß diese Kriterien nichts anderes als Ausdruck bestimmter Präferenzrelationen zwischen Prinzipien sind".[46]

Die „Anwendung" der Prinzipientheorie auf die grundrechtliche Schrankendogmatik läuft mit anderen Worten darauf hinaus, dass sämtliche anerkannten grundrechtlichen Schranken als auf entsprechende Prinzipien und deren Abwägung bezogen zu rekonstruieren sind. Die Wirkung der Regelebene besteht lediglich darin, dass nach den entsprechenden Schrankenklauseln jeweils *grundsätzlich* nur diejenigen Prinzipien zur Abwägung zugelassen sind, die entweder

---

[38] Vgl. ibid., S. 124.
[39] Ibid., S. 124 f.
[40] Ibid., S. 124.
[41] Ibid., S. 114.
[42] Ibid., S. 114; Hervorh. hinzugef.
[43] Ibid., S. 114; zum abwägungsbezogenen Ergebnisbegriff s. oben S. 71.
[44] Vgl. ibid., S. 124, für das Grundrecht der Freiheit der Person.
[45] S. oben S. 42.
[46] *Alexy*, Theorie der Grundrechte, S. 114.

in der Schrankenklausel genannt sind oder die, bei vorbehaltlos formulierten Grundrechten, Verfassungsrang haben. Eine weitergehende Schrankenwirkung von Prinzipien ist allerdings jederzeit unter Rückgriff auf die allgemeine Vorrangregel möglich, nach der die Regelebene lediglich einen Prima-facie-Vorrang besitzt.[47] Abwägungsfrei anwendbare Grenzen für die Beschränkungsmöglichkeiten oder gar gänzlich schrankenlose Grundrechte sind danach ausgeschlossen. Die Abwägungsbezogenheit der Grundrechtsanwendung ist umfassend gewährleistet. Die Ablehnung abwägungsfreier Kriterien durch die Prinzipientheorie führt zwar (bei der weiten Schutzbereichsauslegung und dem Erfordernis einer einzelfallbezogenen *Rechtfertigung*) zu einer Verstärkung des Prima-facie-Grundrechtsschutzes, parallel dazu aber auch (durch den Ausschluss einzelfallunabhängiger Urteile für Grundrechts*verletzungen*) zu einer Schwächung des definitiven Grundrechtsschutzes.

II. Entwicklung der Position Alexys zu „absoluten Prinzipien"

Die Frage absolut geschützter Normgehalte beschäftigt Alexy nicht erst seit der *Theorie der Grundrechte*. In seinem frühen Aufsatz „Zum Begriff des Rechtsprinzips" ging Alexy allerdings noch von der Existenz ‚absoluter Prinzipien' aus.[48] Es handele sich um „Prinzipien, von denen man nicht sagen kann, dass sie wegen ihres im konkreten Fall geringeren Gewichts anderen Prinzipien weichen müssen".[49] Für sie sei die Vorstellung einzuschränken, dass Prinzipien in Kollisionen mit anderen Prinzipien fallbezogen zurückweichen, ohne ungültig zu werden (Dworkins „Kollisionstheorem").[50] Diese Vorstellung sei „zur Unterscheidung von absoluten Prinzipien und Regeln nicht geeignet".[51] Das Kriterium des Optimierungsgebotes sei gerade deshalb dem Kollisionstheorem als Unterscheidungskriterium „überlegen", weil es „anders als dieses auch absolut formu-

---

[47] Vgl. ibid., S. 122, 503 („Gründe [...] müssen so schwer wiegen, daß sie vom Standpunkt der Verfassung aus ein Abweichen von ihrem Wortlaut rechtfertigen"), 504 („Festsetzungen in Regelform [...] sind [...] verbindlich, *es sei denn, es lassen sich hinreichende verfassungsrechtliche Gründe gegen deren Verbindlichkeit anführen*"; Hervorh. hinzugef.). Siehe oben S. 107 bei Fn. 20.
[48] *Ders.*, Zum Begriff des Rechtsprinzips (1979), in: *ders.*, Recht, Vernunft, Diskurs, S. 177 (199).
[49] *Ders.*, ibid., S. 177 (198).
[50] Vgl. *ders.*, ibid., S. 177 (183, zweites Stück „der Dworkinschen Unterscheidungsthese"; „Wenn zwei Prinzipien kollidieren, gebe das Prinzip mit dem relativ größeren Gewicht den Ausschlag, „ohne dass das Prinzip mit dem relativ geringeren Gewicht dadurch ungültig werde.", 192, 196).
[51] *Ders.*, ibid., S. 177 (199).

lierte Prinzipien" erfasse.⁵² Alexy deutete außerdem an, dass „[a]bsolut formulierte Prinzipien [...] eine kompliziertere Struktur" hätten, als die relativen.⁵³

In der *Theorie der Grundrechte* verabschiedete sich Alexy dann jedoch von der Idee absoluter Prinzipien. Nach der dort verwendeten Begrifflichkeit sind absolute Prinzipien, also solche, „die in keinem Fall durch andere verdrängt werden", die „im Kollisionsfall allen anderen Prinzipien [...] stets vorgeh[en]",⁵⁴ ausgeschlossen: „Wenn es absolute Prinzipien gibt, ist die Definition des Prinzips zu ändern, denn daß ein Prinzip im Kollisionsfall allen anderen Prinzipien [...] stets vorgeht, bedeutet, daß seine Realisierung keine rechtlichen Grenzen kennt. Es gibt nur noch tatsächliche Grenzen. Das Kollisionstheorem ist nicht anwendbar."⁵⁵ Eine solche Korrektur des Prinzipienbegriffs lehnt Alexy sowohl in dem Unterkapitel „Absolute Prinzipien"⁵⁶ als auch durchgehend in der *Theorie der Grundrechte* ab.

III. Die Argumentation Alexys gegen absolut geschützte Rechte im Überblick

Wie begründet Alexy die Ablehnung absoluter Prinzipien und abwägungsfester Rechte? Im Kern lässt sich seine Argumentation in zwei Sätzen zusammenfassen. Kommen Zweifel auf, ist Prinzipienabwägung unausweichlich. Und: Zweifel lassen sich nie vollkommen ausschließen, auch wenn eine sehr hohe Sicherheit über bestimmte Vorrangrelationen im Kernbereich von Grundrechten den Anschein eines absoluten Schutzes erzeugt. Der erste Satz umschreibt die *Exklusivitätsthese* Alexys.⁵⁷ Der zweite gibt eine ergänzende These Alexys wieder, die an die Exklusivitätsthese anknüpft und hier als *epistemische Kernpositionsthese* bezeichnet werden soll.

Nach der Exklusivitätsthese sind Prinzipienabwägungen in allen Zweifelsfällen unvermeidbar, weil nur sie, exklusiv, einen rationalen Austausch von Grund und Gegengrund gewährleisten können. Juristische Argumentation in Zweifelsfällen muss, soll sie rational sein, Prinzipienabwägung sein: Argumentation und Prinzipien gehören unausweichlich zusammen. Absolut geltende Normen, die einen Rückgriff auf Abwägungen abschneiden sollen, müssen deshalb nach

---

⁵² Ders., ibid., S. 177 (205 mit Fn. 95).
⁵³ Ders., ibid., S. 177 (205; vgl. ibid., Fn. 95: das Kriterium erfasst „auch absolute Prinzipien").
⁵⁴ Ders., Theorie der Grundrechte, S. 94.
⁵⁵ Ibid., S. 94.
⁵⁶ Ibid., S. 94 ff.
⁵⁷ Siehe oben S. 58 ff.

Alexys Überzeugung in allen Zweifelsfällen auf eine irrationale Begründungsverweigerung hinauslaufen.

Nach der epistemischen Kernpositionsthese ergibt sich die scheinbare Absolutheit von Grundrechten im Kernbereich lediglich aus der hohen Sicherheit, die unter bestimmten Bedingungen über die Vorrangrelationen zwischen Prinzipien bestehen kann. Die Kernpositionen, die unter diesen Bedingungen bestehen, wirken eindeutig und offensichtlich, was den epistemischen Anschein von Absolutheit erzeugt. Zweifel lassen sich jedoch nie ganz ausschließen. Auch ein noch so hohes Maß an Gewissheit kann nie *absolute* Gewissheit sein.

Aus der Exklusivitätsthese und der epistemischen Kernpositionsthese folgt nach Alexy die Unmöglichkeit einer rationalen Begründung absolut geschützter Rechte: Wenn bei Zweifeln Prinzipienabwägungen unausweichlich werden (Exklusivitätsthese), Zweifel aber auch bei einem noch so hohen Maß an Sicherheit nie absolut ausgeschlossen werden können (epistemische Kernpositionsthese), dann darf auch bei noch so hoher Sicherheit über den Vorrang eines Rechtes im Kernbereich nie auf einen Vorbehalt der Prinzipienabwägung im Einzelfall verzichtet werden. Abwägungsfeste Rechte sind nach Alexy daher mit dem Gebot rationaler Begründung unvereinbar: Es kann sie bei Strafe der Irrationalität nicht geben.

IV. Menschenwürde als nur scheinbar absolute Norm

Bei seinen Ausführungen zu absoluten Prinzipien in der *Theorie der Grundrechte* geht es Alexy vor allem auch um diejenige grundgesetzliche Bestimmung, der er in dem erwähnten frühen Aufsatz noch ein ‚absolutes Prinzip' entnahm: „Art. 1 Abs. 1 Satz 1 GG, ‚Die Würde des Menschen ist unantastbar'".[58] Auch in der *Theorie der Grundrechte* weist Alexy ihr zwar eine zentrale Rolle zu. Sie „bietet sich", wie er festhält, „als allgemeinste positiv-rechtliche Quelle inhaltlicher Kriterien" für das allgemeine Freiheitsrecht an,[59] als Ursprung „zahlreiche[r] materiale[r] Prinzipien [...], die in Abwägungen neben das der negativen Freiheit treten und dessen Gewicht bestimmen können".[60] Die Menschenwürdenorm übernimmt diese Funktion jedoch nach Alexy als eine Prinzipiennorm, die, wie alle anderen Prinzipien auch, nur relativ gilt, also stets unter Abwägungsvorbehalt steht. Das Problem ist der nicht zu verkennende „Eindruck der

---

[58] Vgl. *Alexy*, Zum Begriff des Rechtsprinzips (1979), in: *ders.*, Recht, Vernunft, Diskurs, S. 177 (198).
[59] *Ders.*, Theorie der Grundrechte, S. 321.
[60] Ibid., S. 326.

Absolutheit",[61] den der Wortlaut des Art. 1 Abs. 1 S. 1 GG erweckt. Alexy versucht zu zeigen, dass dieser Eindruck täuscht.

1. Menschenwürde-Regel und Menschenwürde-Prinzip als abwägungsbezogene Regeln

Alexy führt den Eindruck von Absolutheit, den die Menschenwürdebestimmung erzeugt, unter anderem darauf zurück, dass von „zwei Menschenwürde-Normen auszugehen" sei, einer „Menschenwürde-Regel" und einem „Menschenwürde-Prinzip".[62] Der Inhalt der Menschenwürde-Regel wird danach durch Abwägung des Menschenwürde-Prinzips gegen gegenläufige Prinzipien festgelegt:

„Absolut ist nicht das Prinzip, sondern die Regel, die angesichts ihrer semantischen Offenheit bei keiner in Betracht kommenden Präferenzrelation einer Einschränkung bedarf."[63]

(Nur) wenn auf der Prinzipienebene die Menschenwürde vorgeht, ist danach auf der Regelebene die Menschenwürde verletzt.[64] Dies gilt, so muss ergänzt werden, auch umgekehrt: Wenn die Menschenwürde auf der Prinzipienebene *nicht* vorgeht (sondern zurückzuweichen hat), dann ist auf der Regelebene die Menschenwürde *nicht* verletzt.

Die „Möglichkeit dieser Konstruktion verdankt sich" nach Alexy der „semantischen Offenheit des Begriffs der Menschenwürde".[65] Sie entspricht allerdings lediglich dem bereits beschriebenen „Doppelcharakter" von Grundrechtsbestimmungen, die auch sonst sowohl Regelnormen als auch Prinzipiennormen statuieren können.[66]

Die Konstruktionen, die Alexy sowohl für die Menschenwürde-*Regel* als auch für das Menschenwürde-Prinzip wählt, sollten an dieser Stelle bereits hinreichend bekannt sein: Es handelt sich lediglich um jene beiden Techniken, mit denen Regeln generell inhaltlich als abwägungsbezogen definiert werden können, nämlich durch abwägungsbezogene Einzelfallvorbehalte oder durch abwägungsbezogene Ergebnisbegriffe.[67]

In der so genannten Menschenwürde-Regel wird der Begriff der Menschenwürde schlicht zum ‚abwägungsbezogenen Ergebnisbegriff' erklärt. Insoweit

---

[61] Ibid., S. 95.
[62] Ibid., S. 97.
[63] Ibid., S. 96.
[64] Ibid., S. 96.
[65] Ibid., S. 97 Fn. 69.
[66] Zum Doppelcharakter von Grundrechts*bestimmungen* nach Alexy s. ibid., S. 122, sowie oben S. 106 (bei Fn. 7). Zu Grundrechts*normen* mit Doppelcharakter nach Alexy s. oben S. 71 ff.
[67] Siehe oben S. 70 und 71.

kann auf die Aufnahme einer abwägungsbezogenen Ausnahmeklausel verzichtet werden, weil schon der semantische Spielraum des Begriffs für eine Abwägung genutzt wird.[68] Im Menschenwürde-Prinzip wird jedoch die Technik des abwägungsbezogenen Einzelfallvorbehalts verwendet: Als Prinzip gilt die Menschenwürde, wie alle anderen Prinzipien, nur als Optimierungsgebot, das heißt nur dann, wenn die Einzelfallabwägung nicht ihr Zurückweichen gebietet. Normstrukturell ist das wie gesehen jedoch nichts anderes als eine Regel mit positivem Ceteris-paribus-Vorbehalt oder negativer Ausnahmeklausel.

Alexy knüpft mit dieser Konstruktion an Überlegungen an, die er schon in dem erwähnten Aufsatz entwickelte. Obwohl er dort noch von der Geltung absoluter Prinzipien ausging,[69] erklärte er die Absolutheit des Menschenwürdeprinzips gleichwohl zu einer *„weitgehend [...] technische[n] Angelegenheit"*, weil „[b]ei der Interpretation des Begriffs der Menschenwürde [...] Argumente erforderlich" seien, die sich „strukturell" nicht von denen unterschieden, die „bei der Begründung einer Vorzugsrelation zwischen Prinzipien vorzutragen" seien.[70] Absolute Prinzipien böten „in dieser Form eine – freilich häufig sehr weite – Möglichkeit der Gestaltung".[71]

Von einer absoluten Geltung der Menschenwürde kann bei dieser Konstruktion natürlich der Sache nach keine Rede mehr sein. Sowohl die frühe Beschreibung der so genannten ‚Absolutheit' eines Prinzips als einer *„weitgehend [...] technische[n] Angelegenheit"*[72] als auch die so genannte Absolutheit der Menschenwürde-Regel in der *Theorie der Grundrechte* öffnen die Menschenwürdegarantie gleichermaßen für Einzelfallabwägungen.

In der Sache bedeutet es, um das Beispiel des Folterverbots zu verwenden, keinen Unterschied, ob Folter nach Maßgabe einer Einzelfallabwägung als zulässig angesehen wird, indem die Menschenwürdegarantie in den entsprechenden Fällen offen als relativierbar bezeichnet wird („Menschenwürde-Prinzip" mit Einzelfallvorbehalt) oder indem Folter im jeweiligen Fall nach Maßgabe einer Abwägung schon tatbestandlich nicht als eine Verletzung der Menschenwürde eingestuft wird („Menschenwürde-Regel" mit abwägungsbezogenem Ergebnisbegriff).

---

[68] Vgl. *Alexy*, Theorie der Grundrechte, S. 97 Fn. 69 („Der Vorteil dieser Konstruktion besteht darin, daß einerseits [...] keine Schrankenklausel eingefügt werden muß, dass andererseits aber dennoch eine Abwägung [...] stattfinden kann.", „[...] ohne dass [...] in den Tatbestand der Menschenwürde-Norm eine ungeschriebene Schrankenklausel aufgenommen wird").
[69] S. oben S. 111 f.
[70] *Alexy*, Zum Begriff des Rechtsprinzips (1979), in: ders., Recht, Vernunft, Diskurs, S. 177 (199); Hervorh. hinzugef.
[71] Ders., ibid., S. 177 (199).
[72] Ders., ibid., S. 177 (199); Hervorh. hinzugef.

Wenn Alexy in der *Theorie der Grundrechte* ausführt, „[a]bsolut" sei „nicht das Prinzip, sondern die Regel, die angesichts ihrer semantischen Offenheit bei keiner in Betracht kommenden Präferenzrelation einer Einschränkung" bedürfe,[73] so ist die ‚Absolutheit' dieser Regel also eine ebenso rein technische Angelegenheit wie zuvor die so genannte Absolutheit des Menschenwürdeprinzips.

Der Vollständigkeit halber sei noch erwähnt, dass Alexy zunächst auch davon spricht, dass „die Menschenwürde-*Norm teils als Regel und teils als Prinzip behandelt*" werde.[74] Das klingt nach der Hybrid-Konstruktion der Grundrechtsnorm „mit Doppelcharakter", die er an späterer Stelle entwickelt. Da sich solche Doppelcharakter-Normen, wie gesehen, der Sache nach weder von Regeln mit abwägungsbezogenem Einzelfallvorbehalt noch von Regeln mit abwägungsbezogenen Ergebnisbegriffen unterscheiden,[75] trägt diese schwankende Einordnung für das Ergebnis nichts aus: So oder so erklärt Alexy die Menschenwürdegarantie jedenfalls unzweideutig zu einer Norm, die für Prinzipienabwägungen geöffnet wird.

2. Scheinbare Absolutheit durch hohe Sicherheit: Die epistemische Kernpositionsthese (I)

Neben die „normstrukturelle" Argumentation aus der Kombination von Menschenwürde-Regel und Menschenwürde-Prinzip tritt an dieser Stelle zum ersten Mal die Argumentation aus der epistemischen Kernpositionsthese, die Alexy dann bei seinen Ausführungen zur Wesensgehaltsgarantie und zum Kernbereich des Persönlichkeitsschutzes vertieft.

Alexy nennt als einen weiteren Grund für den Eindruck der Absolutheit, den die Menschenwürdebestimmung erweckt, das hohe Maß an Sicherheit, das unter vielen Bedingungen über den Vorrang des Menschenwürde-Prinzips bestehe. Es gebe „eine umfangreiche Gruppe von Vorrangbedingungen", bei denen ein „sehr hohes Maß an Sicherheit" darüber bestehe, dass unter ihnen das Prinzip der Menschenwürde allen gegenläufigen Prinzipien vorgehe.[76] Was das Bundesverfassungsgericht als „absolut geschützten Kernbereich privater Lebensgestaltung" bezeichne, sei der durch diese Bedingungen definierte, das heißt durch die ihnen korrespondierenden Regeln geschützte Bereich.[77]

Die hohe Sicherheit über den Vorrang begründe jedoch „keine Absolutheit des Prinzips", sondern bedeute lediglich, dass bei bestimmten Bedingungen

---

[73] Ders., Theorie der Grundrechte, S. 96.
[74] Ibid., S. 95, Hervorh.
[75] S. dazu oben S. 71 ff.
[76] *Alexy*, Theorie der Grundrechte, S. 95. Vgl. auch ibid., S. 97 („eine Reihe von Bedingungen", unter denen das Menschenwürde-Prinzip „mit hoher Sicherheit" vorgehe).
[77] Ibid., S. 95.

„kaum umstoßbare verfassungsrechtliche Gründe" für den Vorrang existierten.[78] „Eine derartige *Kernpositionsthese*" gelte „auch für andere Grundrechtsnormen"; sie berühre „den Prinzipiencharakter nicht".[79]

Alexy führt den Anschein von Absolutheit im Kernbereich also auf einen epistemischen Faktor zurück – auf eine besonders hohe Gewissheit über die Vorrangrelationen im Kernbereich. Anklänge an diese epistemische Kernpositionsthese sind bereits im Zusammenhang mit der Exklusivitätsthese begegnet, nach der bei Zweifeln Prinzipienabwägungen unausweichlich sind.[80] Auch hier spricht Alexy schon von „gesicherte[n] Vorrangrelationen",[81] bei denen der intuitive „Eindruck ihrer Richtigkeit oder Selbstverständlichkeit" seinen Grund „in der Offensichtlichkeit der Gewichtsverteilung" der Prinzipien habe.[82]

Mit seiner Bemerkung, eine derartige Kernpositionsthese „*berühr*[e] *den Prinzipiencharakter nicht*",[83] stellt Alexy klar, dass selbst dort, wo die Gewichtsverteilung offensichtlich erscheint, keineswegs die charakteristische Unschärfe und Einzelfallabhängigkeit der Prinzipien in Frage gestellt wird. Prinzipien bleiben auch dort, wo der Vorrang eindeutig erscheint, per definitionem für eine nicht aufzählbare Menge von Ausnahmen offen, ohne dass die Bedingungen, unter denen solche Ausnahmen möglich sind, sich vorab und abwägungsunabhängig definieren lassen.[84]

3. Rechtsprechung des Bundesverfassungsgerichts

Alexy argumentiert, dass auch das Bundesverfassungsgericht bei der Menschenwürdegarantie letztlich Abwägungen vornehme. Er verweist dafür zum einen auf das Abhörurteil. Als „[a]ufschlussreich"[85] zitiert er zunächst die dortigen Ausführungen, wonach sich, „nicht generell sagen" lasse, „unter welchen Umständen die Menschenwürde verletzt sein kann", sondern „immer nur in Ansehung des konkreten Falles".[86] Ferner deutet er das Urteil so, dass danach unter bestimmten Bedingungen „das Prinzip des Staatsschutzes dem der Menschenwürde im Blick auf den Ausschluß des Rechtsweges bei Abhörmaßnahmen" vorgehe, nämlich wenn die Geheimhaltung notwendig und eine parlamentarische Rechtskontrolle gewährleistet sei.[87] Daran zeige sich, dass „das Men-

---

[78] Ibid., S. 97.
[79] Ibid., S. 97; Hervorh. hinzugef.
[80] S. oben S. 58 ff.
[81] *Alexy*, Theorie der Grundrechte, S. 111.
[82] Ibid., S. 111.
[83] Ibid., S. 97; Hervorh. hinzugef.
[84] S. oben S. 50 ff.
[85] *Alexy*, Theorie der Grundrechte, S. 96.
[86] BVerfGE 30, 1 (25).
[87] *Alexy*, Theorie der Grundrechte, S. 96, unter Verweis auf BVerfGE 30, 1 (27).

schenwürde-Prinzip [...] in verschiedenen Graden realisiert werden" könne.[88] Zum anderen deutet Alexy in ähnlicher Weise auch eine Formulierung im Urteil zur lebenslangen Freiheitsstrafe. Dort werde „festgesetzt, daß der Schutz der ‚staatlichen Gemeinschaft' unter den angeführten Bedingungen dem Prinzip der Menschenwürde vorgeh[e]".[89] Lägen „andere Bedingungen vor", könne „die Präferenz anders bestimmt werden".[90]

V. Wesensgehalt

Auch die Wesensgehaltsgarantie des Art. 19 Abs. 2 GG deutet Alexy im Sinne seiner epistemischen Kernpositionsthese. Implizit bezieht er an dieser Stelle auch gegen die Absolutheit des Folterverbotes Stellung.

1. Epistemische Kernpositionsthese (II)

Alexy wiederholt, dass der von der Rechtsprechung anerkannte „Kernbereich privater Lebensgestaltung" lediglich durch Bedingungen definiert sei, „bei denen *mit sehr hoher Sicherheit* gesagt werden" könne, dass kein gegenläufiges Prinzip vorgeht.[91] Die (vermeintliche) Absolutheit seines Schutzes bleibe jedoch „eine Sache der Prinzipienrelationen": „Eine Konstellation, in der gegenläufige Prinzipien doch vorgehen, kann nicht ausgeschlossen werden."[92] Die „relative Fundierung" dieses Schutzes dürfe „nicht aus dem Auge verloren werden"; der „Umfang des ‚absoluten' Schutzes" hänge von Prinzipienrelationen ab.[93] „Der Eindruck, er könne unabhängig von Abwägungen unmittelbar oder intuitiv erkannt werden", entstehe „aus der Sicherheit der Prinzipienrelationen".[94] Mit der zentralen Aussage, dass eine Konstellation, in der gegenläufige Prinzipien doch vorgehen, „*nicht ausgeschlossen*" werden kann,[95] beharrt Alexy auf der Unschärfe der grundrechtlichen Prinzipien auch im Kernbereich. Mag der Vorrang auch noch so sicher sein, absolute Gewissheit ist unerreichbar, weshalb Abwägungen weiter vorbehalten bleiben müssen.

---

[88] Ibid., S. 97.
[89] Ibid., S. 97, unter Verweis auf BVerfGE 45, 187 (242).
[90] Ibid., S. 97.
[91] Ibid., S. 271 f.; Hervorh. hinzugef.
[92] Ibid., S. 272.
[93] Ibid., S. 272.
[94] Ibid., S. 272.
[95] Ibid., S. 272; Hervorh. hinzugef.

2. ‚Normale' und ‚extremste' Umstände

Alexy geht an dieser Stelle aber auch zumindest ein Stück weit über die epistemische Kernpositionsthese und generell über seine struktur- und begründungstheoretische Argumentation hinaus, indem er eine Unterscheidung zwischen ‚normalen' und ‚extremsten' Umständen einführt und dezidiert die Geltung von Rechten ablehnt, die auch unter extremsten Umständen Geltung beanspruchen.

Im Kernbereich kann zwar, so Alexy, eine Konstellation nicht ausgeschlossen werden, in der gegenläufige Prinzipien doch vorgehen: „Dennoch" sei „die Sicherheit des Schutzes so hoch, daß *unter Bezug auf normale Umstände* von einem absoluten Schutz gesprochen werden kann".[96] Dem stellt Alexy ‚extremste Umstände' gegenüber, für die er einen Vorrang von Individualrechten mit folgenden nachdrücklichen Worten zurückweist:

„Die Überzeugung, daß es Rechte gibt, die auch unter den extremsten Umständen nicht zurückweichen – nur solche Rechte sind genuin absolute Rechte –, *mag der einzelne, der die Freiheit hat, sich für bestimmte Grundsätze zu opfern, für sich für verbindlich halten,* vom Standpunkt des Verfassungsrechts aus kann sie nicht gelten."[97]

Die Entschiedenheit, mit der Alexy an dieser Stelle die Geltung ‚genuin absoluter' Rechte zurückweist, weist über seine epistemische Argumentation hinaus: Er macht nicht nur geltend, dass gegenläufige Konstellationen nie völlig *auszuschließen* sind, sondern bezieht deutlich Stellung dagegen, dass ein Recht auch nur beanspruchen kann, unter extremsten Umständen zu gelten. Seine Argumentation scheint den Kreis der Bedingungen von vornherein sachlich zu begrenzen, unter denen im Kernbereich ein Vorrang überhaupt bestehen kann, geschweige denn mit einer ‚hohen' oder gar ‚sehr hohen' Sicherheit: Ein Vorrang kann danach nur unter ‚normalen' Bedingungen gelten, keinesfalls kann er sich auf ‚extremste' Bedingungen erstrecken.

Eine eigenständige norm- oder begründungstheoretische Begründung für diese besondere Eingrenzung denkbarer Vorrangbedingungen gibt Alexy an dieser Stelle nicht. Freilich schließt seine Argumentation aus der epistemischen Kernpositionsthese die Ablehnung aller absolut geschützten Rechte, also auch ‚genuin absoluter' Rechte ein, so dass sich seine Stellungnahme an dieser Stelle auch als eine zusammenfassende Schlussfolgerung aus dieser Argumentation lesen lässt. Warum aber ein Vorrang von vornherein nur unter ‚normalen' Umständen möglich sein soll, erschließt sich daraus allein noch nicht.

---

[96] Ibid., S. 272; Hervorh. hinzugef.
[97] Ibid., S. 271; Hervorh. hinzugef.

3. Alexy zum Folterverbot

Jedenfalls ein Stück weit scheint sich Alexy deshalb an dieser Stelle auf ein eigenständiges, substantielles Argument zu stützen, das sich aus dem Verweis auf die Freiheit des Einzelnen zur Selbstaufopferung ergibt: Mag auch ein Einzelner die Freiheit dazu besitzen, sich selbst für die Gemeinschaft aufzuopfern; dass umgekehrt die Gemeinschaft aufgeopfert werde, um die angeblich absoluten Rechte eines Einzelnen zu wahren, könne unter dem Grundgesetz nicht verlangt werden.

In der Fußnote, die Alexy seiner Stellungnahme gegen genuin absolute Rechte beigibt, verweist er „[z]um Problem der Existenz absoluter Rechte" auf philosophische Aufsätze, in denen es um die Absolutheit des Rechtes auf Freiheit von Folter geht, nämlich auf den Aufsatz „Are there any absolute rights?" von Gewirth, eine Erwiderung von Levinson sowie eine Duplik von Gewirth.[98] In diesen Artikeln wird das Problem absolut geschützter Rechte keineswegs nur abstrakt diskutiert, sondern konkret anhand der Frage, ob ein Sohn seine *eigene Mutter* foltern darf, wenn er dadurch das Leben zahlloser unschuldiger Menschen retten könnte.

Mit seiner Aussage, dass es genuin absolute Rechte vom Standpunkt der Verfassung aus nicht geben könne, bezieht Alexy also an dieser Stelle implizit auch Stellung zu der philosophischen Debatte um das Folterverbot. Unter ‚extremsten Umständen' beurteilt Alexy den *Verzicht* auf den Eingriff in die Rechte des Angreifers als eine zwangsweise, unfreiwillige Aufopferung derjenigen unschuldigen Menschen, die dadurch gerettet werden könnten. Wenn etwa ein Terrorist Menschenleben bedroht, die durch seine Folterung gerettet werden könnten, mag ein Einzelner, der die Freiheit hat, sein eigenes Leben für den Grundsatz des Folterverbots aufzuopfern, für sich entscheiden, nicht zu foltern, sofern es nur um die Rettung seines eigenen Lebens geht. Die Verfassung kann jedoch, so Alexy, nicht durch ein absolut geltendes Folterverbot andere Menschen zu einer solchen Aufopferung zwingen. Soweit es um die Rettung des Lebens anderer Menschen geht, kann die Überzeugung, dass es Rechte gebe, die selbst unter den extremsten Umständen nicht zurückweichen – und sei es auch das Recht auf Freiheit von Folter – nach Alexy vom Standpunkt der Verfassung aus nicht gelten. Alexy verlässt mit dieser impliziten Stellungnahme zum Folterverbot zumindest ein Stück weit die Gefilde der Analyse, was für seine Schriften eher ungewöhnlich ist. Er betritt den „schwankenden Boden der Staats- und Gesellschaftsphilosophie",[99] beteiligt sich an dem „hin- und herwo-

---

[98] Ibid., S. 272 Fn. 60, unter Verweis auf *Alan Gewirth*, Are there any Absolute Rights?, in: The Philosophical Quarterly 31 (1981), S. 1 ff.; *Jerrold Levinson*, Gewirth on Absolute Rights, in: Philosophical Quarterly 32 (1982), S. 73 ff., und *Alan Gewirth*, There are Absolute Rights, in: Philosophical Quarterly 32 (1982), S. 348 ff.

[99] Vgl. *Alexy*, Theorie der Grundrechte, S. 515.

genden Kampf der Weltanschauungen"¹⁰⁰ und zeigt Flagge dafür, dass die Sicherheit der Gemeinschaft jedenfalls unter extremsten Umständen den Vorrang vor den Rechten eines Einzelnen genießen müsse.

4. Analytischer Schwerpunkt und Hobbesianische Unterströmungen der Alexyschen Prinzipientheorie

Das ändert allerdings nichts daran, dass die Norm- und Begründungstheorie ganz unzweifelhaft weiterhin der Schwerpunkt der Argumentation Alexys bleibt. Alexy geht von einer weitreichenden inhaltlichen Neutralität seiner Argumentation aus. So führt er zur prinzipienbezogenen Konzeption des allgemeinen Freiheitsrechtes aus: „Ausschlaggebend sind die Gewichtungen. Man kann die Konzeption des allgemeinen Freiheitsrechts vertreten und dennoch in der Regel Prinzipien, die auf kollektive Güter abstellen, das höhere Gewicht geben, so dass im Ergebnis nur sehr wenig an definitiver negativer Freiheit übrig bleibt. Dies zeigt *das hohe Maß an Neutralität* des allgemeinen Freiheitsrechts gegenüber inhaltlichen Theorien über die Gewichtung individueller Rechte und kollektiver Interessen."¹⁰¹

Auf der anderen Seite greift Alexy gelegentlich durchaus auch auf materielle Argumente für einen Vorrang der Schutzpflichten zurück, die nicht unerwähnt bleiben sollen. Man kann insoweit von Hobbesianischen Unterströmungen seiner Theorie sprechen. So setzt er sich für eine Subjektivierung der Schutzpflichten – unter Verweis auf Isensee – unter anderem mit dem Argument ein, dass sich Rechte auf Schutz, anders als „die sozialen Grundrechte bzw. die Leistungsrechte im engeren Sinne […] ganz in die Tradition des liberalen Grundrechtsverständnisses" einfügten.¹⁰² Ihre Begründung im Rahmen des klassischen vertragstheoretischen Staatsmodelles dränge sich geradezu auf; der „Verzicht auf effektiven Selbstschutz" könne „nur dann rational gerechtfertigt werden, wenn der einzelne für diesen Verzicht ein Recht auf effektiven staatlichen Schutz" erhalte.¹⁰³ Solche schutz- und sicherheitsorientierten Andeutungen bleiben freilich so vereinzelt und werden von Alexy so zurückhaltend eingesetzt, dass sie für seine Argumentation ersichtlich einen nachrangigen Charakter besitzen. Die Hauptlast seiner Argumentation soll eindeutig die analytische Dimension der Rechtswissenschaft schultern.

---

100 Vgl. ibid., S. 38.
101 Ibid., S. 343; Hervorh. hinzugef.
102 Ibid., S. 414.
103 Ibid., S. 414 f.

VI. Kernbereich des allgemeinen Persönlichkeitsrechts – Epistemische Kernpositionsthese (III): Annäherung an eine absolute Theorie

Alexy greift ein drittes Mal[104] auf die epistemische Kernpositionsthese zurück, um auch den Kernbereich des allgemeinen Persönlichkeitsrechts in ihrem Sinne zu deuten. Dabei kehrt er zu einer ausschließlich begründungstheoretischen Fassung dieser Kernpositionsthese zurück. Seine Ausführungen dort weichen allerdings in signifikanter Hinsicht von den vorangehenden Erläuterungen der These ab: Sie bewegen sich zumindest zunächst einen wesentlichen Schritt auf eine absolute Theorie zu.

Alexy geht von einer Konzeption der ‚innersten Sphäre' des Persönlichkeitsschutzes aus, die „bestimmte Zustände und Verhaltensweisen des einzelnen *in jedem Fall*, also auch dann, wenn Rechte anderer oder Belange der Allgemeinheit gegen einen Schutz angeführt werden können, als geschützt ansieht".[105] Er beschreibt diese Konzeption näher wie folgt:

> „Eine solche Konzeption [...] ist das *Ergebnis einer Abwägung, die unter bestimmten Umständen* (bei bestimmten Verhaltensweisen und Zuständen des einzelnen) *zu einem absoluten Vorrang* des Prinzips der negativen Freiheit zusammen mit dem Prinzip der Menschenwürde gegenüber allen denkbaren gegenläufigen Prinzipien *führt*. Es ist oben[106] bereits bemerkt worden, daß auch ein *auf bestimmte Umstände relativierter absoluter Vorrang* nicht unproblematisch ist, denn ein solcher Vorrang setzt voraus, daß *keine weiteren Umstände* eintreten können, die vom Standpunkt des Verfassungsrechts aus den gegenläufigen Prinzipien doch einmal das höhere Gewicht geben können. Dies ändert freilich nichts daran, daß es Umstände gibt, unter denen das Ergebnis der Abwägung *so sicher* ist, daß von in hohem Maße gesicherten Regeln gesprochen werden kann, die einen innersten Bereich schützen. Das Bundesverfassungsgericht kann diese Regeln *anwenden, ohne eigens in eine Abwägung einzutreten*. Es bleibt aber dabei, daß diese Regeln *das Ergebnis von Abwägungen* sind *und daß die Abwägung in allen Zweifelsfällen*, sei es im Rahmen einer Präzisierung, sei es im Rahmen einer Reduktion oder einer Extension, *wieder zum Tragen kommt*".[107]

Anders als bei den beiden vorangehenden Beschreibungen der Kernpositionsthese lassen sich die Ausführungen Alexys hier zumindest so deuten, dass die hohe Sicherheit über den Vorrang im Kernbereich eine *Sicherheit gerade auch über die ausnahmslose Geltung* dieses Vorrangs sein könnte: Alexy spricht von einem „auf bestimmte Umstände relativierte[n] absolute[n] Vorrang"[108] und be-

---

[104] S. bereits oben S. 116 ff., 118 ff.
[105] *Alexy*, Theorie der Grundrechte, S. 328; Hervorh. hinzugef.
[106] Alexy verweist hier (ibid., S. 328 Fn. 82) auf die Ausführungen zur Kernpositionsthese bei der Wesensgehaltsgarantie (ibid., S. 271 f.).
[107] Ibid., S. 329; Hervorh. hinzugef.
[108] Ibid., S. 329; Hervorh. hinzugef.

zeichnet ihn nicht als von vornherein ausgeschlossen oder als Trugbild, sondern lediglich als „nicht unproblematisch".[109] Vor allem stellt er ausdrücklich fest, dass ein solcher Vorrang voraussetze, dass *„keine weiteren Umstände eintreten können*, die [...] gegenläufigen Prinzipien doch einmal das höhere Gewicht geben können".[110] Wenn er anschließend anerkennt, dass trotz dieses Problems „von *in hohem Maße gesicherten* Regeln" gesprochen werden könne,[111] so scheint er das hohe Maß an Sicherheit gerade auch auf die Einschätzung zu erstrecken, dass keine weiteren Umstände eintreten können, die ein gegenläufiges Ergebnis verlangen können. Er gesteht sogar zu, dass das Bundesverfassungsgericht die entsprechenden Regeln anwenden könne, ohne „eigens" in eine Abwägung einzutreten.

Die Alexysche Unschärfe[112] der Prinzipien tritt an dieser Stelle so stark wie sonst nirgends in der *Theorie der Grundrechte* in den Hintergrund. Alexy scheint sie tatsächlich allein noch darauf zu stützen, dass Zweifel nie *vollkommen* ausgeschlossen werden können. Er stützt sie allerdings auch weiterhin darauf: „Es bleibt [...] dabei", dass „die Abwägung *in allen Zweifelsfällen* [...] *wieder zum Tragen kommt*".[113] Insbesondere die Option einer „Präzisierung" der Regel durch Abwägungen zeigt, dass er die zuvor ausdrücklich erwähnte Voraussetzung, dass *„keine weiteren Umstände* eintreten können", die im Einzelfall doch ein gegenläufiges Ergebnis rechtfertigen,[114] deshalb nach wie vor für unerfüllbar hält. Mag die Sicherheit, dass es keine Ausnahmekonstellationen gibt, auch noch so hoch sein: Weil sie nicht absolut sein kann, muss es bei der Möglichkeit von Abwägungen bleiben.

In den nachfolgenden Ausführungen zum Tonband-Beschluss des Bundesverfassungsgerichts betont Alexy die Einzelfallabhängigkeit der Rechte im Kernbereich dann auch wieder deutlich stärker. Aus Alexys Sicht zeigt der Beschluss, „[d]aß und auf welche Weise" die Persönlichkeitsrechte „abwägungsabhängig" seien,[115] und zwar auch in jenem Bereich, den der Beschluss als „schlechthin unantastbaren Bereich privater Lebensgestaltung" bezeichnet. Alexy verweist auf die Aussagen im Beschluss, wonach sich das, was zu diesem Bereich gehöre, „nur schwer abstrakt umschreiben" lasse und die Frage danach *„nur von Fall zu Fall unter Berücksichtigung seiner Besonderheiten* beantwortet werden" könne.[116] Das lege es nahe, „den ‚schlechthin unantastbaren Bereich'

---

[109] Ibid., S. 329.
[110] Ibid., S. 329; Hervorh. hinzugef.
[111] Ibid., S. 329; Hervorh. hinzugef.
[112] S. dazu oben S. 50 ff.
[113] *Alexy*, Theorie der Grundrechte, S. 329; Hervorh. hinzugef.
[114] Ibid., S. 329; Hervorh. hinzugef.
[115] Ibid., S. 334.
[116] Vgl. BVerfGE 34, 238 (248); Hervorh. hinzugef. Vgl. *Alexy*, Theorie der Grundrechte, S. 334.

als „Bündel konkreter definitiver Schutzpositionen anzusehen, die relativ gesicherte Ergebnisse von Abwägungen" seien.[117]

VII. Zusammenfassung: Abwägung als zwingender Modus jeder rationalen juristischen Begründung

Alexys Argumentation gegen jegliche abwägungsfesten Normgehalte hat eine denkbar große Tragweite. Die Abwägung von Prinzipien in seinem Sinne sieht in allen Zweifelsfällen die rationale juristische Argumentation exklusiv für sich gepachtet (Exklusivitätsthese). Im grundrechtlichen Kernbereich kann ein Grundrecht zwar mit hoher Sicherheit Vorrang vor gegenläufigen Interessen beanspruchen, was einen Anschein von Absolutheit erzeugt (epistemische Kernpositionsthese). Weil sich Zweifelsfälle jedoch auch bei noch so hoher Sicherheit nie vollkommen ausschließen lassen, muss nach der Exklusivitätsthese auch im Kernbereich stets eine Abwägung möglich bleiben.

Die Argumentation erfasst nicht nur die Interpretation von Grundrechtsnormen, sondern gilt letztlich für die Interpretation aller Rechtsnormen. Jede rationale juristische Begründung in auch nur halbwegs problematischen Fällen muss nach den „norm- und begründungstheoretischen Einsichten der Prinzipientheorie"[118] Alexys zwingend auf Prinzipienabwägungen zurückgreifen. Eine gerichtliche oder rechtswissenschaftliche Praxis, die versucht, schwierige Rechtsfälle anhand abwägungsfester Kriterien zu entscheiden, sieht sich dagegen dem Verdikt ausgesetzt, im Stadium eines methodisch vorsintflutlichen Intuitionismus zu verharren.

Alexys Argumentation gegen absolut geschützte Rechte ist danach auch weitestgehend unabhängig von seiner „normstrukturellen Trennungsthese", also der These, Regeln und Prinzipien seien zwei Normarten mit unterschiedlicher Struktur. Seine Argumentation stützt sich im Wesentlichen auf begründungstheoretische, teils auch auf rechtsprechungspositivistische Argumente. Sie beansprucht daher auch dann Geltung, wenn man seine Trennungsthese als normstrukturelle These verwirft und den Unterschied zwischen Regeln und Prinzipien, wie hier vertreten, als einen rein inhaltlich begründeten Unterschied zwischen Normen ein- und derselben Struktur rekonstruiert.[119]

---

[117] Ibid., S. 334; Hervorh. hinzugef.
[118] Vgl. ibid., S. 113 f. („Die ständige Rechtsprechung des Bundesverfassungsgerichts [...] entspricht *den norm- und begründungstheoretischen Einsichten* der Prinzipientheorie. Die Unmöglichkeit einer abwägungsfreien Lösung des Problems des einfachen Vorbehalts bestätigt die Richtigkeit dieser Einsichten und jener Praxis."; Hervorh. hinzugef.).
[119] Siehe dazu nur die Zusammenfassung oben S. 102 f.

6. Kapitel

Kritik der Exklusivitätsthese und der Kernpositionsthese

Auf die Behauptung (nicht nur) Alexys, das Bundesverfassungsgericht nehme auch im angeblich absolut geschützten Kernbereich der Grundrechte in Wahrheit Abwägungen vor, wird an anderer Stelle ausführlich eingegangen.[1] Wie ist aber seine begründungstheoretische Grundlagenkritik an abwägungsfesten Rechten zu bewerten? Trifft es zu, dass solche Rechte mit dem Anspruch auf eine rationale juristische Begründung in Zweifelsfällen unvereinbar sind?

I. Epistemische Relativität absolut geschützter Rechte

1. Allgemeiner Irrtumsvorbehalt – Anwendungs- und Begründungsdiskurs

Alexy ist sicher darin zuzustimmen, dass Zweifel an der Abwägungsfestigkeit eines Rechtes nie vollkommen auszuschließen sind. Für Behauptungen über die Abwägungsfestigkeit von Rechten gilt dasselbe wie für alle Normgeltungsbehauptungen[2] säkularer Art. Für sie kann es keine absolute Gewissheit geben. Sie haben stets nur „den Status von Normhypothesen",[3] beruhen auf dem jeweiligen Erkenntnisstand, müssen sich auf den Prüfstand der juristischen Argumentation stellen lassen, gelten nur bis zur Widerlegung durch bessere Gründe. Sie stehen deshalb stets unter allgemeinem Irrtumsvorbehalt, unter einem epistemischen „prima facie- oder ceteris paribus-Vorbehalt", durch den „eine fallibilistische Einschätzung aller Diskursergebnisse zum Ausdruck gebracht wird".[4]

---

[1] *Hong*, Der Menschenwürdegehalt der Grundrechte, 3. Kap., vgl. zusammenfassend unter X.3.
[2] Siehe zu Normgeltungsbehauptungen oben S. 44 mit Fn. 170 f.
[3] Vgl. *Rühl*, Tatsachen – Interpretationen – Wertungen, S. 406.
[4] *Alexy*, Normenbegründung und Normanwendung (1993), in: *ders.*, Recht, Vernunft, Diskurs, S. 52 (55).

Die Infragestellung der Abwägungsfestigkeit eines Rechtes kann auch anlässlich konkreter Anwendungsfälle erfolgen. Anwendung und Begründung einer Norm lassen sich methodisch nicht strikt voneinander unterscheiden. Mit Alexy ist vielmehr davon auszugehen, dass „jeder Anwendungsdiskurs notwendig einen Begründungsdiskurs miteinschließt".[5] Die Begründung einer Norm kann stets auch anlässlich ihrer Anwendung in einem konkreten Einzelfall, dieser „unverzichtbare[n] fallibilistische[n] Instanz"[6] allen juristischen Entscheidens und Begründens, in Frage gestellt werden.

2. Epistemische Relativität absolut geschützter Rechte – Keine methodischen, philosophischen oder theologischen Absolutheitsansprüche

Alexy lehnt auch völlig zu Recht einen „grundrechtlichen Intuitionismus"[7] ab, der die Geltung von Rechten ohne weitere Begründung aus einer nicht weiter hinterfragbaren Intuition oder Evidenz ableiten will. Auch absolut geschützte Rechte können nie mit absoluter Gewissheit behauptet werden, sondern stets nur mit relativer, *hinreichend hoher* epistemischer Sicherheit. Sie sind epistemisch relativ. Die Behauptung ihrer Geltung lässt sich ebenso wenig wie andere Normbehauptungen mittels rein logischer Operationen zwingend aus dem Normtext deduzieren. Sie lässt sich nicht auf „die falsche Sicherheit eines positivistischen Subsumtionsdogmas" stützen, dem entgegenzuhalten ist, dass „auch die eindeutigsten Normtexte problematisiert werden können" und dass die „auch im eindeutigsten Fall verbleibende Möglichkeit, Sprache unterschiedlich zu verstehen", durch einen Konsens der Sprachgemeinschaft über den ‚richtigen' Gebrauch zwar „fast vollständig reduziert werden" kann – aber eben nur fast.[8] Die Hoffnung auf eine logisch zwingende deduktive Ableitbarkeit von Auslegungsergebnissen „hatten wir vorgestern".[9] Auch die Menschenwürde ist daher „nicht die ferne Wolke, aus der die Ergebnisse regnen",[10] sondern verlangt nach argumentativer Konkretisierung. Wer anderes behauptet, der „hat seine argumentative Pflicht nicht getan".[11]

---

[5] *Ders.*, ibid., S. 52 (70); vgl. *Neumann*, Die Geltung von Regeln, Prinzipien und Elementen, in: Schilcher/Koller/Funk (Hrsg.), Regeln, Prinzipien und Elemente im System des Rechts, S. 115 (123–125); beide m.w.Nw., insbesondere auf die Gegenauffassung Klaus Günthers.

[6] *Alexy*, Normenbegründung und Normanwendung (1993), in: *ders.*, Recht, Vernunft, Diskurs, S. 52 (69); vgl. zust. *Rühl*, Tatsachen – Interpretationen – Wertungen, S. 406.

[7] *Alexy*, Theorie der Grundrechte, S. 109; s. oben S. 60 f.

[8] Vgl. *Brun-Otto Bryde*, Verfassungsentwicklung – Stabilität und Dynamik im Verfassungsrecht der Bundesrepublik Deutschland, 1982, S. 80 f.

[9] *Winfried Hassemer*, Über den argumentativen Umgang mit der Würde des Menschen, in: EuGRZ 2005, S. 300 (301).

[10] Ibid., S. 300 (302).

[11] Ibid., S. 300 (302).

Das alles lässt den Streit um die besseren Gründe bei der juristischen Interpretation der Menschenwürdegarantie richtigerweise nicht sinnlos werden, weil der Anspruch, die besseren Gründe zu haben, nicht voraussetzt, dass diese Gründe logisch zwingende Gründe sein müssen.[12] Es heißt jedoch, dass der Streit um das bessere Argument auch geführt werden muss. In Zweifelfällen wird der Austausch von Grund und Gegengrund unausweichlich.

Die Behauptung absolut geschützter Rechte ist also nicht mit methodischen Absolutheitsansprüchen verknüpft. Ebensowenig beansprucht sie eine absolute philosophische oder gar theologische Erkenntnisgewissheit. Wer abwägungsfeste Rechte behauptet, muss sie also nicht für „in einem Essenzenkosmos ewig gegeben"[13] halten, muss die Rechtsordnung nicht als „Offenbarung des Absoluten" ansehen, als ein „Spiegelbild der Schöpfungsordnung, begründet auf einem primären, von Gott gegebenen Inhalt".[14] Weder verschreibt, wer die positivrechtliche Abwägungsfestigkeit bestimmter grundrechtlicher Kerngehalte behauptet, sich damit dem Anspruch „aus der Perspektive absoluter Vernunft philosophieren zu können",[15] noch muss dem „eine Variante" eines „neu-aristotelischen Essentialismus" zugrunde liegen.[16]

Es mag so sein, dass der „Gedanke der Menschenwürde und ihrer Unantastbarkeit" seine letzte Begründung „nur in einer metaphysischen Ontologie, d.h. in einer Philosophie des Absoluten" finden kann.[17] Das Grundgesetz sagt jedoch zu solchen Fragen einer Letztbegründung nichts. Im weltanschaulich neutralen Verfassungsstaat bleibt die Menschenwürde in der Frage der Letztbegründung für das Verfassungsrecht eine nicht interpretierte These (Heuss).[18]

---

[12] Siehe *Hong*, Der Menschenwürdegehalt der Grundrechte, 1. Kap., VIII.
[13] So die Beschreibung der „Semantik des Naturrechts" in der Adelsgesellschaft bei *Niklas Luhmann*, Das Recht der Gesellschaft, 1993, S. 13 f.
[14] „Rechtsordnung muß begriffen werden als das Spiegelbild der Schöpfungsordnung, begründet auf einem primären, von Gott gegebenen Inhalt. Daher gibt es Recht nur als Offenbarung des Absoluten" (*Seebohm*, in: Deutscher Bundestag/Bundesrat (Hrsg.), Der Parlamentarische Rat – 1948–1949, Akten und Protokolle, Bd. 9, Plenum, 1996, S. 564, Hervorh. weggelassen).
[15] Zu diesem von ihm als „hypertroph[ ]" bewerteten Anspruch der Philosophie des deutschen Idealismus vgl. *Herbert Schnädelbach*, Rationalitätstypen (1998), in: *ders.*, Philosophie in der modernen Kultur, 2000, S. 256 (280); zu Hegels Wahrheitslehre als einer „Philosophie des Absoluten" vgl. *ders.*, Hegels Lehre von der Wahrheit – Berliner Antrittsvorlesung (1996), in: *ders.*, Philosophie in der modernen Kultur, S. 64 (77).
[16] Vgl. *Ulrich R. Haltern*, Die Rule of Law zwischen Theorie und Praxis – Grundrechtsprechung und Verfassungstheorie im Kontext, in: Der Staat 40 (2001), S. 243 ff. (263 f.): „Die Debatte über solcherart unverfügbare Rechtssätze stellt wohl eine Variante des (etwa von Martha Nussbaum vertretenen) neo-aristotelischen Essentialismus dar und kann im Rahmen einer reinen Methodendiskussion weder erschöpft noch kritisiert werden."
[17] *Robert Spaemann*, Über den Begriff der Menschenwürde, in: Ernst-Wolfgang Böckenförde/Robert Spaemann (Hrsg.), Menschenrechte und Menschenwürde – Historische Voraussetzungen, säkulare Gestalt, christliches Verständnis, 1987, S. 295 (313).
[18] *Heuss*, in: Deutscher Bundestag/Bundesrat (Hrsg.), Der Parlamentarische Rat – 1948–

Solche weltanschauliche Neutralität in Letztbegründungsfragen ist notwendig, soll die Verfassung jenen übergreifenden inhaltlichen Konsens[19] in Gerechtigkeitsfragen verbürgen können, der von unterschiedlichen Weltanschauungen aus gestützt und begründet werden kann. Mag der Einzelne also über die Verankerung der Menschenwürde auch absolute Glaubensgewissheit besitzen,[20] bei der fehlbaren Interpretation jenes Verfassungskonsenses im öffentlichen Diskurs ist für einen Rekurs auf solche tieferen Gewissheiten kein Raum. Verfassungsrecht handelt nicht von den letzten, sondern allenfalls von den vorletzten Fragen.

II. Hinreichende versus absolute Gewissheit über die Ausnahmslosigkeit von Rechten

Wenn sich die Behauptung abwägungsfester Rechte also im Zweifel stets dem Für und Wider von Grund und Gegengrund stellen muss, und zwar auch anlässlich von Einzelfällen – wie sollen sich dann abwägungsfeste Rechte noch von abwägungsoffenen Rechten unterscheiden lassen?

Alexys Argumentation läuft im Kern darauf hinaus, dass eine solche Unterscheidung unmöglich sei. Wenn im Einzelfall Zweifel über die abwägungsfeste Geltung einer Norm auftauchen und die Gründe und Gegengründe für die Abwägungsfestigkeit abgewogen werden müssen, so sei dies im Ergebnis gleichzusetzen mit der Einzelfallabwägung einer von vornherein als abwägungsabhängig formulierten Norm. In beiden Fällen müssen Gründe und Gegengründe einander gegenübergestellt und abgewogen werden. Weil die Abwägungsfestigkeit von Normen im Zweifelsfall rational nur durch eine Abwägung von Gründen verteidigt werden könnte, lässt sie sich nach Alexy gar nicht verteidigen.

1949, Akten und Protokolle, Bd. 5, Ausschuss für Grundsatzfragen, 1993, S. 72. Dazu, dass sich diese Aussage entgegen einem weitverbreiteten Irrtum *nur* auf diese Frage der Letztbegründung, bezieht, hingegen gerade keine Verweigerung der Interpretation des positivrechtlichen *Inhalts* der Menschenwürdegarantie durch den Verfassungsgeber beinhaltet, ausführlich *Hong*, Der Menschenwürdegehalt der Grundrechte, 2. Kap., IV.6.

[19] Zum Konzept eines solchen übergreifenden Konsenses *John Rawls*, Der Gedanke eines übergreifenden Konsenses, in: *ders.*, Die Idee des politischen Liberalismus – Aufsätze 1978–1989, 1994, S. 293 ff.; *ders.*, Political Liberalism, 1996, Lecture IV, § 11, S. 133 ff.

[20] Vgl. die – freilich vergangenheitsbezogene – Beschreibung einer traditionell-religiös fundierten Menschenwürdebegründung durch *Hassemer*, Über den argumentativen Umgang mit der Würde des Menschen, in: EuGRZ 2005, S. 300 (303): „Ich kann mir keine tiefere Verankerung und keine entschlossenere Sicherung einer menschenfreundlichen und menschenrechtsfreundlichen Kultur vorstellen als den Glauben, jeder vom Weibe Geborene sei unter den Augen und in den Händen eines liebenden und gnädigen Gottes [...]. Solange ein solcher Glaube Kraft hat, bindet sich die Unantastbarkeit der Person auf Gott zurück und bezieht sie ihren Wert und ihren Bestand aus dieser höchsten Quelle".

Aus der epistemischen Relativität aller Rechte muss danach auch ihre inhaltliche Relativität folgen.

Die Argumentation Alexys geht jedoch über einen wesentlichen Unterschied hinweg, nämlich den Unterschied zwischen einer hinreichenden und einer absoluten Gewissheit über die Ausnahmslosigkeit von Rechten. Wer ein Recht für ausnahmslos hält, der hält Ausnahmen mit hinreichender Gewissheit für ‚ausgeschlossen'. Die Festlegung darauf bildet den Inhalt der Behauptung von der Ausnahmslosigkeit des Rechtes. Der allgemeine Irrtumsvorbehalt, mit dem jede rationale Person derartige Behauptungen verknüpfen wird, darf nicht über diese Festlegung hinwegtäuschen.

Die Aussage, Ausnahmen seien „nicht auszuschließen", ist deshalb doppeldeutig. Sie kann lediglich bedeuten, dass Ausnahmen nicht mit *absoluter* Gewissheit auszuschließen sind. Dann bringt sie lediglich den allgemeinen Irrtumsvorbehalt zum Ausdruck und kann durchaus mit der Festlegung verbunden sein, dass Ausnahmen mit *hinreichender* Gewissheit auszuschließen sind. Für das Folterverbot könnte eine entsprechende Aussage A beispielsweise so lauten:

A: „Nach jetzigem Erkenntnisstand bin ich mir *hinreichend sicher*, dass das Folterverbot unter allen Umständen gilt. Ich lege mich daher definitiv fest und behaupte bis zum Beweis des Gegenteils, dass das Recht ausnahmslos gilt. Natürlich sind Ausnahmen aber nie mit absoluter Sicherheit auszuschließen. Falls ich eines Besseren belehrt werde und sich herausstellt, dass es doch Ausnahmen gibt, werde ich den Irrtum anerkennen."

Die Aussage, dass Ausnahmen nicht auszuschließen seien, kann hingegen auch ganz anders gemeint sein, nämlich nicht als ein allgemeiner Irrtumsvorbehalt, der mit der gleichzeitigen Ablehnung von Ausnahmen verbunden wird, sondern im Gegenteil als eine Befürwortung von Ausnahmen, etwa eines Vorbehaltes der Einzelfallabwägung im Sinne der Alexyschen Prinzipientheorie. Im Beispiel des Folterverbotes könnte eine entsprechende Aussage B etwa so lauten:

B: „Das Folterverbot gilt unter *fast* allen Umständen ausnahmslos. Es kann jedoch kein Recht geben, dass unter allen Umständen Vorrang beansprucht, auch unter den extremsten. Ausnahmen sind nie auszuschließen. Ich bin mir hinreichend sicher, dass es selbst beim Folterverbot extremste Umstände geben kann, unter denen es doch zurückweichen muss. Deshalb lege ich mich fest und behaupte, dass dieses Verbot *nicht* ausnahmslos gilt."

Während der Irrtumsvorbehalt in der Aussage A einen Irrtum über die Ausnahmslosigkeit lediglich für möglich erklärt, setzt die Aussage B einen solchen Irrtum schon als gegeben voraus. Sie legt sich also epistemisch auf das Gegenteil der Aussage A fest, indem sie nicht nur eine absolute, sondern schon eine hinreichende Gewissheit über die Ausnahmslosigkeit verneint. Stattdessen bejaht sie die hinreichende Gewissheit, dass das Folterverbot Ausnahmen hat.

Ausnahmen sind zwar nie mit absoluter Sicherheit auszuschließen. Sie können aber trotzdem mit hinreichender Sicherheit auszuschließen sein. Wegen des epistemischen Unterschiedes zwischen einer Festlegung für oder gegen eine solche hinreichend gewisse Ausnahmslosigkeit wäre es ein allzu rascher Schritt, die Abwägung von Gründen für oder gegen eine Ausnahmslosigkeit, auch wenn sie anlässlich von konkreten Zweifelsfällen erfolgt, schon mit der Einzelfallabwägung von Prinzipien gleichzusetzen.

III. Zurückweisung der Exklusivitätsthese: Abwägen von Prinzipien und Abwägen von Gründen

‚Kommen Zweifel auf, wird eine Abwägung unausweichlich.' Diese Exklusivitätsthese Alexys würde ohne Zweifel zutreffen, wenn sie als allgemeiner Hinweis darauf zu verstehen wäre, dass in Zweifelsfällen stets Grund und Gegengrund gegeneinander abzuwägen sind. Alexy hat Recht damit, dass sich die Abwägungsfreiheit von Normen nicht anders verteidigen lässt als durch eine Abwägung von Gründen – sofern man darunter allgemein das Für und Wider von Grund und Gegengrund versteht. Sich einer solchen Abwägung der Gründe unter Verweis auf Evidenzen oder Intuitionen zu entziehen, wäre irrational.

Alexy versteht jedoch unter Abwägung nicht schlicht die allgemeine Abwägung von Gründen, sondern gerade die Abwägung von Prinzipien. Prinzipien aber sind für ihn definitionsgemäß Normen, die inhaltlich die Alexysche Unschärfe[21] aufweisen, für die es also eine nicht aufzählbare Menge von Ausnahmen oder Gegenbeispielen gibt. Wenn man das berücksichtigt, lautet die Exklusivitätsthese also: Kommen Zweifel auf, dann wird eine Abwägung gegen Normen unausweichlich, die voraussetzungsgemäß eine nicht aufzählbare Menge von Ausnahmen vorsehen.

Das Problem besteht nicht darin, dass Alexy überhaupt Normen und Gründe gleichsetzt, indem er annimmt, dass jedem Belang, der in einer grundrechtlichen Argumentation „zu Recht für oder gegen eine grundrechtliche Entscheidung angeführt werden kann", eine geltende Prinzipiennorm entspreche, die die Verwirklichung dieses Belanges verlangt.[22] Für einen derartigen allgemeinen Zusammenhang zwischen Gründen und Normen sprechen gute Gründe, vor allem wenn man die Geltung von Prima-facie-Normen[23] anerkennt. Gründe, die in der juristischen Argumentation prima facie „zu Recht" angeführt werden können, entfalten per se eine normative Bedeutung im Rahmen dieser Ar-

---

[21] S. oben S. 50 ff.
[22] *Alexy*, Theorie der Grundrechte, S. 117; s. dazu oben S. 43 (bei Fn. 164).
[23] Zum Normcharakter auch von Prima-facie-Normen s. oben S. 85 ff. (bes. mit Fn. 18 f.).

gumentation. Sie als prima facie geltende Normen zu betrachten kann als eine bloße Explikation der normativen Kraft von Gründen angesehen werden.

Das Problem der Exklusivitätsthese besteht jedoch darin, dass sie zur Abwägung nur Gründe und Normen mit einem ganz bestimmten Inhalt zulässt – nämlich Alexysche Prinzipien mit der für diese charakteristischen Unschärfe.[24] Das ließe sich nur rechtfertigen, wenn juristische Gründe stets inhaltlich diese Unschärfe aufwiesen. Es müsste dann voraussichtlich allen juristischen Gründen, die zu Recht in irgendeinem Kontext angeführt werden können, auch in allen anderen denkbaren Konstellationen und Einzelfällen eine fallentscheidende Bedeutung zukommen können.

Für eine solche künstliche Streuung der Gewichtungsverhältnisse im Raum der juristischen Gründe ist jedoch kein Grund ersichtlich. Ein Argument, das sich in dem einen Kontext und für bestimmte Fallkonstellationen zu Recht anführen lässt, kann in anderen Kontexten und Fallkonstellationen mit hinreichender Sicherheit definitiv als nachrangig zu bewerten sein. Jedenfalls für bestimmte Kontexte und unter bestimmten Bedingungen lassen sich durchaus Gründe aufweisen, die alle denkbaren Gegengründe ausstechen – nicht zwingend oder mit absoluter Sicherheit, wohl aber mit hinreichender Gewissheit.

Das lässt sich zeigen, wenn in die inhaltliche Diskussion über bestimmte Normen und Rechte eingetreten wird, wie es in den beiden zugehörigen Untersuchungen geschieht. Entscheidend ist jedoch an dieser Stelle vor allem, dass *diese* Debatte, also der Streit darüber, ob nur Alexysche Prinzipien die inhaltliche Reichweite juristischer Argumente sowie den Inhalt des geltenden Rechts zutreffend beschreiben, nicht schon selbst als eine Anwendung von Prinzipien verstanden und konzipiert werden kann. Darin läge – in des Wortes doppelter Bedeutung – eine petitio principii.

Auch wenn es also ursprünglich der Grundgedanke Alexys gewesen sein mag, Prinzipien und Gründe aufs Engste miteinander zu verknüpfen, unterscheiden sich beide doch in einem wesentlichen Punkt voneinander. Alexys Prinzipienbegriff ist nicht neutral gegenüber Gründen, sondern hat eine weittragende inhaltliche Annahme im Gepäck: die Alexysche Unschärfe. Für die epistemische Festlegung, dass eine Norm diese Unschärfe *nicht* aufweist, weil sie mit hinreichender Sicherheit *keine* Ausnahmen hat, lässt die Exklusivitätsthese Alexys von vornherein keinen Raum. Sie schleust damit eine unbegründete inhaltliche Vorannahme ein und begrenzt die möglichen Ergebnisse der Abwägung von Grund und Gegengrund, ohne dass dafür ein hinreichender Grund ersichtlich wäre. Die Exklusivitätsthese ist aus diesem Grund zurückzuweisen. Die Alexysche Prinzipienabwägung hat die rationale juristische Begründung nicht exklusiv gepachtet.

---

[24] S. oben S. 50 ff.

IV. Zurückweisung der Kernpositionsthese als Satz ‚In dubio pro exceptionem'

‚Zweifel sind nie auszuschließen, weshalb auch die hohe Sicherheit des Vorrangs, die im Kernbereich grundrechtlicher Prinzipien besteht, nur den Schein eines absoluten Schutzes begründen kann.'

Auch diese epistemische Kernpositionsthese Alexys erlaubt eine Deutung, bei der sie offenkundig zuträfe: Wenn damit lediglich gemeint wäre, dass *absolute* Gewissheit über die Ausnahmslosigkeit unerreichbar ist, wäre ihr ohne weiteres beizupflichten. Zweifel an der Absolutheit des Schutzes sind nie mit absoluter Sicherheit ausschließbar, weshalb Behauptungen über Ausnahmslosigkeit stets unter Irrtumsvorbehalt stehen müssen. Es wäre deshalb beispielsweise irrational, zu behaupten, dass „kollidierende Grundrechtspositionen selbst dann zurücktreten müssen, wenn bessere Gründe für diese sprechen".[25]

Auch wenn Ausnahmen also nicht mit absoluter Gewissheit auszuschließen sind, können sie jedoch sehr wohl mit *hinreichender* Gewissheit auszuschließen sein. Keineswegs irrational muss es daher sein, zu behaupten, dass bei einem Recht mit hinreichender Sicherheit die besseren Gründe dafür sprechen, dass in keinem seiner Anwendungsfälle eine Ausnahme nötig werden wird. Auch wenn Zweifelsfälle nie mit absoluter Sicherheit auszuschließen sind, kann man sich durchaus darauf festlegen, dass es mit hinreichender Sicherheit keine Fälle gibt, in denen diese Zweifel durchgreifen werden.

In Alexys Kernpositionsthese bleibt dafür jedoch kein Raum. Wie beschrieben bleibt undeutlich, ob sich die hohe Sicherheit über den Vorrang eines grundrechtlichen Prinzips im Kernbereich nach Alexy jeweils auch darauf erstrecken soll, dass es keine Ausnahmekonstellationen gibt.[26] Wenn nicht, wäre unklar, wieso Alexy dann überhaupt von einem Eindruck von Absolutheit spricht. Wenn doch, wie es etwa Alexys Ausführungen zur Kernpositionsthese beim Persönlichkeitsschutz zumindest nahe legen,[27] wäre begründungsbedürftig, warum sogar eine solche hohe oder sogar sehr hohe Sicherheit über die Ausnahmslosigkeit nicht ausreichen soll, um einen absoluten Schutz zu bejahen.

So führt Alexy wie gesehen aus, es gebe eine „umfangreiche Gruppe von Vorrangbedingungen", bei denen „*ein sehr hohes Maß an Sicherheit* darüber" bestehe, dass unter ihnen „das Prinzip der Menschenwürde gegenläufigen Prinzipien vorgeht".[28] Es soll sich um Bedingungen handeln, unter denen „kaum umstoßbare verfassungsrechtliche Gründe" für einen Vorrang der Menschen-

---

[25] Vgl. dazu *Borowski*, Grundrechte als Prinzipien, 1. Aufl., S. 221 f., s. auch unten S. 139 f. (mit Fn. 55 f.).
[26] S. oben S. 116 ff., 118 ff., 122 ff.
[27] S. oben S. 122 ff.
[28] *Alexy*, Theorie der Grundrechte, S. 95; Hervorh. hinzugef.

würde sprechen.[29] Wenn dieses sehr hohe Maß an Sicherheit auch gerade darüber bestünde, dass dieser Vorrang ausnahmslos gilt, dann beschreibt Alexy eine epistemische Situation, in der es geradezu widersinnig wäre, dennoch von Ausnahmen auszugehen und einen Vorbehalt der Einzelfallabwägung vorzusehen. Wenn ich nicht nur hinreichende oder überwiegende Gründe dafür habe, dass das Folterverbot ausnahmslos gilt, sondern sogar ‚kaum umstoßbare' Gründe, aus denen eine ‚sehr hohe' Sicherheit über die Ausnahmslosigkeit folgt, dann wäre es widersprüchlich, wenn ich die Folter trotzdem für nach Maßgabe einer Einzelfallabwägung zulässig erklärte.

Für den absoluten Schutz eines Rechtes reicht es vollkommen aus, wenn dafür die besseren Gründe sprechen, also hinreichende Gewissheit über seine Abwägungsfestigkeit besteht. Sich auf die Ausnahmslosigkeit festzulegen ist schon dann epistemisch gerechtfertigt, wenn die Gründe für das Urteil, dass es keine Ausnahmefälle gibt, die Gegengründe überwiegen. Schon dann wäre eine Festlegung darauf unvernünftig, dass das Recht trotzdem für Ausnahmen offen bleiben muss. Die Irrationalität einer solchen Festlegung erhöht sich erst recht, wenn über die Ausnahmslosigkeit nicht schlicht hinreichende Gewissheit besteht, sondern sogar eine besonders hohe oder gar kaum umstoßbare Gewissheit.

Alexys Kernpositionsthese verschiebt damit die Argumentationslast für die Begründung absolut geschützter Rechte in einem geradezu grotesken Umfang: Solange auch nur der leiseste Zweifel an der Ausnahmslosigkeit eines Rechts möglich ist, solange Zweifel daran also nicht mit absoluter Gewissheit auszuschließen sind, soll von Ausnahmen auszugehen sein. Das läuft auf eine unwiderlegliche Vermutung für die Existenz von Ausnahmen hinaus, auf den Grundsatz: „In dubio pro exceptionem."

Eine solche Vermutung wäre dann und nur dann gerechtfertigt, wenn das Gewicht von Gründen und Gegengründen im Universum der Gründe durchgehend so ungleich und unvorhersehbar verteilt wäre, dass bei allen Regeln stets mit hinreichender Sicherheit mit Ausnahmen gerechnet werden müsste. Sie wäre, mit anderen Worten, gerechtfertigt, wenn alle juristischen Gründe und Normen inhaltlich die Alexysche Unschärfe aufwiesen. Es scheint diese Annahme zu sein, die letztlich hinter den zentralen Theoremen Alexys steht. Dafür, dass eine derart globale inhaltliche These über juristische Gründe und Normen zutreffen könnte, sind jedoch keine hinreichenden Gründe ersichtlich. Die Alexysche Kernpositionsthese ist deshalb ebenso zurückzuweisen wie Alexys Exklusivitätsthese.

---

[29] Ibid., S. 97; Hervorh. hinzugef.

V. ‚Distinguishing' versus ‚Overruling'

Der beschriebene epistemische Unterschied zwischen allgemeinem Irrtumsvorbehalt und Alexyschem Abwägungsvorbehalt lässt sich auch anhand der richterlichen Entscheidungstechniken des „Distinguishing" und des „Overruling" erläutern.

Bei einem *Distinguishing* wird festgestellt, dass sich ein neuer Fall in relevanter Hinsicht von dem Ausgangsfall unterscheidet, der einem Präjudiz zugrunde lag, so dass in dem neuen Fall ein anderes Ergebnis gerechtfertigt ist als in dem Ausgangsfall. Die präjudizielle Norm, die in der Vorentscheidung aufgestellt wurde, wird also als solche aufrechterhalten. Sie wird jedoch anlässlich des neuen Falles näher präzisiert und konkretisiert, indem klargestellt wird, dass die Reichweite der präjudiziellen Norm sich von vornherein nicht auf Fälle wie den jetzigen erstreckte. Bei einem *Overruling* wird hingegen das Präjudiz ausdrücklich verworfen. An der präjudiziellen Norm, die in dem neuen Fall ein bestimmtes Ergebnis verlangt hätte, wird nicht festgehalten, sondern sie wird als Irrtum verworfen und für die Zukunft korrigiert.[30]

1. Aktivierung des allgemeinen Irrtumsvorbehalts als Overruling: Ausnahmen bei einem bislang für absolut geschützt gehaltenen Recht

Wenn ein Gericht ein Recht zunächst als absolut geschützt bezeichnet, jedoch später anerkennt, dass das Recht doch Ausnahmen hat, so wird ein *Overruling* erforderlich. Das Gericht macht von dem allgemeinen Irrtumsvorbehalt Gebrauch, der mit jeder Rechtsbehauptung verbunden wird, muss dann aber den Irrtum auch zugestehen.

---

[30] Zu beiden Techniken vgl. *Alexy*, Theorie der juristischen Argumentation, S. 340; *Martin Kriele*, Grundrechte und demokratischer Gestaltungsraum, in: Josef Isensee/Paul Kirchhof (Hrsg.), Handbuch des Staatsrechts der Bundesrepublik Deutschland, Bd. IX, 3. Aufl., 2011, § 188 Rn. 47 f.; *Marc Desens*, Bindung der Finanzverwaltung an die Rechtsprechung – Bedingungen und Grenzen für Nichtanwendungserlasse, 2011, S. 195 ff., 200 ff. Für den nachfolgenden Vergleich kommt es lediglich auf die Grundtypologie an, nicht auf die allfälligen Abgrenzungsschwierigkeiten und Missbrauchsmöglichkeiten. Zu letzteren vgl. etwa *Barry Friedman*, The wages of stealth overruling (with particular attention to Miranda v. Arizona), in: Georgetown L. J. 99 (2010), S. 1 (9–13), der zwei Formen des „verdeckten Overruling" („stealth overruling") unterscheidet: (1.) vorgebliches Distinguishing ohne tragfähigen Unterschied („failing to extend a precedent to the conclusion mandated by its rationale", ibid., S. 12; „drawing of unpersuasive distinctions", ibid., S. 11), sowie (2.) „Verstümmelung" eines Präjudizes durch Reduzierung seiner Reichweite auf die Fakten des Anlassfalles (ibid., S. 10 [oben], 12). Die beiden Formen lassen sich kombinieren (ibid., S. 12: „Persistent undermining of the rationale can, like gradual slicing of a salami, ultimately reduce the precedential status of the case to almost nothing.").

Schon die Prüfung, ob eine solche Korrektur erforderlich sein könnte, ist in diesem Fall nicht mehr eine Anwendung der Norm mit dem bislang angenommenen, ausnahmslos geltenden Inhalt, sondern zeigt an, dass die Norm mit dem bisherigen Inhalt gerade in Frage gestellt wird. Bei einem Recht, das bislang für absolut gehalten wurde, signalisiert das Eintreten in eine solche Prüfung, dass ein Overruling erwogen wird. Der im Anwendungsdiskurs stets latent mitgeführte Begründungsdiskurs für die Norm tritt dann in eine kritische Phase. Die Geltung der abwägungsfesten Norm selbst wird zugunsten einer Norm anderen Inhalts, der relativen Norm, in Frage gestellt. Stellt sich in der Prüfung der Irrtum heraus, so muss die bis dahin aufgestellte Normbehauptung widerrufen werden: Was zuvor bejaht wurde, nämlich die ausnahmslose Geltung des Rechts, muss jetzt verneint werden, was zuvor verneint wurde, nämlich die Geltung von Ausnahmen, muss jetzt bejaht werden.

2. Anwendung des Alexyschen Abwägungsvorbehalts als bloßes Distinguishing

Wenn ein Gericht bei einem Recht dagegen von einem Vorbehalt der Einzelfallabwägung im Sinne Alexys Gebrauch macht, so findet ein bloßes *Distinguishing* statt.

Das Gericht hat in diesem Fall das Recht von Anfang an nicht als absolut geschützt angesehen, sondern allenfalls als scheinbar absolut geschützt im Sinne der epistemischen Kernpositionsthese Alexys. Wenn es zu dem Abwägungsvorbehalt greift, also feststellt, dass das grundrechtliche Recht gegenläufigen Prinzipien weichen muss, dann muss es seine vorherige Normbehauptung daher keineswegs korrigieren. Schließlich bestätigt sich dann lediglich das, was von Anfang an behauptet wurde, nämlich dass es Ausnahmen geben wird, für die der Abwägungsvorbehalt weiter in Reserve gehalten werden muss. Die bisherige Einschätzung muss also in keiner Weise revidiert, sondern es muss lediglich der schon vorsorglich vorgesehene Einzelfallvorbehalt aktiviert werden.[31] Der Einzelfall, in dem der Vorbehalt greift, ist hier gerade *keine* fallibilistische Instanz, sondern bestätigt nur, wie richtig es war, die grundrechtliche Norm von Anfang an mit dem Vorbehalt zu versehen. An ihm erweist sich dann einmal mehr die Weisheit der Alexyschen Prämissen. Der stillschweigend mitgeführte Begründungsdiskurs für die abwägungsabhängige Norm verläuft völlig unproblematisch. Die relative Norm selbst muss nicht – etwa durch eine abwägungsfest geltende Norm – ersetzt werden. Sie wird in ihrer Geltung nicht in Frage gestellt, sondern gerade bestätigt.

---

[31] Vgl. auch *Dworkin*, Bürgerrechte ernstgenommen, S. 138 („Meine Aussage braucht nicht berichtigt, auch nicht aktualisiert zu werden […]."); *ders.*, Taking Rights Seriously, S. 76 („My statement need not be corrected, or even brought up-to-date […]").

VI. Einzelfallinvarianz als eigenständiger Begründungsgegenstand: Die fehlende Abwägungsebene der Alexyschen Theorie

Die Ausnahmslosigkeit und Abwägungsfestigkeit einer Norm unter bestimmten Bedingungen, ihre Unabhängigkeit von sonstigen Umständen des Einzelfalls, kann einen eigenständigen Gegenstand der juristischen Begründung bilden. Man kann insoweit von der inhaltlichen *Einzelfallinvarianz* der Norm sprechen. Gibt es im Anwendungsbereich des Rechts voraussichtlich Ausnahmekonstellationen, also Fallgestaltungen, in denen neue, nicht konkret vorhergesehene Umstände ein Zurückweichen des Rechtes rechtfertigen können?

Neue Umstände, die bei der Formulierung eines Rechtes nicht konkret vorhergesehen wurden, können immer auftauchen. Jeder Fall ist streng genommen einzigartig und singulär, „jede konkrete Situation" weist „potentiell unendlich viele Merkmale" auf.[32] Außerdem ist die menschliche Vorstellungs- und Prognosefähigkeit eng begrenzt. Niemand kann sich alle Konstellationen, die von einer Norm in Zukunft potentiell erfasst sein könnten, im Vorhinein in allen Einzelheiten ausmalen. Aus der Begrenztheit der menschlichen Fähigkeiten und der unendlichen Vielfalt und Dynamik der Wirklichkeit ergibt sich, dass wir unfähig sind, „alle Anwendungssituationen einer Norm mit allen ihren Merkmalen" in concreto „vorauszusehen".[33] Um es mit den Worten Emersons zu sagen: „There are no fixtures in nature. The universe is fluid and volatile. Permanence is but a word of degrees."[34]

Aus der Möglichkeit in concreto unvorhergesehener Umstände folgt jedoch keineswegs auch schon deren *Entscheidungsrelevanz*. Jede Norm, die mehr als einen Fall erfassen soll, muss in irgendeiner Hinsicht von dem unerschöpflichen „Reichtum an Merkmalen"[35] abstrahieren. Die maßgebliche Frage ist also, ob die Norm von neuen Umständen, auch wenn sie konkret nicht vorhergesehen wurden, abstrahieren sollte oder nicht.

Eine Norm für offen für Ausnahmen zu halten, kann in vielen Fällen angebracht sein. Abwägungsvorbehalte wie Alexy sie rekonstruiert prägen den gerichtlichen Alltag nicht nur des Bundesverfassungsgerichts, sondern auch der Fachgerichte, und das vielfach zu Recht. In der gerichtlichen Praxis gibt es oft keine sinnvolle Alternative dazu, einen allgemeinen „Vorbehalt weiterer Aus-

---

[32] *Alexy*, Normenbegründung und Normanwendung (1993), in: *ders.*, Recht, Vernunft, Diskurs, S. 52 (67); s. bereits oben S. 55 (bei Fn. 7).
[33] *Ders.*, ibid., S. 52 (55).
[34] *Ralph Waldo Emerson*, Circles (from Essays, First Series, 1841), in: *ders.*, Selected Essays, Lectures, and Poems, 1990/2007, S. 193 (193).
[35] *Alexy*, Normenbegründung und Normanwendung (1993), in: *ders.*, Recht, Vernunft, Diskurs, S. 52 (69).

nahmeklauseln"[36] vorzusehen. Ebenso kann aber die Einzelfallinvarianz einer Norm gegenüber neuen Umständen gerechtfertigt sein.

Die Frage, ob eine Norm einzelfallinvariant gelten soll, ist daher ein eigenständiger Begründungsgegenstand. Bei der Anwendung von Prinzipien im Sinne Alexys wird diese Frage jedoch immer schon implizit als verneint behandelt und kann deshalb gar nicht mehr in den Blick geraten. Alexys Prinzipien setzen mit ihrer inhaltlichen Unschärfe[37] schon als gegeben voraus, dass die neuen Umstände, die in jedem Einzelfall auftauchen können, auch *entscheidungsrelevant* sein können. Die Alexysche Prinzipienabwägung blendet also die Abwägung genau derjenigen Gründe aus, die eigentlich abgewogen werden müssten, wenn die Frage der Abwägungsfestigkeit eines Rechts rational entschieden werden soll.

Das allgemeine Abwägen von Gründen, zu denen auch Gründe für und gegen die Einzelfallinvarianz einer Norm gehören können, und das Abwägen von Normen mit einem eingebauten Einzelfallvorbehalt müssen also voneinander unterschieden werden.[38] Weil Alexy mit seiner Exklusivitätsthese[39] beides gleichsetzt, lässt die Frage, ob eine Norm einzelfallvariabel gilt oder nicht, sich im Rahmen einer Prinzipienabwägung gar nicht erst stellen, geschweige denn unparteilich beantworten. Sie bildet für Alexys Prinzipientheorie einen blinden Fleck. Seiner Prinzipientheorie fehlt es also paradoxerweise an einer Ebene der Abwägung – derjenigen Ebene, auf der gerade jene Gründe gewogen werden könnten, die für oder gegen die mehr oder weniger große Einzelfallsensibilität einer Norm oder eines Rechts sprechen.[40]

VII. Exklusivitäts- und Kernpositionsthese bei anderen Prinzipientheoretikern

Die Konsequenzen der begründungstheoretischen Argumentation Alexys werden auch in den Arbeiten anderer Prinzipientheoretiker zumindest auf der Ebene der theoretischen Prämissen nachdrücklich bekräftigt. Allerdings zeigen sich auf der Ebene der konkreten Anwendung der Theorie, namentlich auf die

---

[36] Vgl. *Rühl*, Tatsachen – Interpretationen – Wertungen, S. 384 Fn. 48.
[37] Siehe oben S. 50 ff., 53 ff.
[38] Vgl. auch *Nida-Rümelins* Vorschlag einer Rationalitätskonzeption, nach der es gilt „Gründe abzuwägen (*weighing reasons*), anstatt Güter abzuwägen (*weighing goods*)" (*Julian Nida-Rümelin*, Rationalität: Kohärenz und Struktur (2000), in: *ders.*, Ethische Essays, 2002, S. 174 [190 f.], Hervorh. im Original).
[39] Siehe oben S. 58 ff.
[40] Vgl. auch *Mathias Hong*, Grundrechte als Instrumente der Risikoallokation, in: Jörg Scharrer/Marcel Dalibor/Katja Rodi/Katja Fröhlich/Paul Schächterle (Hrsg.), Risiko im Recht – Recht im Risiko – 50. Assistententagung Öffentliches Recht, 2011, S. 111 (127 f.).

Fälle des Folterverbots und des Luftsicherheitsgesetzes, teilweise auch gewisse Irritationen und Zweifel. In diesen Zweifeln spiegeln sich die aufgezeigten Probleme der Kernpositionsthese Alexys und der ihr zugrundeliegenden Exklusivitätsthese.

Die nachfolgende Auswahl prinzipientheoretischer Ansätze muss angesichts der Vielfalt und Reichhaltigkeit der vertretenen Positionen notwendig unvollständig bleiben. Insbesondere kann hier auf den von Alexy in grundlegenden Punkten abweichenden Ansatz von Jan-Reinard Sieckmann nicht näher eingegangen werden. Sieckmann lehnt es als unzureichend ab, Prinzipien als Optimierungsgebote, als Gegenstände der Optimierung, als Prima-facie-Normen oder Pro-tanto-Normen zu verstehen.[41] Er sieht darin stattdessen ‚reiterierte Geltungsgebote', also Geltungsgebote, die beliebig (unendlich) auf höherer Stufe wiederholbar seien, zum Beispiel ein Gebot der folgenden Form: „Es soll definitiv gelten, dass definitiv gelten soll, dass definitiv gelten soll, dass alle Meinungsäußerungen erlaubt sind."; „etc.".[42] Aufgrund seiner normtheoretischen Komplexität[43] und seines umfassenden Charakters,[44] wäre eine eigenständige Arbeit erforderlich, um diesem Alternativmodell, das Sieckmann in zahlreichen Untersuchungen näher ausgearbeitet hat,[45] auch nur im Ansatz gerecht werden zu können.

1. Marius Raabe

Ein Beispiel für die vorbehaltlose Bekräftigung der Alexyschen Vorgaben bildet etwa die prinzipientheoretische Dissertation Marius Raabes. Raabe hält etwa fest, „in einem rationalen System" könne die Antwort auf die Frage, „ob materiell begründete Ausnahmen von einer Regel zulässig sind, nur von den dafür und dagegen sprechenden Gründen abhängen, also gerade erst nach einer Ab-

---

[41] Vgl. etwa *Jan-Reinard Sieckmann*, Grundrechte als Prinzipien, in: Sieckmann (Hrsg.), Die Prinzipientheorie der Grundrechte, S. 17 (25).

[42] Vgl. etwa *Sieckmann*, ibid., S. 17 (22 f.).

[43] Dazu vgl. skeptisch *Alexy*, Zur Struktur der Rechtsprinzipien, in: Schilcher/Koller/Funk (Hrsg.), Regeln, Prinzipien und Elemente im System des Rechts, S. 31 (39 ff., bes. 42: „Es scheint, als ob die Reiterationsthese lediglich auf eine relativ komplizierte Art beschreibt, daß Prinzipien *irgend etwas zwischen definitiver Geltung und völliger Unverbindlichkeit* sind"; Hervorh. hinzugef.).

[44] Vgl. dazu nur *Poscher*, Theorie eines Phantoms, in: Rechtswissenschaft 1 (2010), S. 349 (349 mit Fn. 4), der Sieckmann attestiert, die „eingehendsten Ausarbeitungen" eines Ansatzes vorgelegt zu haben, der die Prinzipientheorie „auf die Ebene einer allgemeinen Rechstheorie" bezieht.

[45] Vgl. nur *Sieckmann*, Regelmodelle und Prinzipienmodelle des Rechtssystems; *Sieckmann*, Zur Begründung von Abwägungsurteilen, in: Rechtstheorie 26 (1995), S. 45 ff.; *Sieckmann*, Modelle des Eigentumsschutzes; *Sieckmann*, Autonome Abwägung, in: ARSP 90 (2004) ff.; *Sieckmann*, Prinzipien, ideales Sollen und normative Argumente, in: ARSP 97 (2011), S. 178 ff.

wägung formeller und materieller Prinzipien feststehen".[46] Es sei „somit zwar theoretisch möglich", für autoritative Festsetzungen zwischen strikten und Prima-facie-Regeln zu unterscheiden; in Bezug „auf das Vorkommen im Rechtssystem" sei es aber sinnvoll, „nur von prima facie-Regeln auszugehen".[47]

Zwar könne und werde ein hohes Gewicht formeller und materieller Prinzipien zusammengenommen „häufig im Ergebnis zu einer Art graduell hoher ‚Striktheit' führen, nämlich dazu, daß in der Praxis der Regelcharakter mit der dafür kennzeichnenden Anwendungsform der Subsumtion entscheidend ist und im juristischen Alltag eine Abwägungsnotwendigkeit nicht besteht".[48] Außerhalb des juristischen Alltags zeigt sich jedoch auch nach Raabe, dass alle Normen in Wahrheit ausnahmedurchlässig sind. Die relativ vorsichtige Aussage Alexys, dass moderne Rechtssysteme zumindest in einigen Bereichen die Einfügung von Ausnahmen aufgrund von Prinzipien gestatten, könne „dahingehend radikalisiert werden, daß rationale Rechtssysteme dies in keinem Bereich von vornherein ausschließen".[49] Als Beispiel dafür, dass es stets „besser" sei, „zunächst von prima facie-Regeln auszugehen", weil immer „neue Fälle auftauchen" können, in denen „materielle Gründe nunmehr doch" gegen eine Bindung an eine strikte Regel sprechen, nennt *Raabe* das Rückwirkungsverbot des Art. 103 Abs. 2 GG, für das nach dem Mauerschützen-Beschluss[50] des Bundesverfassungsgerichts „jedenfalls im Ergebnis eine Ausnahme" gelte.[51]

2. Martin Borowski

Martin Borowski folgt Alexy ebenso wie für die Konstruktion der Wesensgehaltsgarantie[52] grundsätzlich auch in der Relativierung des Inhaltes der Menschenwürdenorm.[53]

Die zugrunde liegende Exklusivitätsthese hat Borowski besonders deutlich in der Erstauflage seiner Dissertation von 1998 formuliert. Dort hielt er fest, dass sich die Richtigkeit dieser Position aus nichts geringerem als *„aus dem Gebot der rationalen Begründung rechtlicher Entscheidungen"* selbst ergebe.[54] Wer eine „absolute, nicht abwägungsfähige Grundrechtsposition" behaupte, müsse „zugeben, daß kollidierende Grundrechtspositionen *selbst dann zurücktreten müssen, wenn bessere Gründe für diese sprechen*".[55] Borowski fährt fort: „Eine

---

[46] *Raabe*, Grundrechte und Erkenntnis, S. 186.
[47] Ibid., S. 186.
[48] Ibid., S. 186.
[49] Ibid., S. 186 Fn. 75.
[50] BVerfGE 95, 96 (132 f.) – *Mauerschützen* (1996).
[51] *Raabe*, Grundrechte und Erkenntnis, S. 186 Fn. 76.
[52] *Borowski*, Grundrechte als Prinzipien, 2. Aufl., S. 289 f.
[53] Ibid., S. 278–284.
[54] *Ders.*, Grundrechte als Prinzipien, 1. Aufl., S. 221; Hervorh. hinzugef.
[55] Ibid., S. 221 f.; Hervorh. hinzugef.

Theorie, die verlangt, daß Positionen zurückzutreten haben, für die die besseren Gründe sprechen, *läßt keine rationale Begründung zu*. Absolute Grundrechtspositionen sind daher grundsätzlich abzulehnen."[56]

Auch in der Zweit- und Drittauflage von 2007 und 2018 spricht Borowski weiterhin von dem (bloßen) „Eindruck des Absoluten" bei gewichtigen Prinzipien.[57] Als Grund hierfür verweist er neben den bei steigender Eingriffsintensität überproportional ansteigenden Rechtfertigungsanforderungen[58] jetzt zusätzlich auch auf das zweite Abwägungsgesetz Alexys,[59] nach dem bei steigender Eingriffsintensität auch der nötige Grad der empirischen Gewissheit über die den Eingriff tragenden Prämissen anwächst.[60] Daraus leitet Borowski ab, dass bei Eingriffen in die Menschenwürde nicht nur „sehr große Anforderungen an die Sicherheit der Erkenntnis der empirischen Prämissen" gestellt werden müssten, sondern dass „die aufgestellten Hürden praktisch unüberwindbar" seien.[61]

Selbst wenn man etwa im Falle eines von Terroristen entführten Passagierflugzeugs, das auf ein Bodenziel gelenkt werden soll, bei Gewissheit aller empirischen Prämissen einen Abschuss nicht für grundrechtlich verboten halte, sehe dies „unter empirischer Unsicherheit", wie sie in realen Fällen bestehe, „ganz anders aus".[62] Die „verbreitete Intuition", dass Eingriffe in die Menschenwürde „in praxi nicht zu rechtfertigen" seien, werde „auf diese Weise prinzipientheoretisch rekonstruiert", was „keineswegs darauf beruhen" müsse, dass die Menschenwürde absoluter Natur sei, sondern sich zwanglos oder bruchlos „auf die in grundrechtlichen Abwägungen geltenden Gesetze" zurückführen lasse.[63] Während er in der Erstauflage noch davon ausging, der von ihm diagnostizierte Widerspruch zwischen einer „absoluten" und einer „relativen" Linie der Kerngehaltsrechtsprechung des Bundesverfassungsgerichts sei „zu Lasten der absoluten Linie" aufzulösen,[64] spricht er in der Zweit- und Drittauflage entsprechend von einer „Versöhnung von absoluter und relativer Linie".[65]

Auch in einem separaten Beitrag von 2007 argumentiert Borowski ähnlich. Die Antwort auf die – in der Tat – „brennende[n] Fragen", ob die Prinzipientheorie in Fällen „gezielter staatlicher Tötung oder staatlicher Folter" dazu

---

[56] Ibid., S. 222.
[57] *Ders.*, Grundrechte als Prinzipien, 2. Aufl., S. 278; 3. Aufl., S. 353.
[58] Ibid., 2. Aufl., S. 278 f.; 3. Aufl., S. 353 f. Siehe bereits *ders.*, Grundrechte als Prinzipien, 1. Aufl., S. 222. Zum Gesetz der abnehmenden Grenzrate der Substitution siehe oben S. 41 ff., 154 ff.
[59] *Alexy*, Die Gewichtsformel, in: Jickeli/Kreutz/Reuter (Hrsg.), Gedächtnisschrift Sonnenschein, S. 771 (789); s. oben S. 40 bei Fn. 152.
[60] *Borowski*, Grundrechte als Prinzipien, 2. Aufl., S. 279.
[61] Ibid., 2. Aufl., S. 279; 3. Aufl., S. 354.
[62] Ibid., 2. Aufl., S. 279 f.
[63] Ibid., S. 280.
[64] *Ders.*, Grundrechte als Prinzipien, 1. Aufl., S. 221.
[65] Ibid., 2. Aufl., S. 278; 3. Aufl., S. 352 (Überschrift, Hervorh. geändert).

zwinge, einzelne Menschenleben zur Rettung vieler aufzuopfern sowie „notfalls ‚ein bißchen' zu foltern", und ob sie damit der Grundrechtsdogmatik Ergebnisse aufnötige, „die fundamentalen Intuitionen zuwiderlaufen und elementarste Gehalte von Abwehrrechten leugnen", laute „Nein."[66]

Dies wirkt auf den ersten Blick, als wolle Borowski hier unter Berufung auf das zweite Abwägungsgesetz und die Möglichkeit empirischer Unsicherheiten doch das anerkennen, was Alexy einen „auf bestimmte Umstände relativierte[n] absolute[n] Vorrang" nennt.[67] Wie ausgeführt bezeichnet jedoch Alexy einen solchen Vorrang zwar bei der dritten Formulierung seiner Kernpositionsthese zunächst lediglich als „nicht unproblematisch", verwirft ihn dann jedoch deutlich im Sinne seiner Exklusivitätsthese: „Es bleibt [...] dabei, daß [...] die Abwägung in allen Zweifelsfällen [...] wieder zum Tragen kommt".[68] Auch die Berücksichtigung empirischer Unsicherheit bei der Abwägung nach dem zweiten Abwägungsgesetz sowie nach Alexys Gewichtsformel[69] ändert nach Alexy nichts daran, dass das Gewicht eines Prinzips stets im konkreten Fall jeweils neu bestimmt werden muss und die Abwägung jeweils im Ergebnis auch anders ausgehen kann.[70]

Die These Borowskis von einer ‚Versöhnung' von absoluter und relativer Position durch praktische Unüberwindbarkeit der Gewissheitsanforderungen im Kernbereich verträgt sich denn auch schlecht mit der gleichzeitig fortgeführten Rede von dem bloßen „Eindruck des Absoluten"[71] oder einer lediglich „scheinbare[n] Absolutheit"[72] sowie mit den Aussagen, in denen er, wiederum ganz auf

---

[66] *Ders.*, Abwehrrechte als grundrechtliche Prinzipien, in: Sieckmann (Hrsg.), Die Prinzipientheorie der Grundrechte, S. 81 (99–104; Zitate im Text: 99); s. auch ibid., S. 99 („*praktisch nicht erreichbare* Anforderungen an die Rechtfertigung); Hervorh. hinzugef.; vgl. ferner zum Flugzeugabschuss ibid., S. 101 („in praxi nicht zu rechtfertigen"), 104 (Verweis auch auf die hohe Sicherheit der Todesfolge des Abschusses). Vgl. ferner noch *ders.*, Limiting Clauses: On the Continental European Tradition of Special Limiting Clauses and the General Limiting of Art 52(1) Charter of Fundamental Rights of the European Union, in: Legisprudence 1 (2007), S. 197 (230) („[S]evere infringements such as torture or slavery were permitted only where all facts are absolutely clear and the limiting reasons doubtlessly overriding. This is so demanding that, as a result of applying proportionality, a *de facto* absoluteness is yielded. [...] [T]his might be termed ‚relative absoluteness'"; im weiteren Text scheint Borowski allerdings für Art. 4, Art. 5 Abs. 1 GRCh unabhängig von dieser Bezugnahme auf sein Konzept der relativen Absolutheit tatsächlich von einer Uneinschränkbarkeit auszugehen, s. ibid.).

[67] *Alexy*, Theorie der Grundrechte, S. 329.

[68] Ibid., S. 329. S. näher oben S. 122 ff.

[69] *Ders.*, Die Gewichtsformel, in: Jickeli/Kreutz/Reuter (Hrsg.), Gedächtnisschrift Sonnenschein, S. 771 (790 m. Fn. 37); dazu s. oben S. 40 bei Fn. 153.

[70] Vgl. *ders.*, ibid., S. 771 (784), sowie die ausf. Belege für die Aufrechterhaltung der These von der Einzelfallabhängigkeit aller Prinzipien (Unschärferelation) durch Alexy auch nach Entwicklung des zweiten Abwägungsgesetzes und der Gewichtsformel im Jahr 2003 oben in Fn. 6, S. 50 f.

[71] *Borowski*, Grundrechte als Prinzipien, 2. Aufl., S. 278.

[72] Ibid., S. 280 f. („scheinbare [...] Absolutheit bei gewichtigen Prinzipien kann als ‚relative' Absolutheit bezeichnet werden").

Alexys Linie, die Rechtfertigungsanforderungen „in Fällen intensivster Eingriffe" lediglich als „kaum mehr erfüllbar" (im Gegensatz zu: *nicht* erfüllbar) bezeichnet[73] oder ausdrücklich klarstellt, dass alle Aussagen zum Wesensgehalt *„jederzeit insofern vorläufig"* seien, „als *besondere Umstände* eine Überprüfung und gegebenenfalls Korrektur erfordern",[74] und dass in Zweifelsfällen auch für die Menschenwürde jeweils durch Abwägung zu ermitteln ist, ob sie nicht im konkreten Fall doch „*höchst ausnahmsweise*" zurückzutreten hat.[75]

3. Nils Teifke

Eine vergleichbare Ambivalenz kennzeichnet auch die Position Nils Teifkes zur Menschenwürdegarantie. In seiner prinzipientheoretischen Dissertation, die 2011 unter dem programmatischen Titel „Das Prinzip Menschenwürde – Zur Abwägungsfähigkeit des Höchstrangigen",[76] erschien, bekräftigt einerseits auch Teifke die Thesen Alexys zur Relativierbarkeit der Menschenwürde durch Abwägungen in theoretischer Hinsicht in ungeschmälerter Form. Er unternimmt zwar einen Durchgang durch aktuelle Rechtsprechung[77] und Literatur.[78] Die zentrale Grundlage für seine „Elemente einer Theorie der Menschenwürde"[79] bleibt jedoch stets eine „Strukturanalyse" des Art. 1 Abs. 1 GG,[80] der „als normtheoretisches Fundament"[81] die Alexysche Prinzipientheorie zugrunde liegt.

Teifke folgt der Konzeption Alexys, nach der Art. 1 Abs. 1 GG zwei Menschenwürdenormen statuiert, eine Menschenwürde-Regel und ein Menschenwürde-Prinzip,[82] wobei er (zu Recht) feststellt, dass die Menschenwürde-Re-

---

[73] *Ders.*, Abwehrrechte als grundrechtliche Prinzipien, in: Sieckmann (Hrsg.), Die Prinzipientheorie der Grundrechte, S. 81 (104).
[74] *Ders.*, Grundrechte als Prinzipien, 2. Aufl., S. 289 f. („Es bleibt damit nur die Möglichkeit der Begründung der Wesensgehalts-Regel aus Prinzipienkollisionen. In Betracht kommt eine abstrakt-generelle Abwägung […]. Gemäß „Kollisionsgesetz folgt daraus eine Regel […]. Mangels besonderer autoritativer Festsetzung bleibt diese Regel jedoch *jederzeit insofern vorläufig*, als *besondere Umstände* eine Überprüfung und gegebenenfalls Korrektur erfordern."; Hervorh. hinzugef.).
[75] Ibid., S. 281 („In Zweifelsfällen […] muß […] auf die […] Prinzipienebene zurückgegriffen werden, um zu ermitteln, ob […] *höchst ausnahmsweise* die Menschenwürde *im konkreten Fall zurückzutreten* hat."), 282 („Jedes Ergebnis muß sich durch eine Abwägung der Menschenwürde im weiteren Sinne als Prinzip *unter den konkreten Umständen des Falles* rechtfertigen lassen […]."; „In der erforderlichen Abwägung […] kann die Menschenwürde […] hinter andere, *im Einzelfall höchst ausnahmsweise* gewichtigere Belange zurücktreten […]."); Hervorh. jeweils hinzugef. Ebenso die 3. Aufl., S. 356 f.
[76] *Teifke*, Das Prinzip Menschenwürde.
[77] Ibid., S. 9–32.
[78] Ibid., S. 33–91.
[79] Ibid., S. 153–168.
[80] Ibid., S. 101–149.
[81] Ibid., S. 101.
[82] Ibid., S. 119. Teifke hält allerdings fest, dass auch die Konstruktion als (eine einzige)

gel vom Menschenwürde-Prinzip abhängig ist und daher „keine eigenständige Bedeutung" besitzt.[83] Er bekräftigt auch die Exklusivitätsthese[84] Alexys: „Die *abwägungsfreie Erkenntnis* der Grenzen eines Rechts oder des Kernbereichs eines Grundrechts ist ,*Grundrechtsintuitionismus*'".[85] Ebenso schließt er sich der epistemischen Kernpositionsthese an: Der „[t]rotz der rechtstheoretisch ausgeschlossenen absoluten Geltung" bestehende „Eindruck der Absolutheit der Menschenwürde" – ihre „[*s*]*cheinbare Absolutheit*" – resultiert lediglich daraus, dass „es ,eine umfangreiche Gruppe von Vorrangbedingungen gibt, bei denen ein sehr hohes Maß an Sicherheit darüber besteht, daß unter ihnen das Prinzip der Menschenwürde gegenläufigen Prinzipien vorgeht'".[86] Auch wenn „[u]nter Bezug auf normale Umstände" von einem absoluten Schutz gesprochen werden kann, schütze die These von der Absolutheit „nicht davor, daß unter extremsten Umständen das Prinzip der Menschenwürde zurückgedrängt werden kann."[87]

Die Gewichtsformel Alexys[88] „verdeutlicht", wie Teifke feststellt, „daß es einen absoluten Vorrang" des Menschenwürdeprinzips in Kollisionen „nicht geben kann":[89] „Trotz des hohen abstrakten Gewichts der Menschenwürde bleibt die Möglichkeit bestehen, daß in einem extremen Fall die Wichtigkeit eines gegenläufigen Prinzips größer ist als die Wichtigkeit der Menschenwürde."[90] Es könne von einem „abstrakten prima facie-Vorrang der Menschenwürde" gesprochen werden, der von einer „Argumentationslastregel zu ihren Gunsten" verstärkt werde.[91] Diese Argumentationslastregel negiere „aber nicht die Notwendigkeit, *im konkreten Fall* die Vorrangbedingungen jeweils festzulegen".[92] Teifke stellt ausdrücklich fest, dies betreffe „auch die vieldiskutierten Fälle der sogenannten Rettungsfolter und des Abschusses eines entführten Passagierflugzeuges".[93] Bis hierhin scheint Teifke also ganz auf den Spuren der Alexyschen Prinzipientheorie zu bleiben.

Grundrechtsnorm mit Doppelcharakter „nach der Prinzipientheorie eine plausible und konsequente Konstruktion" wäre (ibid.). Dem ist insoweit zuzustimmen, als die beiden Konstruktionsformen inhaltlich identisch sind; siehe dazu, aber auch zur Unvereinbarkeit der Doppelcharakter-Normen mit der normstrukturellen Trennungsthese oben S. 71 ff.
[83] Ibid., S. 119.
[84] S. oben S. 58 ff.
[85] *Teifke*, Das Prinzip Menschenwürde, S. 118, unter Verweis auf *Alexy*, Grundrechtsnorm und Grundrecht, in: Krawietz (Hrsg.), Politische Herrschaftsstrukturen und neuer Konstitutionalismus, S. 101 (108); Hervorh. geändert.
[86] *Teifke*, Das Prinzip Menschenwürde, S. 124, unter Verweis auf *Alexy*, Theorie der Grundrechte, S. 95; Hervorh. hinzugef.
[87] *Teifke*, Das Prinzip Menschenwürde, S. 124 f.
[88] S. oben S. 39 ff.
[89] *Teifke*, Das Prinzip Menschenwürde, S. 127.
[90] Ibid., S. 127.
[91] Ibid., S. 127 (Hervorh. weggelassen).
[92] Ibid., S. 127.
[93] Ibid., S. 127

Auf der anderen Seite verunklart sich auch bei Teifke das Bild durch gegenläufige Aussagen. In den Ausführungen, mit denen er beansprucht, die Folgerungen aus den theoretischen Prämissen für das Folterverbot und den Abschuss eines entführten Passagierflugzeugs konkreter auszubuchstabieren,[94] wirkt es auch bei Teifke zumindest teilweise so, als wolle er entgegen Alexys Vorgaben einen „auf bestimmte Umstände relativierte[n] absolute[n] Vorrang"[95] anerkennen.

So schließt er sich in der Frage des Flugzeugabschusses Borowskis Position an, dass sich der Abschuss wegen der verbleibenden empirischen Unsicherheiten nach dem zweiten Abwägungsgesetz Alexys *„praktisch nicht rechtfertigen"* lasse.[96] Wie bereits festgestellt, läuft dies allerdings dem Alexyschen Verständnis des Abwägungsgesetzes (und der Gewichtsformel) zuwider. Auch empirische Unsicherheiten können nach Alexy stets nur zu scheinbar absoluten Rechtspositionen führen.[97] Teifke scheint an dieser Stelle freilich davon auszugehen, dass er keinen absoluten Schutz annimmt, weil ein auf bestimmte Konstellationen begrenzter absoluter Schutz kein absoluter Schutz sei. Er verweist nämlich darauf, dass das Abschussverbot vom Bundesverfassungsgericht nur für Angriffe nichtkriegerischer Art festgestellt worden sei,[98] weshalb es „letzten Endes" doch „nicht absolut" gelte. Abgesehen davon, dass das Bundesverfassungsgericht offen gelassen hat, was bei Angriffen kriegerischer Art gilt, ist jedoch auch ein Abschussverbot, das nur für nichtkriegerische Angriffe gilt, ein *für diese Angriffe* absolut geltendes Verbot. Wird das Merkmal „nichtkriegerisch" nicht selbst im Sinne eines abwägungsbezogenen Ergebnisbegriffes verstanden, wovon Teifke (zu Recht) nicht auszugehen scheint, dann gilt auch bei einem solchen Verbot ein auf bestimmte Konstellationen begrenzter absoluter Vorrang – der von Alexy nicht akzeptiert wird und ohne Aufgabe der Exklusivitätsthese auch nicht akzeptiert werden kann.

Eine Zustimmung zum Luftsicherheitsgesetz-Urteil des Bundesverfassungsgerichts[99] ist, mit anderen Worten, entgegen Teifke und Borowski nur um den Preis der Aufgabe zentraler Prämissen Alexys zu haben. Wo Teifke sich angesichts dieses Dilemmas verortet, bleibt letztlich unklar, wobei der Untertitel seiner Arbeit nahelegt, dass er sich im Zweifel für die ‚Abwägungsfähigkeit' der Menschenwürde im Sinne Alexys entscheiden würde. Raum dafür lässt, wie bei Borowski, die Formulierung, die erhöhten Rechtfertigungs-

---

[94] Ibid., S. 128–139.
[95] *Alexy*, Theorie der Grundrechte, S. 329; s. zur Ablehnung eines solchen Vorrangs durch Alexy näher oben S. 122 ff., 141 (bei Fn. 68).
[96] *Teifke*, Das Prinzip Menschenwürde, S. 132; Hervorh. hinzugef.
[97] Siehe oben S. 139 ff., bes. 141 (bei und mit Fn. 70), sowie die Nw. zu Alexys Position in oben S. 50 f. (Fn. 6).
[98] Vgl. BVerfGE 115, 118 (157).
[99] BVerfGE 115, 118 (153 ff.) – *Luftsicherheitsgesetz* (2006).

VII. Exklusivitäts- und Kernpositionsthese bei anderen Prinzipientheoretikern

anforderungen für den Flugzeugabschuss seien „*kaum*"[100] (im Gegensatz zu: nicht) erfüllbar.

Bei seinen Stellungnahmen zum Folterverbot wirkt Teifke auf ähnliche Weise hin- und hergerissen zwischen der Treue zu Alexys Axiomen und der Einschätzung, dass dieses Verbot im Ergebnis doch ausnahmslos gelte. Wie beim Luftsicherheitsgesetz verweist er zunächst auf die *empirischen* Unsicherheiten, die nach dem zweten Alexyschen Abwägungsgesetz die Rechtfertigungsanforderungen erhöhen. Aufgrund der vielen verbleibenden empirischen Unsicherheiten in realen Fällen sowie deshalb, weil die durch Folter gewonnenen Informationen „regelmäßig unzuverlässig" seien, müsse „die Rechtfertigung der Folter am zweiten Abwägungsgesetz *scheitern*".[101] Teifke bezeichnet die Folter zudem auch als „*bereits aus normativen Gründen* verfassungsrechtlich verboten".[102] Er verweist insoweit darauf, dass staatliche Folter intensiver in die Menschenwürde eingreife als private, sowie darauf, dass „das absolute Folterverbot das *Ergebnis einer Abwägung*" sei, „die bereits der Verfassungsgeber vorgenommen habe".[103] Der Kollisionsfall sei bereits durch das Misshandlungsverbot aus Art. 104 Abs. 1 S. 2 GG „verfassungsrechtlich vorentschieden".[104]

Das sieht für sich betrachtet zunächst nach einer klaren Stellungnahme zugunsten einer Absolutheit des Folterverbotes aus. Teifke weicht diese Position jedoch sogleich wieder auf. Obwohl er wiederholt, dass „die Frage, ob Folter im Extremfall erlaubt sein soll, bereits auf Verfassungsebene durch eine Abwägung vorentschieden" sei, und zudem nochmals von dem „absolute[n] Folterverbot als Ergebnis einer Abwägung" spricht,[105] ist diese Absolutheit dann wohl doch keine so ganz absolute Absolutheit, denn, so Teifke, es „sind nicht nur angesichts des Ticking-bomb-Szenarios Fälle denkbar, in denen die Menschenwürde trotz ihres überragend hohen Gewichts zurücktreten müßte, wenn andernfalls die Beseitigung des Gemeinwesens und die Vernichtung der staatlichen Rechts- und Freiheitsordnung drohen".[106]

Wie sich dies mit der vorangehenden Aussage vertragen soll, dass „das absolute Folterverbot das Ergebnis einer Abwägung ist, die bereits der Verfassungsgeber vorgenommen hat",[107] erläutert Teifke nicht. Vielleicht liegt es daran, dass

---

[100] *Teifke*, Das Prinzip Menschenwürde, S. 132; Hervorh. hinzugef.
[101] Ibid., S. 137; Hervorh. hinzugef.
[102] Ibid., S. 137; Hervorh. hinzugef., unter Verweis auf *Hong*, Das grundgesetzliche Folterverbot und der Menschenwürdegehalt der Grundrechte, in: Beestermöller/Brunkhorst (Hrsg.), Rückkehr der Folter, S. 24 (34).
[103] *Teifke*, Das Prinzip Menschenwürde, S. 138; Hervorh. hinzugef.
[104] Ibid., S. 138.
[105] Ibid., S. 139.
[106] Ibid., S. 139.
[107] Ibid., S. 138.

Teifke das Spannungsverhältnis zu den Vorgaben Alexys erspürt, kann doch das Ergebnis einer Abwägung von Prinzipien im Sinne Alexys, wie gesehen,[108] keinesfalls ein absolut geschütztes Recht sein, sondern immer nur ein weiterhin abwägungsabhängiges Recht. Wenn als ‚Ergebnis einer Abwägung' ein absolut geschütztes Recht anerkannt werden soll, kann diese ‚Abwägung' also keine Alexysche Prinzipienabwägung mehr gewesen sein. Von dem Verständnis der Prinzipienabwägung im Sinne Alexys sagt sich aber auch die Arbeit Teifkes gerade nicht los.

4. Matthias Klatt und Moritz Meister

Gewisse Absetzbewegungen von den Konsequenzen der Alexyschen Theorie für absolut geschützte Rechte lassen sich auch in Veröffentlichungen von Matthias Klatt zusammen mit Moritz Meister und Johannes Schmidt beobachten. So gehen Klatt und Meister in einem Beitrag zum Verhältnismäßigkeitsprinzip von 2012 davon aus, dass „im Rahmen der Abwägung stets *ein absolutes Minimum* an Schutz garantiert werden" könne.[109] Weil mit der steigenden Intensität des Eingriffs Grundrechte überproportional an Stärke gewönnen, könnten „[s]ehr intensive Eingriffe [...] nur schwer *bis gar nicht* dadurch gerechtfertigt werden, dass das Gewicht der rechtfertigenden Gründe stetig erhöht wird".[110] Dies könne mit dem Gesetz des abnehmenden Grenznutzens erklärt werden, dessentwegen, es „[u]nter bestimmten Bedingungen [...] in sehr hohem Maße sicher" sei, „dass kein entgegenstehendes Prinzip definitiven Vorrang gegenüber dem Grundrecht erhalten" werde.[111] Diese Bedingungen machten den Wesensgehalt des Grundrechts aus.[112]

Klatt und Meister deuten also das Gesetz der abnehmenden Substitutionsgrenzrate und die Alexysche Kernpositionsthese offenbar so, als ließen sich aus diesen absolut geschützte Rechte gewinnen. Allerdings stellen sie trotz der im Haupttext enthaltenen Beteuerung eines „absoluten Minimum[s]"[113] an Schutz in einer Fußnote fest, es handele sich hierbei „um eine relative Theorie zum Wesensgehalt".[114] Sollte der Haupttext entscheidend und gleichwohl eine Stellungnahme zugunsten einer absoluten Theorie gemeint sein, so wäre dies, wie

---

[108] S. oben S. 159 ff.
[109] *Klatt/Meister*, Verhältnismäßigkeit als universelles Verfassungsprinzip, in: Der Staat 51 (2012), S. 159 (168).
[110] Ibid., S. 159 (168), unter Verweis (ibid., Fn. 50) auf *dies.*, The Constitutional Structure of Proportionality, Kap. 3; Hervorh. hinzugef.
[111] *Klatt/Meister*, Verhältnismäßigkeit als universelles Verfassungsprinzip, in: Der Staat 51 (2012), S. 159 (168).
[112] Ibid., S. 159 (168 f.).
[113] Ibid., S. 159 (168).
[114] Ibid., S. 159 (168 Fn. 48).

VII. Exklusivitäts- und Kernpositionsthese bei anderen Prinzipientheoretikern 147

gesehen, zwar durchaus mit dem Gesetz der abnehmenden Grenzrate der Substitution vereinbar[115] – nicht aber mit Alexys Kernpositionsthese. Der Kernbereich würde, so gedeutet, die Alexysche Unschärfe verlieren und die dauerhafte Kollisionsmöglichkeit, die Alexy als konstitutiv für Prinzipien ansieht, müsste dann abgelehnt werden.

5. Matthias Klatt und Johannes Schmidt

Dass Klatt sich womöglich tatsächlich aus dem System der Alexyschen Axiome herausbewegt, legt auch ein von ihm gemeinsam mit Johannes Schmidt verfasster Aufsatz von 2012 nahe. Er befasst sich mit epistemischen Spielräumen im Verfassungsrecht, die aus empirischer oder normativer Ungewissheit resultieren.[116] Die beiden Autoren kritisieren darin Alexys Rekonstruktion gesetzgeberischer Spielräume. Alexy versteht solche Spielräume als Resultat einer Kollision zwischen formellen und materiellen Prinzipien. Klatt und Schmidt argumentieren jedoch, Alexy behandele die Kompetenzverteilung zwischen Gesetzgeber und Verfassungsgericht in Wahrheit nicht als *Prinzip*, sondern wende eine aus Art. 20 Abs. 3 GG folgende *Regel* an, nach der das Bundesverfassungsgericht Entscheidungen zu respektieren habe, die der Gesetzgeber im Spielraumbereich getroffen habe.[117] Sie treten, darin unter anderem von der Kritik Jestaedts an Alexys Modell angeregt,[118] für ein Zwei-Ebenen-Modell ein, das die Ebenen der materiellen Abwägung und der Kompetenzzuweisung der gerichtlichen Kontrolle strikt voneinander trennt.[119] Die Frage der Reichweite der gerichtlichen Kontrolle sehen sie zwar nicht als eine Alles-oder-Nichts-An-

---

[115] Dazu s. oben S. 41 ff.
[116] *Klatt/Schmidt*, Epistemic Discretion in Constitutional Law, in: Int'l J. Const. L. 10 (2012), S. 69 (85 ff.).
[117] Ibid., S. 69 (98 f.) („The competency of the legislature vis-à-vis the Constitutional Court is not used as a principle, but as a rule. This rule simply says that the legislature, rather than the Constitutional Court, has the competency to decide within the scope of an epistemic discretion. [...] This consideration is also true of structural discretion. [...] The issue of the distribution of competency is solved by means of a mere rule, as opposed to a balancing of principles.").
[118] Vgl. ibid., S. 69 (95 ff.), unter Verweis unter anderem auf *Matthias Jestaedt*, Grundrechtsentfaltung im Gesetz – Studien zur Interdependenz von Grundrechtsdogmatik und Rechtsgewinnungstheorie, 1999, S. 222 ff. Klatt und Schmidt halten Jestaedts Kritik im Ergebnis für unzutreffend; sie lenke aber die Aufmerksamkeit auf einen wichtigen Punkt, nämlich auf die erforderliche Trennung zwischen formellen und materiellen Prinzipien (ibid., S. 97: „It follows that Jestaedt's critique is, as a result, unconvincing, but draws our attention to an important point. We have here an indication as to the effect that the balancing of material principles, including epistemic uncertainties, and formal principles, competencies, and judicial review are to be strictly separated.").
[119] *Klatt/Schmidt*, Epistemic Discretion in Constitutional Law, in: Int'l J. Const. L. 10 (2012), S. 69 (99 ff.).

gelegenheit an; eine Graduierung sei insoweit ebenso möglich.[120] Entscheidend sei jedoch die klare Trennung der Ebenen, durch die epistemische Spielräume ohne ein problematisches Abwägen zwischen formellen und materiellen Prinzipien und ohne Beeinträchtigung der materiellen Verhältnismäßigkeitsprüfung erklärt werden könnten.[121]

Beide Punkte weichen vom Alexyschen Konzept ab. Das gilt erstens für die Annahme einer aus Art. 20 Abs. 3 GG folgenden Regel der alleinigen Kompetenz des Gesetzgebers, die Klatt und Schmidt offenbar als eine strikte, alle Abwägungen gegen materielle Prinzipien ausschließende Regel verstehen. Denn nach Alexy müsste die Striktheit auch einer solchen Regel, wie diejenige aller Regeln, in Zweifelsfällen wiederum eine Frage der Prinzipienabwägung sein.[122] Die gewünschte Abschottung lässt sich also gerade nicht im Rahmen von Alexys Modell gewährleisten.

Dies lässt sich, zweitens verallgemeinern und auch auf die von Klatt und Meister angenommene Inkommensurabilität[123] formeller und materieller Prinzipien insgesamt erstrecken. Nach Alexy muss ein Prinzip immer dann in eine Abwägung einstellbar sein, „wenn es zu Recht für oder gegen eine grundrechtliche Entscheidung angeführt werden kann".[124] Mit der Unschärfe-Annahme verbunden hat die enge Verknüpfung zwischen Prinzipiennormen und Gründen zur Folge, dass es nach Alexys Modell per se nicht möglich sein kann, prima facie relevante Gründe irgendeiner Art aus der grundrechtlichen Abwägung strikt herauszuhalten. Eine strikte Trennung zwischen materiellen und formellen Prinzipien lässt sich daher innerhalb von Alexys Modell nicht rechtfertigen. Sie bedeutet einen Schritt aus seiner Unschärfe-Annahme heraus.

6. Nils Jansen

Am weitesten von der Exklusivitätsthese entfernt hat sich bislang aus den engeren Kreisen um Alexy wohl Nils Jansen. Ein vorsichtiger Versuch, die Annahme, dass „ein Grundrecht in seinem innersten Kernbereich jedes möglicherweise kollidierende Prinzip überwiegt", in die Prinzipientheorie einzuführen,

---

[120] Ibid., S. 69 (101) („a gradation is also possible").

[121] Ibid., S. 69 (101, 103) („no longer necessary to rest on a problematic balancing between formal and material principles in order to understand epistemic discretion"; „The decisive point of our model is that the adjustment to different relations of control can be done independently of the level of balancing.").

[122] Zum Ausschluss von Prinzienabwägungen durch strikte Regeln nach Alexy s. oben S. 68 ff.

[123] Vgl. *Klatt/Schmidt*, Epistemic Discretion in Constitutional Law, in: Int'l J. Const. L. 10 (2012), S. 69 (97) („This consideration confirms the argument of incommensurability of formal and material principles.").

[124] *Alexy*, Theorie der Grundrechte, S. 117; s. oben S. 43 (bei Fn. 164).

verblieb freilich im Bereich der Andeutungen.[125] Stattdessen hat Jansen das Alexysche Abwägungsmodell und damit auch die mit ihm verbundene Relativität von Rechten bekräftigt. Er hat jedoch, anders als andere Prinzipientheoretiker, den normativen Charakter einer solchen Stellungnahme ausdrücklich anerkannt, und versucht, die Abwägung als aus normativen Gründen überlegen zu rechtfertigen.

Die Abwägung steht, so Jansen, „auf normativen Füßen; sie ist mehr als nur ein Ausdruck rationalen Entscheidens und Argumentierens und bedarf folglich einer normativen Begründung".[126] Einen „Ausdruck allgemeiner Denkgesetze" oder einen „universellen Rationalitätsstandard" könne die Abwägung nur dann bilden, „wenn *gegenläufige Gründe notwendigerweise eine Prinzipienstruktur haben müss[t]en*".[127] Die *„These der Abwägung als einziger Form rationalen Ausgleichs"* sei hingegen „widerlegt, wenn sich auch nur eine einzige rationale Alternative plausibel machen" lasse.[128] Jansen geht davon aus, dass es derartige, solche ebenfalls rationale Alternativen zur Abwägung gibt. Er erörtert drei: existenzielles Entscheiden, private Verhandlungen und das ökonomische Kriterium der Nutzeneffizienz, und verweist zudem darauf, dass sich die „Untersuchung fortsetzen" ließe.[129]

Zur Alternative des existenziellen Entscheidens führt Jansen aus, eine staatliche Gemeinschaft könne „ihre existenziellen normativen Grundüberzeugungen aus guten Gründen" als nicht auf Abwägungen reduzierbare Entscheidungen „festschreiben".[130] Ein Beispiel bilde „die Objekt-Formel der Menschenwürde und des kategorischen Imperativs", die – soweit sie reiche – „Abwägungen kategorisch verbiet[e]"; vieles spreche „ja auch für ein kategorisches Folterverbot".[131] Selbstverständlich könne man „streiten, ob derartige Festlegungen wohlbegründet und allgemein akzeptabel" seien; „[s]trukturell unvernünftig" seien sie „indes nicht".[132]

Jansen spricht zwar unter Verweis auf John Rawls als „bekannteste[s] neuere[s] Beispiel" von der „dezisionistischen Festsetzung eines absoluten, ‚lexika-

---

[125] *Jansen*, Die Abwägung von Grundrechten, in: Der Staat 36 (1997), S. 27 (52 f.) („Ergebnis der Abwägung von Verfassungs wegen vorgeschrieben"; „exakte Grenzziehung zwischen […] absolut geschützten Fällen und […] lediglich indirekt beeinflussten" unmöglich; einige „eindeutig bestimmte[ ] Fälle"; „weder als relativ noch als absolut zu bezeichnende Konzeption").
[126] *Ders.*, Die normativen Grundlagen rationalen Abwägens im Recht, in: Sieckmann (Hrsg.), Die Prinzipientheorie der Grundrechte, S. 39 (52).
[127] *Ders.*, ibid., S. 39 (46 f.); Hervorh. hinzugef.
[128] *Ders.*, ibid., S. 39 (46); Hervorh. hinzugef.
[129] *Ders.*, ibid., S. 39 (52).
[130] *Ders.*, ibid., S. 39 (49).
[131] *Ders.*, ibid., S. 39 (49).
[132] *Ders.*, ibid., S. 39 (49).

lischen' Vorrangs"[133] politischer Freiheiten – womit er allerdings Rawls Unrecht tun dürfte, der sich insoweit keineswegs auf Dezision, sondern auf die Begründung durch ein „Überlegungsgleichgewicht"[134] stützt. Jansen geht jedoch gleichwohl davon aus, dass derartige existenzialistische Entscheidungen „nicht von vornherein als irrational gelten" könnten.[135]

Was die normative Berechtigung solcher Festlegungen betrifft, gesteht Jansen zu, dass „gegen ein solches politisches Ideal" als „Ausdruck einer existenziellen Entscheidung, wie ein Mensch oder eine Gesellschaft sich verstehen will", zumindest insoweit „nichts einzuwenden" sei, als es darum gehe, es sich „persönlich zu eigen" zu machen.[136] Für die politische Struktur einer Gesellschaft lehnt Jansen es jedoch ab und erachtet die Abwägung als normativ überlegen: „In einer liberalen Gesellschaft, die von der Tatsache des vernünftigen Pluralismus ausgeht, divergierende Weltanschauungen und individuelle Lebensentwürfe also als gleichermaßen berechtigt anerkennt", seien wirtschaftliche Effizienz sowie „erst recht" existenzielle Entscheidungen, „soweit diese homogene politische Ideale voraussetzen", als Entscheidungskriterium „nicht akzeptabel".[137] Das Abwägungsgebot stehe „für einen liberalen Verzicht auf substantielle normative Kriterien und homogene politische Ideale zur Entscheidung zwischen gegenläufigen Rechtsansprüchen" und erweise sich so „als ein Ausdruck fundamentaler normativer Überzeugungen".[138] In einer freiheitlichen Rechtsordnung spreche deshalb „eine Vermutung dafür", dass „kollidierende normative Ansprüche im Wege der Abwägung auszugleichen" seien.[139]

VIII. Fazit

Das Fazit lautet, dass die Kernpositionsthese und die Exklusivitätsthese Alexys zurückzuweisen sind. Alexys Argumentation geht zwar von einem zutreffenden Ausgangspunkt aus, nämlich von der Annahme, dass auch die Behauptung der Abwägungsfestigkeit einer Norm unter Irrtumsvorbehalt steht, sich also dem Austausch von Grund und Gegengrund stellen muss, wenn an ihr Zweifel auftauchen.

---

[133] *Ders.*, ibid., S. 39 (48).
[134] Dazu näher *Hong*, Der Menschenwürdegehalt der Grundrechte, 1. Kap., VIII.6.
[135] *Jansen*, Die normativen Grundlagen rationalen Abwägens im Recht, in: Sieckmann (Hrsg.), Die Prinzipientheorie der Grundrechte, S. 39 (49).
[136] *Ders.*, ibid., S. 39 (48 f.).
[137] *Ders.*, ibid., S. 39 (53).
[138] *Ders.*, ibid., S. 39 (55).
[139] *Ders.*, ibid., S. 39 (55 f.).

Alexy setzt jedoch zu Unrecht das Abwägen der Gründe für oder gegen die Abwägungsfestigkeit einer Norm mit der Abwägung von Prinzipien in seinem Sinne gleich. Wer ein Recht für abwägungsfest hält, schließt die Existenz von Ausnahmefällen, in denen solche Zweifel begründet sind, zwar nicht mit absoluter Gewissheit, wohl aber mit hinreichender Gewissheit aus. Er legt sich epistemisch auf das Bestehen einer solchen hinreichenden Sicherheit fest. Schon das Eintreten in eine Prüfung, ob im Einzelfall doch Ausnahmen anzuerkennen sind, erfolgt dann nicht, wie im Falle Alexyscher Prinzipien, im Rahmen der regulären Anwendung der als geltend behaupteten Norm (Distinguishing), sondern bedeutet, dass erwogen wird, die bisherige Normbehauptung der absoluten Geltung aufzugeben (Overruling).

Die These, dass es gerechtfertigt sei, die Behauptung der Abwägungsfestigkeit aufzustellen, ist als These der inhaltlichen Einzelfallinvarianz einer Norm ein eigenständiger Begründungsgegenstand. Dieser Begründungsgegenstand liegt gewissermaßen im toten Winkel der Alexyschen Prinzipientheorie: Weil Prinzipien schon definitionsgemäß inhaltlich die Alexysche Unschärfe aufweisen,[140] kann die Frage, ob ein Recht eine solche Unschärfe aufweist, im Rahmen einer Prinzipienabwägung gar nicht gestellt werden. Sie würde deren Prämissen infrage stellen.

Der Prinzipientheorie fehlt folglich paradoxerweise eine wesentliche Ebene der Abwägung, nämlich diejenige, auf der sich die Gründe dafür und dagegen wägen lassen, dass ein Argument oder eine Norm sich unter bestimmten Bedingungen abwägungsfest durchsetzt oder nicht.[141] Alexys Kernpositionsthese geht stattdessen davon aus, dass es abwägungsfeste Argumente oder Normen schon deshalb nicht geben kann, weil selbst bei noch so hoher Gewissheit über die ausnahmslose Geltung einer Norm Zweifel nie absolut auszuschließen sind. Indem sie für absolut geschützte Normen nicht hinreichende Gewissheit ausreichen lässt, sondern absolute Gewissheit verlangt, verschiebt sie die Begründungsanforderungen für solche Normen ins Unerreichbare, gleichsam nach der Maxime: „in dubio pro exceptionem".

Für eine solche Verschiebung der Argumentationslast gegenüber den gewöhnlichen Maßstäben sind jedoch weder normstrukturelle noch begründungstheoretische Gründe ersichtlich. Die Frage, wie weit Grundrechtsnor-

---

[140] S. oben S. 50 ff.
[141] Vgl. auch die Einwände bei *Mattias Kumm*, Political Liberalism and the Structure of Rights – On the Place and Limits of the Proportionality Requirement, in: Georg Pavlakos (Hrsg.), Law, Rights and Discourse – The Legal Philosophy of Robert Alexy, 2007, S. 131 ff., und deren Weiterentwicklung in *Kumm/Walen*, Human Dignity and Proportionality: Deontic Pluralism in Balancing, in: Huscroft/Miller/Webber, Grégoire C. N. (Hrsg.), Proportionality and the Rule of Law, S. 67 ff., bes. 75 („What was misguided, however, was the claim that questions concerning the moral significance of the means-ends relationship cannot be taken into account when balancing. It can be.").

men für eine Abwägung im Einzelfall offen stehen, ist deshalb, wie Poscher zu Recht festgestellt hat,[142] „keine Frage der Rechtslogik oder der Methodologie", die „von den luftigen Höhen der Rechtstheorie aus" entschieden werden könnte, sondern eine dogmatische Frage, über die „Grundrecht für Grundrecht" gestritten werden muss.[143]

---

[142] Zu Poschers Position im Übrigen näher oben S. 81 ff., 100 ff.
[143] *Poscher*, Einsichten, Irrtümer und Selbstmissverständnis der Prinzipientheorie, in: Sieckmann (Hrsg.), Die Prinzipientheorie der Grundrechte, S. 69 (79); s. auch *ders.*, Theorie eines Phantoms, in: Rechtswissenschaft 1 (2010), S. 349 (369 f., 372). Siehe bereits oben S. 11 (Fn. 37). Ausdrücklich nicht beigetreten wird hier allerdings dem Verdacht Poschers, die Prinzipientheorie versuche gleichsam gezielt, die reguläre dogmatische Auseinandersetzung zu umgehen, indem sie eine, „theoretisch ansetzende, aber *letztlich auf konkrete Dogmatik zielende Argumentationsstrategie*" verfolge (*ders.*, Theorie eines Phantoms, in: Rechtswissenschaft 1 (2010), S. 349 [S. 368–370]; Hervorh. hinzugef.). Dieser – schwerwiegende – Vorwurf lässt außer Acht, dass die normstrukturelle Argumentation aus Sicht der Prinzipientheorie mit dem *begründungstheoretischen* Argument der Exklusivitätsthese verknüpft ist, wonach gerade allein die Prinzipienabwägung den höchstmöglichen Grad an Rationalität in der grundrechtlichen Argumentation gewährleistet. Alexy und etliche seiner Anhänger vertreten dies derart offensiv (s. dazu oben S. 58 ff., 137 ff.), dass es unplausibel erscheint, dies nicht beim Wort zu nehmen und stattdessen andere Motive zu unterstellen. Weitaus wahrscheinlicher erscheint doch, dass Alexy schlicht und einfach von der Richtigkeit seiner begründungstheoretischen Argumentation überzeugt ist.

7. Kapitel

Von Alexys Prinzipien zu Grundsatznormen – Kristallisation abwägungsfester Normen in der Abwägung der Gründe

Die Frage, ob und gegebenenfalls wie sich die Abwägung zu „den üblichen juristischen Argumenten"[1] verhält, nach denen deshalb über die Geltung absolut geschützter Rechte zu entscheiden ist, hat sich damit allerdings keineswegs erledigt. Ein Konzept der Begründung abwägungsfester Norminhalte tut not, das einerseits dem berechtigten Anliegen der Prinzipientheorie Rechnung trägt, die Immunisierung juristischer Behauptungen gegen Gegengründe zu verhindern, das andererseits aber auch die Immunisierung der Prinzipientheorie gegenüber abwägungsfesten Norminhalten aufbricht.

Der Weg zu einer solchen Lösung ist an sich einfach, die Folgen für Alexys Modell sind allerdings erheblich: Die inhaltliche Festlegung auf die Alexysche Unschärfe muss aufgeben werden. Das Abwägungsmodell muss um die Abwägung der Gründe für und gegen die Einzelfallinvarianz einer Norm ergänzt werden, die im Prinzipienmodell Alexys keinen Raum findet. In der so fortentwickelten Abwägung der Gründe können abwägungsfeste Norminhalte aushärten oder auskristallisieren[2] – so denn die Gründe für ihre Abwägungsfestigkeit die Gegengründe überwiegen. Die Kristallisation abwägungsfester Normgehalte in der allgemeinen Abwägung der Gründe bildet, so die These der nachfolgenden Ausführungen, das bislang fehlende Verbindungsstück in der Debatte um die Alexysche Prinzipientheorie, den „missing link" für zumindest denkbare Brückenschläge zwischen den Fronten der Abwägungsgegner und der Prinzipientheorie Alexys.

---

[1] *Poscher*, Einsichten, Irrtümer und Selbstmissverständnis der Prinzipientheorie, in: Sieckmann (Hrsg.), Die Prinzipientheorie der Grundrechte, S. 69 (79).

[2] Zu „kristallisierte[n] Güterabwägungen" s. auch *Schefer*, Die Kerngehalte von Grundrechten, S. 74–93; zur Relativierung der Absolutheit bei Schefer aber auch *Hong*, Todesstrafenverbot und Folterverbot, 2. Kap., I.3.e). Siehe auch bereits oben S. 7 (Fn. 28).

I. Aufspaltung der Prinzipientheorie

Versucht man, den notwendigen Raum für die Möglichkeit abwägungsfester Normen zu schaffen, zerfällt die bisherige Alexysche Theorie in zwei Teile, die voneinander unabhängig fortbestehen.

Als anwendungsbezogene Theorie bleibt die Prinzipientheorie im Wesentlichen unverändert anwendbar, allerdings nur, soweit es sich um Normen handelt, die inhaltlich tatsächlich die besondere Alexysche Unschärfe aufweisen. Dieser anwendungsbezogene Teil der Theorie hat zwar die praktische Bedeutung, nicht aber die umfassende inhaltliche Reichweite, die Alexy der Prinzipientheorie beimisst.

Das andere Spaltprodukt ist der begründungstheoretische Teil der Prinzipientheorie, die Theorie der Abwägung juristischer Gründe. Sie behält zwar als generelle Begründungstheorie für alle juristischen Begründungen Geltung. Weil sie aber um die Möglichkeit der Begründung abwägungsfester Normen ergänzt werden muss, verliert sie überall dort, wo sich solche Normen begründen lassen, ihre unmittelbar anwendungsleitende Funktion. Dieser Teil der Theorie hat zwar die umfassende inhaltliche Reichweite, nicht aber die unmittelbar anwendungsbezogene Bedeutung, die Alexy seiner Prinzipientheorie zuspricht.

1. Der fortbestehende genuine Anwendungsbereich der Prinzipientheorie

Die Alexysche Prinzipientheorie behält zunächst ihr ureigenes Anwendungsfeld dort, wo Normen inhaltlich die spezifische Alexysche Unschärfe aufweisen. Die Kernelemente der Alexyschen Theorie, das Kollisionsgesetz, die beiden Abwägungsgesetze sowie die Gewichtsformel bleiben dort in der Form anwendbar, die Alexy ihnen zugedacht hat, also *einschließlich* der von ihm implizit mit ihnen verbundenen Unschärfebedingungen. Allerdings kann die inhaltliche Unschärfe, die Normen als Prinzipien qualifiziert, nicht allgemein als gegeben vorausgesetzt, sondern muss für die jeweilige Norm durch juristische Argumente nachgewiesen werden.

2. Grundsatznorm: Oberbegriff für abwägungsfeste Normen, Alexysche Prinzipien und Kombinationen beider

Aber auch für Normen mit abwägungsfestem Inhalt bleiben zentrale Aussagen der Alexyschen Prinzipientheorie zutreffend. Dazu müssen sie freilich entgegen Alexy von der inhaltlichen Unschärfeannahme abgelöst werden.

Alexy hebt den abwägenden, gewichtenden Charakter aller juristischen Argumentation in Zweifelsfragen vollkommen zu Recht hervor. Mag es sich bei der Erkenntnis, dass „juristische Argumente gegeneinander abgewogen werden müssen", auch um eine „Banalität" handeln:[3] Alexy hat für die analytische Durchdringung, Formalisierung und Systematisierung dieses einfachen Grundgedankens, insbesondere durch das Kollisionsgesetz und seine beiden Abwägungsgesetze,[4] Unersetzliches geleistet. Die drei Gesetze formulieren zutreffende allgemeine Einsichten in die Struktur der juristischen Argumentation. Das ist in einem derart streitigen Bereich wie dem der juristischen Methodenlehre keine Kleinigkeit, sondern ein Erkenntnisgewinn, dessen Gewicht kaum unterschätzt werden kann.

An diesen Einsichten ist deshalb festzuhalten. Allerdings muss die verfehlte Unschärfeannahme Alexys korrigiert und die Möglichkeit der Begründung von Norminhalten vorgesehen werden, die abwägungsfest gelten und deshalb abwägungsfrei anwendbar sind. Soll der plausible Grundgedanke aufrechterhalten werden, dass sich die Abwägung juristischer Gründe als Abwägung von Normen deuten und abbilden lässt,[5] dann bedarf es für solche Normen eines Begriffs, der sowohl Alexysche Prinzipien als auch Normen *ohne* deren spezifische Unschärfe einschließt. Um Alexys Prinzipientheorie für die bunte Vielfalt[6] normativer Maßstäbe zu öffnen, könnte zwar theoretisch auch der Prinzipienbegriff selbst ausgeweitet werden, so dass er sich für abwägungsfeste Norminhalte öffnet.[7] Der Prinzipienbegriff ist jedoch bereits jetzt so umkämpft und die gegenläufigen Definitionen Dworkins und Alexys sind zudem derart verbreitet, dass es sich empfiehlt, auf einen neutraleren Terminus zurückzugreifen.

Als Oberbegriff für abwägungsfeste Normen, Alexysche Prinzipien und Kombinationen beider soll hier der Begriff der Grundsatznorm verwendet werden. Er knüpft an die Bezeichnung der Grundrechte als wertentscheidende Grundsatznormen an, die das Bundesverfassungsgericht in ständiger Rechtsprechung verwendet.[8] Eine Grundsatznorm, oder kurz: ein Grundsatz, kann *entweder* ein Alexysches Prinzip *oder* eine Norm mit ganz oder teilweise ab-

---

[3] Vgl. *Poscher*, Einsichten, Irrtümer und Selbstmissverständnis der Prinzipientheorie, in: Sieckmann (Hrsg.), Die Prinzipientheorie der Grundrechte, S. 69 (79) („Sollte sich die Prinzipientheorie [...] darauf zurückziehen, nie etwas anderes gesagt zu haben, als dass bei der dogmatischen Ausgestaltung der Grundrechte juristische Argumente gegeneinander abgewogen werden müssen, so trüge ein solcher Rückzug zwar der hier geäußerten Kritik Rechnung, grundrechtsdogmatisch wäre dies aber ein Rückzug in die Banalität.").

[4] Ob das auch für die umstrittene Gewichtsformel gilt, mag hier offen bleiben.

[5] Dazu oben S. 85 ff., 97 ff., 130 ff.

[6] *Poscher*, Theorie eines Phantoms, in: Rechtswissenschaft 1 (2010), S. 349 (371) („Die Welt der Prinzipien ist viel reicher und bunter, als die Prinzipientheorie es [...] postuliert.").

[7] Für die Rückkehr zu einem Verständnis des Prinzipienbegriffs eintretend, der weiter gefasst ist als derjenige Alexys: ibid., S. 349 (370–372).

[8] Vgl. nur BVerfGE 6, 55 (71); 23, 127 (134); 30, 173 (188); 35, 79 (111); 39, 1 (47); 77, 170 (214); 93, 85 (95); 118, 45 (69). Vgl. auch *Ernst-Wolfgang Böckenförde*, Grundrechte als Grundsatznormen (1990), in: *ders.*, Staat, Verfassung, Demokratie – Studien zur Verfassungstheorie und zum Verfassungsrecht, 1991, S. 159 ff.

wägungsfestem Inhalt sein. Ein Grundsatz *kann* also einen definitiven Festsetzungsgehalt haben, der über den Festsetzungsgehalt fallbezogener Normen[9] hinausreicht.

Eine Grundsatznorm kann sich insbesondere aus einer abwägungsfesten Norm im Kernbereich und einem durch Abwägungen relativierbaren Optimierungsgebot in dem über den Kernbereich hinausgehenden Bereich zusammensetzen. Kollisionen mit anderen Grundsatznormen können dann in dem potentiell abwägungsunbeständigen Bereich als Prinzipienkollisionen im Sinne Alexys zu entscheiden sein, während die Grundsatznorm in ihrem abwägungsfesten Bereich gegenüber anderen Normen stets Vorrang genießt. Der abwägungsfeste Kerngehalt der Grundsatznorm kann als Ergebnis der Abwägung zwischen der weiterreichenden Norm in ihrem abwägungsunbeständigen Bereich und gegenläufigen Normen dargestellt werden.

So können beispielsweise der Grundsatz der Rechtsstaatlichkeit und der Grundsatz des fairen Verfahrens als dessen Konkretisierung als Normen verstanden werden, die in verschiedenen Kontexten mehr oder weniger weitgehend verwirklicht werden können, die jeweils eine optimale Verwirklichung relativ auf die tatsächlichen und rechtlichen Möglichkeiten verlangen und die mit anderen, gegenläufigen rechtlichen Grundsätzen, etwa dem Grundsatz der Demokratie, kollidieren können. Zugleich könnte es aber Konkretisierungen dieser Grundsätze geben, die ganz oder teilweise abwägungsfest sind. So könnte der Grundsatz des fairen Verfahrens die Mitwirkung einer Richterin oder eines Richters in einem Verfahren dann *kategorisch* ausschließen, wenn der Grad des Anscheins der Befangenheit einen bestimmten Schwellenwert überschreitet, ohne dass die Bestimmung dieses Schwellenwertes von einer Einzelfallabwägung gegen gegenläufige Belange abhängt.[10]

---

[9] S. oben S. 89 ff.

[10] Vgl. etwa, eine intolerable Wahrscheinlichkeit oder ein ernsthaftes Risiko (serious risk) bejahend, wenn eine Partei während eines laufenden Verfahrens einen erheblichen und überproportionalen Einfluss auf die Wahl eines in diesem Verfahren entscheidenden Richters ausübt: U. S. Supreme Court, *Caperton v. Massey*, 556 U. S. 868, 884 (2009). Im konkreten Fall hatte ein Unternehmen den Wahlkampf eines Richterkandidaten, der über die bereits eingelegte Berufung des Unternehmens mitzuentscheiden haben würde, erfolgreich mit 3 Millionen Dollar unterstützt, was die Finanzierungssumme sowohl aller anderen Unterstützer als auch des Kandidaten selbst überstieg. Die Entscheidung des U. S. Supreme Court, die darin einen zwingenden Ausschlussgrund sah, erging mit knappen fünf zu vier Stimmen; das Sondervotum kritisierte die Vagheit des Kriteriums und warnte vor einer Flut von Prozessen. Vgl. dazu auch den auf dem Fall beruhenden Roman „The Appeal" (dt.: „Berufung") von John Grisham (2008).

3. Jenseits der Alexyschen Unschärfe: Kollisionsgesetz, Abwägungsgesetze und Gewichtsformel für Grundsatznormen (ohne Unschärfebedingung und mit Aushärtungsklausel)

Hat man den neutralen Begriff der Grundsatznorm zur Hand, dann kann der Prozess der argumentativen Konkretisierung von Normen durch eine Abwägung von Grund und Gegengrund damit auf ganz parallele Weise beschrieben und analysiert werden, wie bei der Abwägung Alexyscher Prinzipien – jedoch ohne deren inhaltliche Festlegung auf die Unschärfeannahme Alexys.

Bei Grundsatznormen, die im Kernbereich abwägungsfest gelten, im darüber hinausreichenden Bereich aber einen abwägungsunbeständigen Inhalt haben, kann die Präzisierung des Kernbereichs so beschrieben werden, dass dabei Normenkollisionen zwischen der Grundsatznorm in ihrem abwägungsunbeständigen Bereich und dazu gegenläufigen Normen durch „Abwägung" aufgelöst werden. Für solche Kollisionen und Abwägungen gelten dann argumentationstheoretische „Zwillinge" des Alexyschen Kollisionsgesetzes, seiner beiden Abwägungsgesetze und, soweit man diese für ein taugliches Instrument erachtet, auch seiner Gewichtsformel.

Entscheidend ist, dass bei diesen Zwillingsgesetzen und bei der Zwillingsformel die Unschärfebedingungen Alexys wegfallen. Zur Klarstellung tritt an ihre Stelle eine *Aushärtungsklausel*, die ausdrücklich vorsieht, dass Ergebnis der Abwägung auch abwägungsfeste Kerngehalte sein können:

Kollisionsgesetz für Grundsatznormen mit Aushärtungsklausel: Die Bedingungen, unter denen eine Grundsatznorm einer anderen vorgeht, bilden den Tatbestand einer Regel, die die Rechtsfolge des vorgehenden Grundsatzes ausspricht.[11] *Zu diesen Bedingungen muss kein Einzelfallvorbehalt gehören, sondern es kann sich um abschließende Bedingungen handeln, die abwägungsfrei anwendbar sind.*

Erstes Abwägungsgesetz für Grundsätze mit Aushärtungsklausel: Je höher der Grad der Nichterfüllung oder Beeinträchtigung des einen Grundsatzes ist, umso größer muss die Wichtigkeit der Erfüllung des anderen sein.[12] *Der Grad der Nichterfüllung oder Beeinträchtigung des einen Grundsatzes sowie die erforderliche Wichtigkeit der Erfüllung des anderen Grundsatzes können nicht nur im konkreten Fall bestimmbar sein, sondern auch durch abschließende Kriterien, die fallübergreifend und abwägungsfrei anwendbar sind.*

Zweites Abwägungsgesetz für Grundsatznormen mit Aushärtungsklausel: Je schwerer ein Eingriff in ein Grundrecht wiegt, desto größer muß die Gewißheit der den Eingriff tragenden Prämissen sein.[13] *Eingriffsschwere sowie erforderlicher Gewissheitsgrad können*

---

[11] Zum Alexyschen „Zwilling" vgl. *Alexy*, Theorie der Grundrechte, S. 84; sowie oben S. 38 (bei Fn. 133) und S. 54 (bei Fn. 19).

[12] Zum Alexyschen „Zwilling" vgl. ibid., S. 146; sowie oben S. 40 (bei Fn. 146), und (zur Unschärfebedingung) S. 57 (bei Fn. 37).

[13] Zum Alexyschen „Zwilling" ders., Die Gewichtsformel, in: Jickeli/Kreutz/Reuter

158   *7. Kapitel: Von Alexys Prinzipien zu Grundsatznormen*

nicht nur im konkreten Fall bestimmbar sein, sondern auch durch abschließende Kriterien, die fallübergreifend und abwägungsfrei anwendbar sind.

Gewichtsformel für Grundsatznormen mit Aushärtungsklausel:

$$G_{i,j} = \frac{I_i \cdot G_i \cdot S_i}{I_j \cdot G_j \cdot S_j} \text{^{14}}$$

Das Gewicht Gi,j eines Grundsatzes Gi im Verhältnis zu einem anderen Grundsatz Gj kann nicht nur als das Gewicht unter den konkreten Bedingungen eines bestimmten Falles (konkretes Gewicht) bestimmbar sein, sondern auch durch abschließende Kriterien, die fallübergreifend und abwägungsfrei anwendbar sind.

Dazu, ob die Gewichtsformel selbst zutreffend ist,[15] soll damit nicht Stellung genommen werden. Entscheidend ist, dass dann, *wenn* sie zugrunde gelegt wird, für Grundsatznormen jedenfalls eine Aushärtungsklausel an die Stelle der Unschärfebedingung treten muss.

Die Aushärtungsklauseln ermöglichen im Unterschied zu Alexyschen Prinzipien immer einen „Ausstieg" aus der einzelfallbezogenen Abwägung, sofern die besseren Gründe mit hinreichender Sicherheit für einen abschließenden Charakter des jeweiligen Vorrangs sprechen. Im Rahmen einer solchen Kollisionsauflösung durch Abwägung werden die Grundsatznormen abschließend durch abwägungsfeste Normen konkretisiert. Die konkretisierenden Normen verdrängen in der Rechtsanwendung dauerhaft als leges speciales den jeweiligen Grundsatz. Zur Anwendung gelangt nur noch die konkretere Norm. Für die Rechtsanwendung im Einzelfall sind dann also das Kollisionsgesetz, die Abwägungsgesetze und die Gewichtsformel nicht mehr ausschlaggebend. Sie veranschaulichen und verbildlichen lediglich als allgemeine argumentationstheoretische Gesetzmäßigkeiten den Prozess der Begründung der konkreteren Normen.

(Hrsg.), Gedächtnisschrift Sonnenschein, S. 771 (789); sowie oben S. 40 (bei Fn. 152), und (zur Unschärfebedingung) S. 57 (bei Fn. 38).
[14] Zum Alexyschen „Zwilling" vgl. *ders.*, ibid., S. 771 (790 m. Fn. 37); sowie oben S. 40 f. (bei Fn. 153), und (zur Unschärfebedingung) S. 57 (bei Fn. 40).
[15] Siehe zur Kritik Petersens den Nw. oben Fn. 158, S. 41.

II. Abwägungsfeste Rechte als „Ergebnis einer Abwägung"

Erst wenn zwischen der allgemeinen Abwägung von Gründen und der Einzelfallabwägung von Prinzipien im Sinne Alexys unterschieden wird, wird der Weg frei dafür, abwägungsfeste Rechte im zutreffenden Sinn als das „Ergebnis einer Abwägung" zu verstehen.[16]

Als „Ergebnis einer Abwägung" können abwägungsfeste Rechte nur dann bezeichnet werden, wenn der Begriff der Abwägung nicht im Sinne einer Alexyschen Prinzipienabwägung, sondern im weiten Sinn einer allgemeinen Gewichtung von Gründen und Gegengründen verstanden wird. Eine Abwägung in diesem weiteren Sinne kann auch jene Gründe zum Gegenstand haben, die für oder gegen die Einzelfallinvarianz einer Norm sprechen.[17] Ihr Ergebnis kann also eine Festlegung darauf sein, dass die Norm mit hinreichender Sicherheit ausnahmslos gilt und ohne einen Vorbehalt der Einzelfallabwägung anwendbar ist. Ob an dieser Festlegung festzuhalten ist, kann zwar stets, auch anlässlich von Einzelfällen, in Zweifel gezogen werden. Die Festlegung für die Ausnahmslosigkeit schließt jedoch gerade die Einschätzung ein, dass solche Zweifel mit hinreichender Sicherheit unbegründet sein werden, weil es keine Ausnahmekonstellationen geben wird.

1. Abwägungsfeste Rechte können kein Ergebnis einer Abwägung im Sinne Alexys sein

Eine Abwägung von Prinzipien im Sinne Alexys setzt hingegen wie gesehen voraus, dass die kollidierenden Normen füreinander wechselseitig ausnahmebegründend sind, und zwar in einer auch theoretisch nicht begrenzbaren Zahl von Fällen. Es muss sich um Normen handeln, für die definitionsgemäß jene spezifische Annahme gilt, die hier als Alexysche Unschärfe bezeichnet wurde: Die inhaltlichen Interferenzen zwischen den kollidierenden Normen sind so intensiv und so unvorhersehbar, dass sich die Vorrangverhältnisse immer nur im konkreten Fall ermitteln lassen.[18] Das Ergebnis einer Prinzipienabwägung ist zwar nach Alexys Kollisionsgesetz eine bedingte Vorrangregel. Diese Vorrangregel steht jedoch, wie sich aus der durchgehenden Betonung dieser Unschärfe bei Alexy eindeutig ergibt, ebenso unter einem Vorbehalt abweichender Einzel-

---

[16] Siehe dazu bereits oben S. 5 ff. (mit den Nw. in Fn. 22 f.).
[17] Zur Einzelfallinvarianz als einem eigenständigem Begründungsgegenstand s. oben S. 136 ff.
[18] S. oben S. 50 ff.

fallumstände (Unschärfebedingung) wie seine beiden Abwägungsgesetze und seine Gewichtsformel.[19]

Kommen in der grundrechtlichen Argumentation Zweifel auf, so ist für Alexy eine Prinzipienabwägung in diesem Sinne stets unausweichlich (Exklusivitätsthese).[20] Die Vorstellung, der Verfassungsgeber selbst habe als Ergebnis einer Abwägung abschließend Regeln festgesetzt, die abwägungsfrei anwendbar sind, kommt daher für Alexy nur dann in Betracht, wenn diese Regeln sich *eindeutig und zweifelsfrei* aus dem Verfassungswortlaut ableiten lassen.[21] Sobald auch nur der geringste Zweifel und Argumentationsbedarf auftaucht, ist es mit der Abwägungsfreiheit für Alexy sofort wieder vorbei und es zeigt sich, dass der Inhalt der Regel in Wahrheit von Anfang an prinzipienabhängig war.

So nennt Alexy in einer neueren Veröffentlichung als Beispiele für Fälle, in denen der *„Verfassungsgeber Fragen der Abwägung durch die Festsetzung von Regeln entschieden"* habe und der Verfassungsinterpret „verpflichtet" sei, „sie anzuwenden", die folgenden drei: Art. 102 („Die Todesstrafe ist abgeschafft."), Art. 104 Abs. 2 S. 3 („Die Polizei darf aus eigener Machtvollkommenheit niemanden länger als bis zum Ende des Tages nach dem Ergreifen in eigenem Gewahrsam halten.") und „die Einzelheiten der hochkomplexen Regelung" der akustischen Wohnraumüberwachung in Art. 13 Abs. 3–6 GG.[22] Wie oben schon für Art. 102 GG näher erörtert wurde,[23] ist nach Alexys Prämissen jedoch klar, dass die Annahme, die Abwägung sei in diesen Fällen bereits durch den Verfassungsgeber abschließend vorentschieden, nur insoweit und nur solange Bestand haben kann, wie daran im konkreten Fall keine Zweifel aufkommen.

Alexy lässt auch jetzt nicht erkennen, dass er beabsichtigt, von seinem Grundaxiom einer notwendigen Verknüpfung von Zweifeln und Prinzipienabwägung Abschied zu nehmen: Kommen Zweifel auf, bleibt die Prinzipienabwägung stets unausweichlich. Der Fall gehört dann in jene andere Kategorie von Fällen, deren Existenz Alexy auch an dieser Stelle nicht zu betonen vergisst, nämlich jener „große[n] Zahl von Fällen, in denen eine autoritative Entscheidung des Verfassungsgebers darüber, wie der Fall zu entscheiden ist, nicht zur Verfügung steht" und in denen deshalb „die Abwägung von Prinzipien unerlässlich" ist.[24]

---

[19] S. oben S. 53 ff., 57 ff.
[20] Siehe oben S. 58 ff.
[21] Siehe oben S. 61.
[22] *Alexy*, Grundrechte, Demokratie und Repräsentation, in: Der Staat 54 (2015), S. 201 (202).
[23] Siehe oben S. 68 ff. (zu ‚strikt geltenden' Regeln bei Alexy) (mit Fn. 35).
[24] Vgl. *Alexy*, Grundrechte, Demokratie und Repräsentation, in: Der Staat 54 (2015), S. 201 (202).

Eine abwägungsfest geltende Norm kann folglich kein Ergebnis einer Abwägung im Sinne Alexys sein. Sie würde die Axiome seiner Prinzipientheorie verletzen. Wenn als „Ergebnis einer Abwägung" eine Vorrangrelation festgesetzt wird, die den Anspruch erhebt, die Vorrangbedingungen abschließend und ohne Einzelfallvorbehalt zu benennen, dann kann eine solche Vorrangnorm nur das Ergebnis eines Abschieds von der Abwägung im Sinne Alexys sein.

2. Abwägungsfeste Rechte können jedoch das Ergebnis einer Abwägung von Grundsatznormen sein

In dem Modell der Grundsatznormen wird dagegen die Vorannahme der Alexyschen Unschärfe, die bei jeder Prinzipienabwägung im Sinne Alexys vorausgesetzt bleibt, aufgegeben. Erst jetzt können die Unschärfebedingungen zu Alexys Kollisionsgesetz und zu Alexys Abwägungsgesetzen entfallen.[25] Und erst damit kann an die Stelle der Alexyschen Dauerkollision, bei der eine Kollisionsauflösung stets nur durch Einzelfallabwägung möglich ist, eine Festsetzung von Vorrangregeln treten, die abschließenden Charakter beanspruchen. Abwägungsfeste Rechte können deshalb das Ergebnis einer Abwägung von Grundsatznormen sein.

Wenn die Möglichkeit abwägungsfester Vorrangverhältnisse anerkannt wird, erzeugt jede Festlegung auf eine solche Vorrangregel ohne Einzelfallvorbehalt einen definitiv kollisionsfreien normativen Raum. Indem solche Vorrangregeln für ihren Bereich die Unschärfeannahme außer Kraft setzen, tun sie genau das, was den bedingten Vorrangregeln der Alexyschen Prinzipientheorie gerade untersagt ist. Wie gesehen kommt Alexys Beschreibung seiner Kernpositionsthese einer solchen Position zwar teilweise durchaus nahe,[26] jedoch fällt er am Ende stets wieder auf die relative Position zurück, nach der „die Abwägung in allen Zweifelsfällen, sei es im Rahmen einer Präzisierung, sei es im Rahmen einer Reduktion oder einer Extension, wieder zum Tragen kommt".[27]

---

[25] Siehe oben S. 157 ff.
[26] Siehe dazu insbesondere oben S. 122 ff.
[27] *Alexy*, Theorie der Grundrechte, S. 329.

III. Wie sehen absolut geschützte Rechte aus? – Indifferenzkurven absolut geschützter Rechte

Alexy verwendet das Indifferenzkurvenmodell, um Prinzipienkollisionen zu verbildlichen.[28] Auf dieselbe Weise lassen sich auch Grundsatznormen mit einem abwägungsfesten Kernbereich darstellen. Das Gesetz der abnehmenden Grenzrate der Substitution[29] kann nicht nur für Alexysche Prinzipien gelten, sondern auch für solche Grundsatznormen. Der absolute Schutz von Kernbereichsrechten lässt sich auf diese Weise veranschaulichen.

1. Indifferenzkurven relativer Normen

Bei einer relativ geltenden Norm, etwa einem Alexyschen Prinzip R_1, muss auch im Kernbereich stets eine „Substitution" von Beeinträchtigungen durch „Gewinne" an Erfüllung gegenläufiger Normen (N_1, N_2, N_3, ... N_n) möglich bleiben. Das muss bis hin zum völligen Verzicht auf jegliche Erfüllung des Prinzips R_1 möglich sein. Das Prinzip R_1 ist definitionsgemäß vollständig substituierbar. In der Indifferenzkurve muss sich die Relativität des Prinzips R_1 folglich daran zeigen, dass diese Kurve entweder *die Null-Linie schneidet*, die für den Erfüllungsgrad Null des Prinzips R_1 steht, also die eine der Achsen des Koordinatensystems, oder sich dieser Null-Linie zumindest asymptotisch annähert, sofern man ein unendliches aggregiertes Gewicht von N_1, N_2, N_3, ... N_n zulässt. Eine Indifferenzkurve zum Substitutionsverhältnis zwischen dem relativen Prinzip R_1 und gegenläufigen Normen N_1 ... N_n könnte also beispielsweise so aussehen, wie in *Grafik 1*.

---

[28] Zu Chancen und Risiken des Zuganges zum Verfassungsrecht über Bilder siehe *Eike Frenzel*, Zugänge zum Verfassungsrecht – Ein Studienbuch, 2009, S. 65 ff.
[29] S. oben S. 41 ff.

III. Wie sehen absolut geschützte Rechte aus?   163

R_1

Substitutionswert von
$N_1 ... N_n$ bei
Erfüllungsgrad Null von R_1

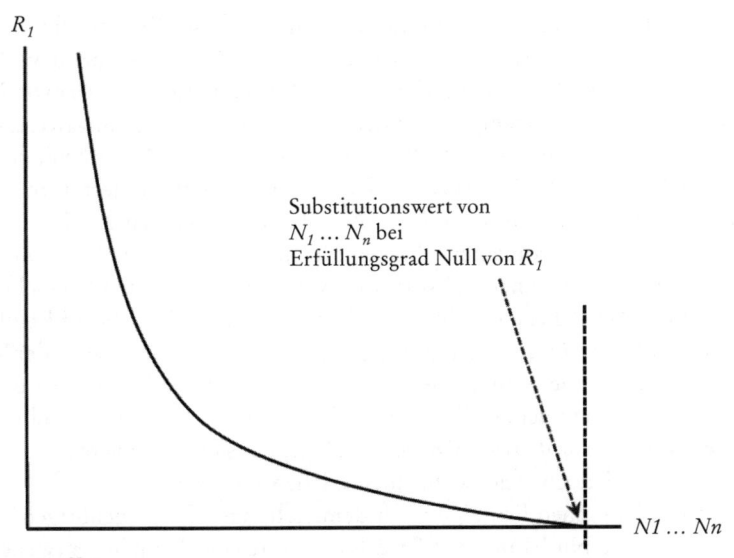

$N1 ... Nn$

Grafik 1
Indifferenzkurve eines Prinzips (als einer im Kernbereich relativen
Norm) R_1 und gegenläufiger Normen $N_1 ... N_n$

Die Achsen des Koordinatensystems in *Grafik 1* stehen für die Erfüllungsgrade der jeweiligen Normen, also für den Erfüllungsgrad von R_1 einerseits und für den aggregierten[30] Erfüllungswert der gegenläufigen Normen $N_1 ... N_n$ andererseits. Die Indifferenzkurve besteht aus denjenigen Punkten, bei denen die Substitutionsverhältnisse zwischen R_1 und $N_1 ... N_n$ als äquivalent (indifferent) zu bewerten sind.

Die Steigung dieser Indifferenzkurve nimmt bei einem relativen Prinzip zwar im gesamten Bereich der Kurve bei zunehmender Substitution ab – die Kurve wird also immer flacher. Das Gesetz der abnehmenden Grenzrate der Substitution gilt also.[31] Jedoch bricht die Kurve entweder an dem Schnittpunkt

---

[30] Diese Aggregierung des Gewichts kann, je nach dem mathematischen Modell, das für die Abwägung verwendet wird, etwa durch Addition oder durch Multiplikation erfolgen; für beide Varianten vgl. *ders.*, Die Gewichtsformel, in: Jickeli/Kreutz/Reuter (Hrsg.), Gedächtnisschrift Sonnenschein, S. 771 (783 ff.). Zur Kritik vgl. nochmals den Nw. oben S. 41 (Fn. 158).

[31] S. oben S. 41 ff. Die Indifferenzkurve wird hier als allein auf den Erfüllungsgrad der Normen respektive das Gewicht ihrer Erfüllung bezogen verstanden, nicht hingegen als auf das Maß der Gewissheit über die jeweiligen Vorrangverhältnisse bezogen. Bei seinen Ausführungen zur Wesensgehaltsgarantie verknüpft Alexy demgegenüber offenbar das Gesetz der abnehmenden Grenzrate mit dem Grad der Sicherheit über die Vorrangrelationen; vgl. *ders.*, Theorie der Grundrechte, S. 271 („Die Stärke der gegenläufigen Gründe muß überproportional wachsen. Dies entspricht dem durch Indifferenzkurven darstellbaren Gesetz der

mit der Null-Linie ab, so wie in Grafik 1. Jenseits dieses Punkts gibt es dann weder eine weitere Substitution noch eine Steigung der Indifferenzkurve. Oder die Kurve nähert sich, sofern man einen unendlichen Erfüllungswert von N_1 ... N_n zulässt, zumindest asymptotisch der Null-Linie des Erfüllungswertes von R_1 an. Sie schneidet dann diese Null-Linie „im Unendlichen", das heißt der völlige Verzicht auf R_1 (Erfüllungswert Null) kann dann zumindest durch einen unendlichen Erfüllungswert von N_1 ... N_n substituiert werden. Auch in diesem Grenzfall kann noch von einer relativen Norm gesprochen werden. Entscheidend ist, dass es stets einen Substitutionswert des aggregierten Gewichts der gegenläufigen Normen geben muss, mit dem ein völliger Verzicht auf Erfüllung des Prinzips R_1 (Erfüllungsgrad Null) „erkauft" werden kann – sei es der Wert, an dem die Kurve die Null-Linie schneidet, sei es jedenfalls der Wert unendlich. Weil das Gesetz der abnehmenden Grenzrate gilt, muss dieser Substitutionswert zwar *überproportional hoch* sein. Wenn es sich um eine relative Norm handelt muss es jedoch gleichwohl einen solchen Wert geben.

Für alle Alexyschen Prinzipien gilt demnach, dass ihre zugehörigen Indifferenzkurven die Null-Linie des Erfüllungswertes des Prinzips entweder bei einem endlichen Wert schneiden oder sich dieser Null-Linie zumindest asymptotisch annähern.

2. Indifferenzkurven im Kernbereich absolut geltender Grundsatznormen – Zur Frage eines unendlichen Gewichts in der Abwägung

Bei einer Grundsatznorm, die im Kernbereich absolut gilt, etwa weil sie absolut geschützte Rechte gewährleistet, sind hingegen der „Substituierbarkeit" definitionsgemäß Grenzen gesetzt. In der Indifferenzkurve schlägt sich das so nieder, dass die Kurve verlässlich oberhalb der Null-Linie des Erfüllungsgrades der Grundsatznorm verlaufen muss. Sie darf die Null-Linie weder schneiden noch sich ihr asymptotisch annähern. So kann beispielsweise die Indifferenzkurve einer Grundsatznorm A_1 so aussehen, dass sie an einem bestimmten Punkt zu einer Gerade wird, die parallel zur Null-Linie des Erfüllungsgrades von A_1 verläuft (*Grafik 2*).

---

abnehmenden Grenzrate der Substitution. Es gibt *daher* Bedingungen, bei denen *mit sehr hoher Sicherheit* gesagt werden kann, dass kein gegenläufiges Prinzip vorgeht."; Hervorh. hinzugef.). Die beiden Fragen (Gewicht der Normerfüllung und Sicherheit des Urteils über dieses Gewicht) sind jedoch zu unterscheiden (was Alexy im Rahmen seiner Gewichtsformel später berücksichtigt), so dass sich aus der Geltung des Gesetzes der abnehmenden Grenzrate für das Substitutionsverhältnis zweier Normen jedenfalls nicht unmittelbar Schlussfolgerungen für die (sei empirische, sei es normative) *Sicherheit* der Urteile über die jeweiligen Substitutionsverhältnisse ziehen lassen.

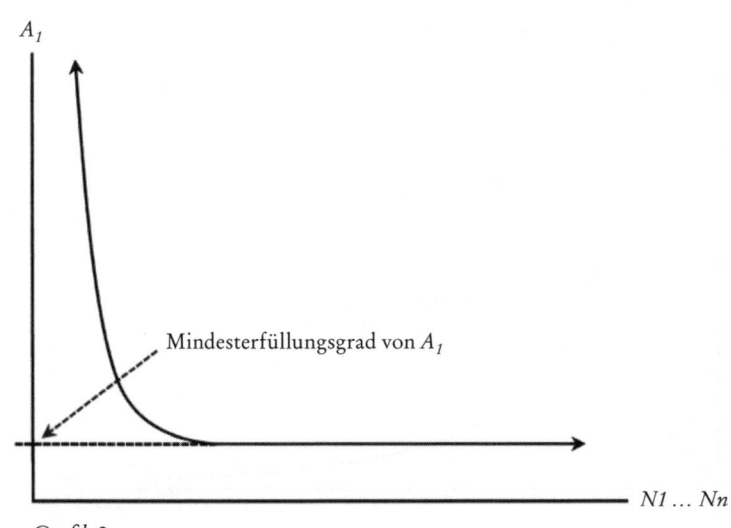

Grafik 2
Indifferenzkurve einer im Kernbereich absoluten Grundsatznorm A_1 und gegenläufiger Normen $N_1 \ldots N_n$

Diese Gerade kennzeichnet dann den *Mindesterfüllungsgrad* für A_1, der in keinem Fall unterschritten werden darf, auch wenn der aggregierte erzielbare Substitutionsgewinn von $N_1 \ldots N_n$ noch so hoch sein mag.

Eine weitere Möglichkeit besteht darin, dass sich etwa bei einer Grundsatznorm A_2 die Indifferenzkurve asymptotisch an eine Parallele zur Null-Linie des Erfüllungsgrades von A_2 annähert (*Grafik 3*).

In beiden Varianten einer im Kernbereich absoluten Grundsatznorm gibt es also einen bestimmten Mindesterfüllungsgrad der Norm, der größer als Null ist und der nicht unterschritten werden darf – sei es, weil er ab einem bestimmten Punkt stets verlangt wird (*Grafik 2*), sei es, weil die Kurve asymptotisch auf ihn zuläuft (*Grafik 3*).

Die *Steigung* der Indifferenzkurve sinkt bei einer im Kernbereich absolut geschützten Norm entweder an einem bestimmten Punkt ganz auf Null (*Grafik 2*) oder aber sie nähert sich zumindest asymptotisch an den Wert Null an (*Grafik 3*). Das Gesetz der abnehmenden Grenzrate der Substitution gilt dann, wenn sich die Steigung asymptotisch Null annähert, durchgängig. Wenn die Steigung an einem bestimmten Punkt auf Null sinkt, gilt das Gesetz der abnehmenden Grenzrate hingegen nur bis dahin, also in dem Bereich, in dem sich die Indifferenzkurve noch verändert. Ab dem Punkt, an dem die Steigung auf Null fällt, die Indifferenzkurve also zur Gerade wird, gilt das Gesetz nicht mehr.

A_2

Mindesterfüllungsgrad von A_2

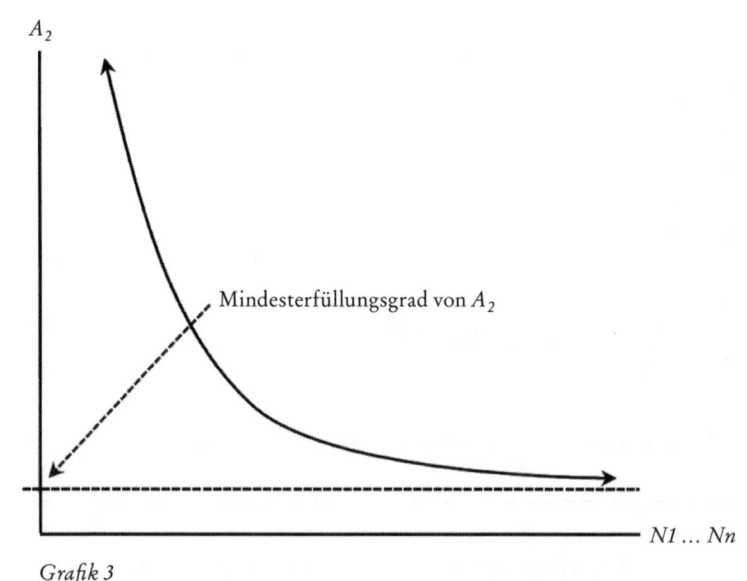

$N1 ... Nn$

Grafik 3
Indifferenzkurve einer im Kernbereich absoluten Grundsatznorm A_2 und gegenläufiger Normen $N_1 ... N_n$

Das Gewicht der Grundsatznorm in der Abwägung muss damit im Kernbereich keineswegs *unendlich* hoch sein, um einen absoluten Schutz zu erzeugen. In einigen Veröffentlichungen hat Alexy erwogen, absolute Rechte könnten, falls es sie gebe, vom Standpunkt der Prinzipientheorie aus entweder so zu rekonstruieren sein, dass ausgeschlossenen Gründen für die Rechtfertigung von Eingriffen in der Abwägung das Gewicht Null zugewiesen werde oder so, dass diesen Rechten in der Abwägung ein unendliches Gewicht zugewiesen werde.[32] In diesen Erwägungen hat er jedoch weder seine Aussage korrigiert, dass sich das Gewicht von Prinzipien in der Abwägung immer nur als konkretes Gewicht ermitteln lasse, noch erläutert, wie die Zuweisung eines unendlichen Gewichts rational zu rechtfertigen sein könnte, ohne dafür wiederum in eine Abwägung der Gründe einzutreten, die jederzeit als widerleglich gelten müssen, deren Gewicht dann aber selbst nicht unendlich hoch sein kann.

Für den absoluten Schutz einer Grundsatznorm bedarf es der Vorstellung eines unendlichen Gewichts in der Abwägung jedoch nicht, das wie Teifke zutreffend feststellt, „etwas Fanatisches" hätte.[33] Es reicht für den absoluten Schutz

---

[32] Vgl. *ders.*, Thirteen Replies, in: Pavlakos (Hrsg.), Law, Rights and Discourse, S. 333 (343 f.); *ders.*, Grundrechte und Verhältnismäßigkeit, in: Schliesky/Ernst/Schulz (Hrsg.), Festschrift Schmidt-Jortzig, S. 3 (10) (Fn. 31).
[33] *Teifke*, Das Prinzip Menschenwürde, S. 127 Fn. 97 („Mathematisch ist es zwar möglich,

einer Grundsatznorm im Kernbereich vielmehr vollkommen aus, wenn ihr Gewicht dort stets mit hinreichender Sicherheit *höher* ist als das denkbare aggregierte Gewicht aller gegenläufigen Normen. Wenn das aggregierte Gewicht aller gegenläufigen Normen unendlich hoch sein kann, kommt ein absoluter Schutz der Grundsatznorm ohnehin nicht in Betracht, weil ihr Gewicht im Kernbereich dann selbst bei unendlicher Höhe nur ein Abwägungspatt herbeiführen würde. Absolut geschützte Rechte setzen deshalb ein endlich hohes aggregiertes Gewicht gegenläufiger Normen voraus. Ist das Gewicht der gegenläufigen Normen jedoch endlich hoch, muss das Gewicht der Grundsatznorm im Kernbereich nicht unendlich hoch sein, um absoluten Schutz zu gewährleisten, sondern schlicht und einfach höher als das aller in Betracht kommenden gegenläufigen Normen zusammengenommen.

IV. Inhalt und Definition absolut geschützter Rechte

1. Definitiver Gehalt: mehr als fallbezogene Festlegungen

Was genau zu begründen ist, wenn ein abwägungsfest geltendes Recht begründet werden soll, lässt sich zunächst anhand ihres definitiven Festsetzungsgehalts bestimmen. Relative Normen, zu denen die Alexyschen Prinzipien gehören, sind inhaltlich durch ihren minimalen definitiven Festsetzungsgehalt definiert.[34] Im Umkehrschluss kann in erster Annäherung festgehalten werden: Abwägungsfeste Rechte sind Rechte, die inhaltlich nicht die Alexysche Unschärfe aufweisen, sondern deren definitiver Gehalt über fallbezogene Normen hinausgeht.

2. Kollisionsverhalten: kategorischer Vorrang vor Alexyschen Prinzipien

Die genauere Analyse des Kollisionsverhaltens Alexyscher Prinzipien hat ergeben, dass die Rede davon, sie würden nach Kollisionen vollständig fortgelten, zwar ungenau, aber für alle praktischen Zwecke gleichwohl gerechtfertigt ist.[35] Sie ist ungenau, soweit es um die Perspektive der definitiven Geltung in schon entschiedenen Fällen der Kollision geht. Sie ist jedoch gleichwohl praktisch gerechtfertigt, soweit es um die Perspektive der Prima-facie-Geltung in neuen Kollisionsfällen geht. Zwar wird bei jeder Kollision, in der es zurück-

---

mit einem unendlichen Wert in der Gewichtsformel zu operieren. Es hätte aber etwas Fanatisches.").

[34] Siehe oben S. 86 ff.
[35] Siehe oben S. 91 ff.

treten muss, eine endgültige Geltungslücke in das Prinzip geschlagen. In jedem neuen Kollisionsfall kann es aber trotzdem als vollständig gültig behandelt werden, weil sich aufgrund seiner inhaltlichen Unschärfe erst nach der Einzelfallabwägung sagen lässt, ob der neue Fall in den Bereich der Geltungslücken fällt oder nicht.

Das gilt allerdings nur, soweit die Alexysche Unschärfe reicht. Die Lage ändert sich dort, wo ein Alexysches Prinzip auf eine ganz oder partiell abwägungsfest geltende Grundsatznorm stößt. Soweit eine Grundsatznorm abwägungsfest gilt, sind alle gegenläufigen Normen in der Perspektive der definitiven Geltung unwirksam. Die inhaltliche Annahme der Alexyschen Unschärfe wird insoweit gerade zurückgewiesen. Ob man das Alexysche Prinzip aus der Perspektive der Prima-facie-Geltung gleichwohl weiterhin als gültig betrachten will, ist keine Frage von Normstrukturen, sondern eine Frage der inhaltlichen Zweckmäßigkeit. Es ändert jedenfalls nichts daran, dass das Alexysche Prinzip im Anwendungsbereich der abwägungsfesten Norm auf der Ebene der definitiven Geltung in keinem Fall den Vorrang beanspruchen kann. Das lässt sich normtheoretisch entweder so rekonstruieren, dass das Prinzip seine Geltung vollständig verliert, oder aber (gleichbedeutend) so, dass es zwar seine Prima-facie-Geltung behält, aber gleichwohl kategorisch nachrangig ist, und zwar ohne dass es zur Feststellung dieser Nachrangigkeit auf eine Einzelfallabwägung ankäme.

3. Definition absolut geschützter oder abwägungsfester Rechte

Auf der Grundlage der bisherigen Überlegungen kann die folgende Definition absolut geschützter Rechte vorgeschlagen werden:

Absolut geschützte oder abwägungsfeste Rechte sind Rechte, deren definitiver Festsetzungsgehalt über fallbezogene Normen[36] hinausreicht, so dass er unabhängig von einer Abwägung im Einzelfall gegen gegenläufige Normen (abwägungsfrei) anwendbar ist, weil diese Rechte entweder schon nicht mit gegenläufigen Normen kollidieren oder aber in allen Kollisionsfällen mit hinreichender Sicherheit Vorrang beanspruchen.

Das besondere Kennzeichen abwägungsfester Rechte ist nach diesem Vorschlag nicht schon ihre Kategorizität als solche. Jede definitiv geltende Norm weist eine bestimmte Form von Kategorizität auf: Immer dann, wenn die Anwendungsbedingungen der Norm gegeben sind, gilt die Rechtsfolge.

Was abwägungsfeste Rechte charakterisiert ist vielmehr der besondere Inhalt ihrer definitiven Festlegungen: Er geht über den minimalen definitiven Gehalt nicht leerlaufender Rechte hinaus, das heißt, er umfasst also mehr als bloß abstrakte, konkret-individuelle und fallbezogene definitive Rechte.[37] Negativ

---

[36] Zu diesen s. oben S. 89 f.
[37] Siehe oben S. 86 ff.

formuliert gilt: Absolut geschützte Rechte weisen inhaltlich gerade nicht die Alexysche Unschärfe[38] auf.

Ihr definitiver Gehalt macht die Anwendung absolut geschützter Rechte von Kollisionen und Einzelfallabwägungen unabhängig. Sie sind kollisionsfrei und abwägungsfrei anwendbar. Das heißt nicht, dass absolut geschützte Rechte ausschließlich kollisionsfrei vorgestellt werden müssen. Eine Kollisionsperspektive auf solche Rechte kann jederzeit eingenommen werden. Sie wird jedoch für die Anwendung der abwägungsfesten Rechte nicht benötigt, weil diese Rechte in allen Kollisionsfällen mit hinreichender Sicherheit Vorrang beanspruchen.

4. Leges-speciales-Charakter – innentheoretische Konstruktion

Abwägungsfeste grundrechtliche Positionen können abschließende leges speciales zu allgemeineren grundrechtlichen Rechten sein. Als speziellere Maßstäbe verdrängen sie dann in ihrem Anwendungsbereich die abstrakter formulierten grundrechtlichen Rechte. Sie konkretisieren den Inhalt dieser Rechte anhand von Kriterien, die unabhängig von einer Einzelfallabwägung gegen andere Normen anwendbar sind. Im Hinblick auf die geläufige Unterscheidung zwischen innen- und außentheoretischen Rechten können abwägungsfeste Rechte als innentheoretische Rechte eingestuft werden, durch die der definitive Gehalt außentheoretischer Rechte abschließend konkretisiert wird.

Als innentheoretische Rechte seien dabei in Anlehnung an Borowski Rechte bezeichnet, die „nicht durch Kollisionen mit anderen Rechten oder Gütern verändert" werden, sondern deren „definitiver Inhalt [...] von vornherein festgelegt" ist.[39] Als außentheoretische Rechte seien dagegen weiterreichende prima facie-Rechte bezeichnet, die erst durch eine Schranke auf ein definitives Recht zurückgeschnitten werden.[40]

Nach Borowskis prinzipientheoretischer Rekonstruktion soll die Anwendung von Prima-facie-Normen notwendig Prinzipienanwendung sein.[41] Außentheoretische Rechte sollen daher stets prinzipienabhängig und abwägungsbezogen zu rekonstruieren sein.[42] Innentheoretische Rechte sind danach hingegen, der Exklusivitätsthese entsprechend, in allen Zweifelsfällen rational nicht

---

[38] Dazu oben S. 50 ff.
[39] Vgl. *Borowski*, Grundrechte als Prinzipien, 3. Aufl., S. 204, s. auch ibid., S. 31 f.
[40] Vgl. ibid., S. 31–34, 206–208.
[41] Vgl. *ders.*, Grundrechte als Prinzipien, 1. Aufl., S. 111: „Die Abwägung ist die Methode der Anwendung von prima facie-Normen."
[42] Vgl. *ders.*, Grundrechte als Prinzipien, 2. Aufl., S. 159: „Innentheoretische Rechte werden durch Regeln, außentheoretische Rechte durch Prinzipien gewährt." Die gegenläufige Aussage (*ders.*, Grundrechte als Prinzipien, 1. Aufl., S. 121: „Eine außentheoretische Rechtsposition wird nicht notwendig durch Prinzipien gewährt"), wird im Anschluss für alle Rechtspositionen, die Zweifelsfragen aufwerfen – der Exklusivitätsthese entsprechend – wieder relativiert (ibid., S. 121 f.).

haltbar: In Zweifelsfällen kann der Übergang von Prima-facie-Rechten zu definitiven Rechten ausschließlich mithilfe einer einzelfallbezogenen Prinzipienabwägung zwischen Prima-facie-Recht und gegenläufigen Prinzipien erfolgen, muss also außentheoretisch konstruiert werden.

Ein innentheoretisch konstruiertes Recht kann nach diesem Ansatz niemals als eine *abschließende* Konkretisierung eines außentheoretischen Rechts anzusehen sein. Außerdem kann ein innentheoretisches Recht als solches danach auch nicht mit außentheoretisch konzipierten Prima-facie-Normen kollidieren, weil solche Kollisionen stets notwendig zur Prinzipienabwägung und damit zur Hinfälligkeit der innentheoretischen Konstruktion führen würden. Innen- und außentheoretische Perspektive schließen sich danach wechselseitig aus.

Solche Unvereinbarkeiten zwischen innen- und außentheoretischer Perspektive entfallen jedoch nach dem hier vorgeschlagenen Konzept der Grundsatznormen. Nach diesem Modell können abwägungsfeste Rechte *zugleich* als Konkretisierungen außentheoretischer Rechte und als innentheoretisch anwendbare Rechte betrachtet werden. Das Recht, nicht gefoltert zu werden, kann zum Beispiel selbst als ein innentheoretisches Recht konzipiert sein. Es kann aber zugleich einen Kerngehalt des Rechts auf körperliche Unversehrtheit und des Persönlichkeitsrechts konkretisieren, also außentheoretisch konzipierter Rechte, die prima facie weiter reichen und mit anderen Normen kollidieren, zu deren abwägungsfestem Kern jedoch das Folterverbot zählt.

5. Innentheoretische Rechte und Kollisionen

Die Kollisionsperspektive muss nicht unbedingt auf Dauer verlassen werden, wenn ein absolutes Vorrangverhältnis festgestellt wird. Eine Rückkehr in die außentheoretische Perspektive der Prima-facie-Geltung bleibt jederzeit möglich, um die Gründe für seine Abwägungsfestigkeit transparent zu machen. Sie ist jedoch für die Anwendung des Rechts nicht erforderlich: Das Recht selbst ist und bleibt ein Innenrecht, das im Einzelfall eigenständig und abwägungsfrei anwendbar ist.

Das absolut geschützte Recht kann als Ergebnis einer Kollision zwischen einem weiterreichenden Prima-facie-Recht und gegenläufigen Normen verstanden werden. Außerdem kann das abwägungsfeste Recht selbst als mit gegenläufigen Prima-facie-Normen kollidierend verstanden werden, wobei es sich in solchen Kollisionen in jedem Fall durchsetzt. In beiden Fällen führt der Wechsel in die Kollisionsperspektive, anders als nach Alexys Prinzipientheorie, keineswegs zu einer Relativierung des abwägungsfesten Rechtes. Der Norminhalt des abwägungsfesten Rechtes bleibt sowohl in der Prima-facie-Perspektive als auch in der Perspektive der definitiven Geltung derselbe.

6. Gründe und Gegengründe bei Kollisionen mit absolut geschützten Rechten

Mit der Kollisionsperspektive können auch bei einem abwägungsfesten Recht jederzeit die Gründe aufgerufen werden, die prima facie, also für sich betrachtet, gegen seine Absolutheit sprechen.

Eine solche Prima-facie-Betrachtung relativiert den absoluten Schutz der Rechte nicht, sondern bekräftigt ihn, weil sie zugleich aufzeigt, dass die Gründe, die für einen absoluten Schutz sprechen, mit hinreichender Sicherheit überwiegen, weshalb das abwägungsfeste Recht gegenüber kollidierenden Prima-facie-Normen in der Perspektive der definitiven Geltung kategorisch Vorrang beansprucht. Die Gründe, die für den Vorrang sprechen, sind gerade auch solche für die Einzelfallinvarianz des Rechtes, also für die Unabhängigkeit der Vorrangbeziehung von den Einzelfallumständen.

Die Prima-facie-Normen, die in die Gegenrichtung weisen, können weiterhin als Bestandteil des Rechtssystems angesehen, Grund und Gegengrund können durch den Blick auf sie jederzeit in Erinnerung gerufen und transparent gemacht werden. Was in Erinnerung gerufen und transparent gemacht wird, sind jedoch genau die Gründe, die zu der Festlegung auf die abschließende definitive Vorrangbeziehung geführt haben. Wo Gründe zwar prima facie einschlägig sind, in einem tatbestandlich abschließend abgrenzbaren Bereich aber für keinen Fall die Zulässigkeit eines Eingriffes definitiv rechtfertigen können, liegt aus der außentheoretischen Kollisionsperspektive betrachtet ein abwägungsfest geltender Vorrang des Prima-facie-Rechtes vor, aus der innentheoretischen Perspektive jedoch die schlichte, kollisionsfreie Geltung des abwägungsfesten Rechtes.

Ein abwägungsfestes Recht braucht sich also vor einer Kollision mit Prima-facie-Normen nicht zu verstecken. Mit der Rede von der Kollision muss bei Grundsatznormen, anders als bei Alexyschen Prinzipien, keineswegs eine Abhängigkeit des Ergebnisses von einer Einzelfallabwägung verbunden sein.

7. Gründe für die Einzelfallinvarianz eines Rechts – formelle Grundsätze

Ob die Gründe für die Einzelfallinvarianz eines Rechts mit hinreichender Sicherheit überwiegen, hängt davon ab, wie sehr die Stärke der Gründe und der Gegengründe von Fall zu Fall variieren. Gründe, die für einen höheren Grad an Gleichverteilung sprechen, können sich etwa aus formellen Verfassungsgrundsätzen ergeben, die für die Geltung abschließender, einzelfallübergreifender Maßstäbe sprechen können.

Solche formellen verfassungsrechtlichen Grundsätze sind vor allem Gewaltenteilung und Rechtsstaatlichkeit sowie als Ausprägungen der Rechtsstaatlichkeit die Grundsätze der Rechtssicherheit und des Vertrauensschutzes. Das Gebot der Normenbestimmtheit und der Normenklarheit folgt ebenfalls aus dem Rechtsstaatsgrundsatz, daneben aber auch aus den Grundsätzen der Demokratie, der Gewaltenteilung und aus den Grundrechten. Neben dem demokratischen Zweck, dem Parlamentsgesetzgeber die Entscheidung über die wesentlichen Fragen vorzubehalten, soweit sie nicht den anderen Gewalten zugewiesen ist, dient das Gebot der Normenbestimmtheit und Normenklarheit einer Trias rechtsstaatlicher Zwecke: Es soll erstens sicherstellen, dass der betroffene Bürger die Rechtslage erkennen und „sich darauf einstellen kann", zweitens, „dass die gesetzesausführende Verwaltung für ihr Verhalten steuernde und begrenzende Handlungsmaßstäbe vorfindet" und drittens, „dass die Gerichte die Rechtskontrolle durchführen können".[43] „Zur notwendigen Erkennbarkeit des Norminhalts gehört die Klarheit" und, „als deren Bestandteil, die Widerspruchsfreiheit".[44] Der Verwaltung klare und handhabbare Handlungsmaßstäbe vorzugeben dient dabei nicht nur der rechtsstaatlichen Begrenzung ihres Handelns, sondern kann die Rechtsanwendung für die Behörden zugleich auch erleichtern und so die Effektivität ihres Handelns erhöhen.[45]

Das Gebot der Normenklarheit und der Normenbestimmtheit gilt richtigerweise nicht nur für die Beurteilung der Verfassungsmäßigkeit einer gesetzlichen Regelung, sondern als verfassungssystematisches Argument auch für die Auslegung der Grundrechte selbst. Es kann daher dafür sprechen, bei der konkretisierenden Auslegung der Grundrechte klare, kategorische Maßgaben gegenüber einer Entscheidung durch Abwägung von Fall zu Fall zu bevorzugen.

---

[43] Vgl. BVerfGE 110, 33 (53) – *AWG* (2004); s. auch BVerfGE 113, 348 (375) – *Nds. SOG* (2005); 120, 274 (315 f.) – *Online-Durchsuchung* (2008); 120, 378 (407 f.) – *Kennzeichenerfassung* (2008); 128, 282 (317 f.) – *Zwangsbehandlung Maßregelvollzug* (2011).
[44] Vgl. BVerfGE 128, 282 (318) – *Zwangsbehandlung Maßregelvollzug* (2011) (m.w.Nw.).
[45] Vgl. auch U. S. Supreme Court, *Riley v. California*, Urt. v. 25. Juni 2014, No. 13–132, Chief Justice Roberts, Opinion of the Court, Slip Opinion, S. 22: „Each of the proposals is flawed and contravenes *our general preference to provide clear guidance to law enforcement through categorical rules*. ‚[I]f police are to have *workable rules*, the balancing of the competing interests . . . ‚must in large part be done *on a categorical basis – not in an ad hoc, case-by-case fashion by individual police officers.*" Michigan v. Summers, 452 U. S. 692, 705, n. 19 (1981) (quoting Dunaway v. New York, 442 U. S. 200, 219–220 (1979) (White, J., concurring))". Siehe auch ibid., Justice Alito, Concurring Opinion, Slip Opinion, S. 5 („While the Court's approach leads to anomalies, I do not see a workable alternative. *Law enforcement officers need clear rules* regarding searches incident to arrest, *and it would take many cases and many years for the courts to develop more nuanced rules.*"). Hervorh. jeweils hinzugef.

V. Drei Formen der Einzelfallprüfung und Einzelfallabhängigkeit

Die bisherigen Überlegungen erlauben es, drei Formen einer Einzelfallprüfung zu benennen, die sorgfältig voneinander zu unterscheiden sind, in der Diskussion über absolut geschützte Rechte aber häufig durcheinandergeworfen werden.

1. Prinzipienbezogene Einzelfallabwägung

Die *erste* Form der Einzelfallprüfung ist die Einzelfallabwägung von Alexyschen Prinzipien. Sie bildet einen regulären Bestandteil der Anwendung solcher Normen, vergleichbar mit einem gerichtlichen „Distinguishing".[46] Weil solche Normen definitionsgemäß die Alexysche Unschärfe[47] aufweisen, ist bei ihrer Anwendung von vornherein eine Einzelfallabwägung gegen prima facie gegenläufige Normen vorgesehen und notwendig.

2. Infragestellung der Absolutheit im Einzelfall

Die *zweite* Form der Einzelfallprüfung ist die Prüfung, ob es gerechtfertigt ist, an der Behauptung der Abwägungsfestigkeit einer ganz oder partiell abwägungsfest definierten Norm weiterhin festzuhalten.

Eine solche Prüfung unterscheidet sich in zwei wesentlichen Hinsichten von der Einzelfallabwägung Alexyscher Prinzipien. Erstens ist sie kein Bestandteil der Anwendung der Norm, sondern stellt den bisher angenommenen Inhalt der Norm gerade in Frage. Schon in eine solche Prüfung einzutreten heißt, die bisherige Normgeltungsbehauptung zu bezweifeln, vergleichbar mit der gerichtlichen Prüfung eines „Overruling".[48] Zweitens unterscheidet sich aber auch der Gegenstand einer solchen Prüfung von einer Einzelfallabwägung Alexyscher Prinzipien. Es wird gerade die *Einzelfallinvarianz* des Norminhalts[49] untersucht, also eine inhaltliche Eigenschaft, deren Nichtvorliegen im Rahmen einer Einzelfallabwägung immer schon implizit unterstellt wird.

Wenn der absolute Schutz einer Norm im Einzelfall in Frage gestellt wird, wird geprüft, ob Ausnahmen weiterhin mit hinreichender Gewissheit auszuschließen sind. Die Gründe, die ursprünglich für die Abwägungsfestigkeit der Norm sprachen, sind Gründe, die gerade auch für die Irrelevanz der Ein-

---

[46] Siehe oben S. 135.
[47] Siehe oben S. 50 ff.
[48] Siehe oben S. 134 f.
[49] Siehe oben S. 136 f.

zelfallumstände und damit für die Entbehrlichkeit einer Einzelfallabwägung sprachen. Um in eine solche Prüfung einzutreten, genügt es also nicht, dass im Einzelfall unvorhergesehene neue Umstände auftauchen oder dass es überhaupt Gründe gibt, die sich gegen die Rechtsfolge der Norm anführen lassen. Die Zweifel müssen stattdessen gerade auch die bisherige Prognose ins Wanken bringen, dass mit hinreichender Sicherheit alle derartigen Gegengründe in allen Anwendungsfällen ausgestochen bleiben werden. Es müssen Zweifel gerade an der Einzelfallinvarianz der Norm sein.

3. Tatsachenprüfung im Einzelfall

Die *dritte* Form der Einzelfallprüfung wird bei jeder Normanwendung erforderlich. Jede Normanwendung verlangt, zu prüfen, ob die *tatsächlichen* Anwendungsvoraussetzungen im konkreten Fall gegeben sind. Ob die Voraussetzungen einer Norm auf einen Fall anwendbar sind oder nicht, lässt sich trivialerweise stets nur im konkreten Fall feststellen.

Das gilt auch in dem Grenzfall einer reinen Fallvorschrift,[50] also einer Norm, deren Anwendungsvoraussetzungen bereits auf einen einzigen konkreten Fall hin spezifiziert sind. Liegt der Fall, für den die Norm gedacht ist, vor, ist zwar eine quasi-mechanische Subsumtion möglich. Auch dann bedarf es aber noch der individualisierenden Feststellung, dass der konkrete Fall, für den die Fallvorschrift gilt, auch tatsächlich vorliegt.

Erst recht bedarf es einer solchen tatsächlichen Einzelfallprüfung bei allen abstrakter gefassten Vorschriften. Auch wenn man sich für ein Fahrzeugfahrverbot im Park einen noch so eindeutigen Fall der Verletzung vorstellt, etwa einen Sportwagenfahrer, der dort zum Spaß mit 100 km/h herumkurvt, muss noch festgestellt werden, dass dies tatsächlich so geschah. In diesem trivialen Sinn trifft es bei jeder Norm zu, dass sich stets nur anhand der konkreten Umstände des Einzelfalls feststellen lässt, ob ihre Voraussetzungen gegeben sind.

VI. Definition von abwägungsfesten Begriffen durch graduierbare Merkmale

Der Vorwurf der Irrationalität, der dem komparativen Denken häufig gemacht wurde, mag eine gewisse Berechtigung für bestimmte in der ersten Hälfte des zwanzigsten Jahrhunderts entwickelte Konzeptionen haben. So ist etwa das Typusdenken von Karl Larenz zumindest in seiner ursprünglichen Form für

---

[50] S. oben S. 87 ff.

VI. Definition von abwägungsfesten Begriffen durch graduierbare Merkmale 175

eine solche Irrationalität kritisiert worden.[51] In den letzten Jahrzehnten sind jedoch erhebliche Fortschritte bei dem Versuch zu verzeichnen, die Verwendung komparativer oder graduierbarer Begriffe in das traditionelle juristische Syllogismus-Modell zu integrieren. Deduktive Argumentation und komparative Begriffe schließen einander daher keineswegs aus, wie noch Larenz es vertrat.

Alexys Prinzipientheorie kann als Versuch angesehen werden, das komparative Denken, also das Denken in Kategorien des Mehr-oder-Weniger statt des Alles-oder-Nichts, im Herzen der Grundrechtsdogmatik zu verankern. Es ist jedoch keine Eigenart allein von „Grundrechten als Prinzipien", sondern ein Charakteristikum *aller* „unscharfen" Begriffe, dass sie durch Konjunktionen oder Disjunktionen graduierbarer Merkmale definiert sein können, die Raum für unterschiedlich starke „Grade von Erfüllung" bieten.[52]

Eine Norm ordne bei Vorliegen des Tatbestandsmerkmales T die Rechtsfolge R an. Dann kann T durch eine Konjunktion komparativer Merkmale definiert sein, die unterschiedliche Erfüllungsgrade aufweisen können. Es entscheidet ein Gesamterfüllungsgrad, der durch verschiedene Kombinationen von Einzelerfüllungsgraden erreicht werden kann. So kann T erfüllt sein, wenn Merkmal A *und* Merkmal B zugleich in bestimmtem Ausmaß erfüllt sind (Konjunktion der jeweiligen Erfüllungsgrade von A und B), etwa wenn beide in „mittelhohem Maße" vorliegen, aber auch, wenn A nur in „geringem Maße", dafür aber B in „sehr hohem Maße" gegeben ist. T kann auch durch eine Disjunktion entsprechender Merkmale definiert sein, so dass nicht jedes Merkmal in jedem Fall vorliegen muss, sondern es ausreicht, wenn *entweder* A *oder* B in einem bestimmten Umfang erfüllt ist, etwa in „sehr hohem Maße".[53]

Eine solche Definition durch graduierbare oder komparative Merkmale muss jedoch keineswegs dazu führen, dass eine Alexysche Abwägung stattfindet. Abwägungsfeste Begriffe können ebenfalls durch graduierbare Merkmale definiert sein, solange gewährleistet ist, dass ihre Erfüllung nicht von einer Abwägung gegen gegenläufige Belange abhängt.

---

[51] Vgl. zur Kritik an dessen Lehre vom „konkret-allgemeinen Begriff" nur *Bernd Rüthers*, Entartetes Recht – Rechtslehren und Kronjuristen im Dritten Reich, 2. Aufl., 1989, S. 76 ff.

[52] *Koch/Rüßmann*, Juristische Methodenlehre und analytische Philosophie, in: Alexy/Dreier/Neumann (Hrsg.), Rechts- und Sozialphilosophie in Deutschland heute, S. 186 (192), auch zur verwandten Larenzschen Typuskonzeption.

[53] *Koch/Rüßmann*, ibid., S. 186 (192); s. auch *Maximilian Herberger/Dieter Simon*, Wissenschaftstheorie für Juristen, 1980, S. 279–283 (zu komparativen Begriffen), 337 f. (zum Definieren von Typusbegriffen).

1. Definition von Eingriffsschwellen durch graduierbare Merkmale – Mindestanforderungen bei Gefahrenschwellen und die „fünf Techniken" im Nordirland-Urteil des EGMR von 1978 als Beispiele

Einen wichtigen Anwendungsfall für ganz oder partiell abwägungsfreie Definitionen mithilfe graduierbarer Merkmale bilden Eingriffsschwellen für die Zulässigkeit von Grundrechtseingriffen. So können unter bestimmten Bedingungen hoheitliche Maßnahmen grundrechtlich verboten sein, die einen bestimmten Grad an Eingriffsintensität überschreiten. Neben der Eingriffsintensität kann aber auch an das notwendige Gewicht der rechtfertigenden Belange angeknüpft werden und dafür eine Mindestschwelle abwägungsfest definiert sein. Die Rechtsprechung des Bundesverfassungsgerichts bietet für solche Eingriffsschwellen zahlreiche Beispiele.[54]

So kann etwa eine Rechtfertigung kategorisch ausgeschlossen sein, wenn die Schadenswahrscheinlichkeit einen Mindestwert unterschreitet. Das kann etwa der Fall sein, wenn für die Rechtfertigung eines Grundrechtseingriffs eine konkrete Gefahr für bestimmte Schutzgüter verlangt wird. So dient beispielsweise die ausführliche Abwägung zwischen der Intensität der gesetzlichen Freiheitsbeschränkung und dem Gewicht der rechtfertigenden Belange, die der Beschluss des Bundesverfassungsgerichts zur Rasterfahndung vornimmt,[55] dazu, eine Vorrangregel zu begründen, nach der jede Rasterfahndung der geregelten Art unzulässig ist, sofern nicht die Eingriffsschwelle der konkreten Gefahr für hochrangige Rechtsgüter erreicht wird.[56] Die Konkretisierung des Begriffs der konkreten Gefahr kann danach zwar in gewissem Umfang einer Abwägung nach der allgemeinen polizeirechtlichen Je-desto-Formel unterliegen: Je größer der drohende Schaden ist, desto geringer muss die festgestellte Schadenswahrscheinlichkeit sein. Jedoch ist dieser Relativierung von Grundrechts wegen eine absolute Mindestgrenze gesetzt: Selbst bei höchstem Gewicht der drohenden Schäden kann danach eine allgemeine Bedrohungslage, wie sie nach dem 11. September 2001 jahrelang bestand, nicht ausreichen.[57]

---

[54] Vgl. dazu näher und m. Nw. *Hong*, Grundrechte als Instrumente der Risikoallokation, in: Scharrer/Dalibor/Rodi/Fröhlich/Schächterle (Hrsg.), Risiko im Recht – Recht im Risiko, S. 111 ff.

[55] Vgl. BVerfGE 115, 320 (345 ff.).

[56] Vgl. BVerfGE 115, 320 (320, Ls. 1): „Eine präventive polizeiliche Rasterfahndung *der in § 31 PolG NW 1990 geregelten Art* ist mit dem Grundrecht auf informationelle Selbstbestimmung (Art. 2 Abs. 1 in Verbindung mit Art. 1 Abs. 1 GG) nur vereinbar, wenn eine konkrete Gefahr für hochrangige Rechtsgüter wie den Bestand oder die Sicherheit des Bundes oder eines Landes oder für Leib, Leben oder Freiheit einer Person gegeben ist. Im Vorfeld der Gefahrenabwehr scheidet *eine solche Rasterfahndung* aus." (Hervorh. hinzugef.).

[57] Vgl. BVerfGE 115, 320 (361, 364 f., 369) – *Rasterfahndung* (2006): „Die Anforderungen an den Wahrscheinlichkeitsgrad und die Tatsachenbasis der Prognose dürfen allerdings *nicht beliebig herabgesenkt* werden, sondern müssen auch in angemessenem Verhältnis zur

VI. Definition von abwägungsfesten Begriffen durch graduierbare Merkmale   177

Als Beispiel für eine Schwelle der Eingriffsintensität lässt sich auf die Einstufung der so genannten „fünf Techniken" im Nordirland-Urteil des Europäischen Gerichtshofs für Menschenrechte von 1978 verweisen. Es ging dort um fünf Formen der Misshandlung von Gefangenen, die von der nordirischen Polizei (Royal Ulster Constabulary) gegenüber Terrorismusverdächtigen angewandt wurden: (1) Stehen in einer Stressposition (auf den Zehenspitzen stehend mit ausgestreckten Händen gegen die Wand gelehnt), (2) Verhüllen des Kopfes mit einer Kapuze, (3) Dauerbeschallung mit einem lauten, zischenden Geräusch, (4) Schlafentzug und (5) Reduzierung von Nahrungs- und Getränkerationen.[58]

Der Gerichtshof äußerte sich nicht dazu, ob diese Techniken schon je für sich betrachtet das Verbot der unmenschlichen oder erniedrigenden Behandlung aus Art. 3 EMRK verletzten. Er stellte aber fest, dass jedenfalls die kombinierte Anwendung dieser Techniken im konkreten Fall, die stundenlang andauerte und vorab geplant war, als unmenschliche Behandlung einzustufen sei.[59] Im Lichte neuer Erkenntnisse über die Langzeitwirkungen solcher Techniken und der weiteren Entwicklung der Rechtsprechung des Gerichtshofs ist davon auszugehen, dass er heute – richtigerweise – nicht nur eine unmenschliche Behandlung bejahen, sondern auch die besondere Intensitätsschwelle der Folter für erreicht halten würde.

Für das Beispiel wichtig ist jedoch an dieser Stelle die argumentative Konstruktion der Schwelle, unabhängig davon, ob es diejenige der unmenschlichen Behandlung oder die der Folter ist: Jede der angewandten Techniken erlaubt

---

Art und Schwere der Grundrechtsbeeinträchtigung und zur Aussicht auf den Erfolg des beabsichtigten Rechtsgüterschutzes stehen. *Selbst bei höchstem Gewicht* der drohenden Rechtsgutbeeinträchtigung kann auf das Erfordernis einer hinreichenden Wahrscheinlichkeit nicht verzichtet werden. [...] Eine derartige allgemeine Bedrohungslage, wie sie spätestens seit dem 11. September 2001, also seit nunmehr über vier Jahren, praktisch ununterbrochen bestanden hat, oder außenpolitische Spannungslagen reichen für die Anordnung einer Rasterfahndung nicht aus. [...] Mit der *Absenkung der Wahrscheinlichkeitsschwelle auf eine bloße Möglichkeit terroristischer Anschläge* nehmen die Gerichte einen von Verfassungs wegen unzulässigen Verzicht auf das Vorliegen einer konkreten, also im einzelnen Fall gegebenen und durch hinreichende Tatsachen zu belegenden Gefahrenlage vor." (Hervorh. hinzugef.).

[58] EGMR (Plenum), *Ireland v. United Kingdom*, Urt. v. 18. Januar 1978, No. 5310/71, § 96 („wall-standing: forcing the detainees to remain for periods of some hours in a ‚stress position' [...] ‚spread eagled against the wall, with their fingers put high above the head against the wall, the legs spread apart and the feet back, causing them to stand on their toes with the weight of the body mainly on the fingers'"; „hooding: putting a black or navy coloured bag over the detainees' heads"; „subjection to noise: [...] holding the detainees in a room where there was a continuous loud and hissing noise"; „deprivation of sleep"; „deprivation of food and drink: subjecting the detainees to a reduced diet [...]").

[59] EGMR, *Ireland v. United Kingdom*, Urt. v. 18. Januar 1978, No. 5310/71, § 167 („The five techniques were applied *in combination, with premeditation and for hours at a stretch*; they caused, if not actual bodily injury, at least *intense physical and mental suffering* to the persons subjected thereto and also led to *acute psychiatric disturbances* during interrogation. They accordingly fell into the category of inhuman treatment within the meaning of Article 3 [...]."; Hervorh. hinzugef.).

eine Anwendung auf graduell unterschiedlich intensive Weise. Der Begriff der unmenschlichen Behandlung, so wie er im Nordirland-Urteil zugrunde gelegt wurde, kann als durch eine bestimmte Intensitätsschwelle definiert verstanden werden, die durch eine *Konjunktion* von Misshandlungsformen verschiedener Eingriffsintensität erreicht werden kann.

Die Überschreitung der Intensitätsschwelle hängt zwar davon ab, in welchem Intensitätsgrad die jeweiligen Techniken *im Einzelfall* zur Anwendung gelangen. Insofern ist eine Einzelfallprüfung erforderlich, man kann auch von einer Gewichtung der Eingriffsintensität im Einzelfall sprechen. Entscheidend ist jedoch, dass die so gewichteten Erfüllungsgrade nicht in eine Abwägung gegen *gegenläufige* Interessen oder Normen eingestellt werden müssen. Die Anwendung des Begriffs durch den Gerichtshof kann vielmehr so gedeutet werden, dass allein eine Gewichtung der gewissermaßen in gleichläufiger Richtung festzustellenden Eingriffsintensitäten maßgeblich ist. Bei der Feststellung, ob eine unmenschliche Behandlung vorliegt, waren nach dieser Deutung des vom Gerichtshof zugrundegelegten Ansatzes keine gegenläufigen Grundrechtsinteressen oder anderweitigen staatlichen Interessen zu berücksichtigen.

2. Familienähnlichkeiten, Stereotypen, Prototypen

Die Definition eines Begriffes kann demnach zwar durch graduierbare Merkmale erfolgen, aber trotzdem gegenüber gegenläufigen Belangen abwägungsfest konzipiert sein. In der Sprachphilosophie wird Ähnliches wie die Definition durch graduierbare Merkmale auch unter dem Wittgensteinschen Begriff der „Familienähnlichkeiten" thematisiert, in der Sprachwissenschaft unter den Stichworten „Stereotyp" und „Prototyp".[60] Das Element der „graduellen" Erfüllung von Merkmalen steht auch in der sprachwissenschaftlichen Forschung zu graduierbaren Adjektiven[61] sowie in den vor allem aus dem naturwissenschaftlichen Bereich kommenden Beiträgen zur „unscharfen" Logik im Mittelpunkt.[62]

Bei der Konkretisierung solcher „komparativer" Merkmale ist durchaus ein „abwägendes", vergleichendes Denken und Begründen am Platz. Die Verwendung derartiger komparativer oder graduierbarer Begriffe bei der Definition grundrechtlicher Rechte muss jedoch keineswegs zu einer umfassenden Abwä-

---

[60] Vgl. dazu *John Lyons*, Bedeutungstheorien (1991), in: Ludger Hoffmann (Hrsg.), Sprachwissenschaft – Ein Reader, 2. Aufl., 2000, S. 624 (636); *Christoph Schwarze*, Stereotyp und lexikalische Bedeutung (1982), in: Hoffmann (Hrsg.), Sprachwissenschaft, 2. Aufl., S. 714 ff.

[61] Siehe z.B. *Christopher Kennedy*, Polar Opposition and the Ontology of „Degrees", in: Linguistics and Philosophy 24 (2001), S. 33 ff.

[62] *Lothar Philipps*, Unbestimmte Rechtsbegriffe und Fuzzy Logic, in: Fritjof Haft (Hrsg.), Strafgerechtigkeit. Festschrift für Arthur Kaufmann zum 70. Geburtstag, 1993, S. 265 265 ff.

gungsabhängigkeit führen. Aus sprachlicher Sicht spricht vielmehr nichts dagegen, auch bei Verwendung graduierbarer Begriffe und komparativer Argumente eine solche Einzelfallabwägung gerade unter Bezugnahme auf diese Merkmale ganz oder teilweise auszuschließen.

VII. Sprachliche Unmöglichkeit abwägungsfester Definitionen aufgrund der Unbestimmtheit graduierbarer Begriffe? – Der Sorites-Fehlschluss

Man könnte gegen die Möglichkeit abwägungsfester Rechte einwenden, sie seien zwar nicht aus normstrukturellen oder begründungstheoretischen, wohl aber aus sprachlogischen Gründen ausgeschlossen. Weil jede begriffliche Zuordnung zu graduierbaren Begriffen mehr oder weniger unscharf bleiben müsse, müsse jede Anwendung unscharfer Normbegriffe im Einzelfall letztlich aus sprachlichen Gründen zur Anerkennung einer unbestimmbaren Vielzahl von Ausnahmen und damit auf eine Einzelfallabwägung zurückführen.

Lassen es graduierbare Begriffe sprachlogisch überhaupt zu, klassifikatorische Schnitte zu setzen? Wie viele Körner bilden einen Kornhaufen? Die Frage führt zu einem uralten philosophischen Problem, dem sogenannten *Sorites-Paradox*, das der Philosophie nach wie vor Rätsel aufgibt und Stoff für zahlreiche philosophische Abhandlungen bildet. Wenn man von einem Kornhaufen ein einzelnes Korn wegnimmt, so bleibt der Haufen, so scheint es zumindest, weiterhin ein Haufen. Wenn das aber zuträfe, müsste man es dann nicht beliebig oft wiederholen können? Daraus würde dann folgen, dass selbst noch ein einziges Korn oder zuletzt sogar gar kein Korn noch einen Kornhaufen bildet – was offensichtlich nicht richtig sein kann.

In der Philosophie werden verschiedene Lösungsmodelle für das Sorites-Paradox vorgeschlagen. Die epistemische Theorie geht davon aus, dass es sich lediglich um ein epistemisches Problem handelt, also eine scharfe Grenze zwar existiert, jedoch aufgrund der Grenzen der Erkenntnisfähigkeit nicht exakt angegeben werden kann. Die herkömmliche binäre Logik muss nach dieser Theorie nicht aufgegeben werden. Andere Theorien schlagen verschiedene Modifikationen der klassischen, binären Logik vor.[63]

Man ist sich jedoch weitgehend einig darüber, dass jedenfalls die Folgerung aus dem Sorites-Schluss nicht akzeptiert werden kann: Es kann nicht stimmen, dass auch ein Korn oder gar kein Korn noch ein Kornhaufen ist. Begriffe wie

---

[63] Vgl. ausf. zum Sorites-Paradox etwa die Arbeiten v. *Rosanna Keefe*, Theories of Vagueness, 2000; *Roy A. Sorensen*, Vagueness and Contradiction, 2001; *Timothy Andrew Orville Endicott*, Vagueness in Law, 2000.

Kornhaufen oder Tag und Nacht sind so gebildet, dass sie zwar eine komparative Betrachtung ermöglichen und insofern fließende Übergänge kennen, andererseits aber auch eine klassifikatorische Zuordnung fordern. Es gibt größere und kleinere Kornhaufen. Man kann aber einen Kornhaufen nicht beliebig verkleinern: Irgendwann ist es kein Kornhaufen mehr, sondern nur noch eine Ansammlung einiger Körner.

In der Zeit der Dämmerung gehen Tag und Nacht fließend ineinander über. Auch wenn unklar ist, wann genau die Nacht endet, ist doch irgendwann die Morgendämmerung vergangen und ein neuer Tag hat begonnen. Wer schon aus der Tatsache, dass ein Begriff einen Vagheitsbereich hat, in dem graduelle Veränderungen der Erfüllung eines bestimmten Merkmals die Zuordnung zu ihm nicht ausschließen, folgert, dass die Zuordnung zum Begriff auch bei beliebig großen Veränderungen des entsprechenden Merkmals noch möglich bleiben muss, der begeht also einen Fehlschluss – den Sorites.

Wenn Rechte durch Begriffe definiert sind, die der Graduierung fähig sind, würde sich ebenfalls des Sorites schuldig machen, wer allein schon aus der Vagheit dieser Begriffe darauf schließen wollte, dass diese Rechte nicht abwägungsfest gelten können. Wer ein uneingeschränktes „Recht auf einen Kornhaufen" hat, der kann zwar nicht genau angeben, wie viele Körner ihm zustehen. Er wird aber mit Recht protestieren, wenn ihm mitgeteilt wird, das Recht könne schon deshalb nicht kategorisch gelten und müsse schon deshalb gegen gegenläufige Belange abgewogen werden, weil der Begriff des Kornhaufens sprachlich unbestimmt sei. Abwägungsfeste Rechte scheitern deshalb ebensowenig schon an den Grenzen begrifflicher Bestimmtheit wie an normlogischen oder argumentationstheoretischen Hindernissen.

VIII. Abgrenzung zu Matthias Herdegens Konzept der ‚bilanzierenden Gesamtwürdigung'

Das hier entwickelte Konzept der Begründung absolut geschützter Rechte ist von dem Konzept einer ‚bilanzierenden Gesamtwürdigung im Einzelfall' abzugrenzen, wie es Matthias Herdegen in seiner Kommentierung der Menschenwürdegarantie vertritt.[64]

Auch Herdegen geht zwar von dem zutreffenden Grundgedanken aus, dass sich abwägungsfeste Positionen als Ergebnis einer Abwägung ergeben können:

---

[64] *Matthias Herdegen*, in: Theodor Maunz/Günter Dürig (Hrsg.), Grundgesetz – Kommentar. Loseblatt, Stand April 2018 (83. Erg.-Lieferung), Art. 1 Abs. 1 (Bearb. Mai 2009) Rn. 46–51, 54 f., 73; *ders.*, Die Garantie der Menschenwürde: absolut und doch differenziert?, in: Rolf Gröschner/Oliver W. Lembcke (Hrsg.), Das Dogma der Unantastbarkeit – Eine Auseinandersetzung mit dem Absolutheitsanspruch der Würde, 2009, S. 93 (105–109).

VIII. Abgrenzung zu Matthias Herdegens Konzept 181

Der Achtungsanspruch für die Menschenwürde „ergibt sich", so Herdegen, „überhaupt erst aus einer bilanzierenden Gesamtwürdigung", doch gilt „der so ermittelte Würdeanspruch [...] dann absolut"; „[e]ine Abwägung mit anderen Grundrechten und sonstigen Rechtsgütern von Verfassungsrang findet nicht mehr statt."[65] Herdegen ist ferner auch darin zuzustimmen, dass der Achtungsanspruch für die Menschenwürde nicht nur rein modal, also nach der Art und Weise der Verletzungshandlung näher bestimmt werden kann, sondern dass die Bedingungen, unter denen dieser Achtungsanspruch absolut gilt, auch Differenzierungen enthalten können wie die nach Täter und Opfer, nach dem Zweck des Eingriffs oder nach dem Intensitätsgrad der Eingriffshandlung im Einzelfall.[66]

Jedoch soll bei Herdegen, anders als nach dem hier entwickelten Modell, die Bestimmung der Folgerungen aus der Menschenwürde offenbar stets an eine Berücksichtigung gegenläufiger Rechtsgüter im konkreten Einzelfall gebunden bleiben, obwohl er eine Abwägung als ausgeschlossen bezeichnet. Eine in dieser Hinsicht besonders offene Formulierung lautet wie folgt:

„Auf der anderen Seite verlangt es die Einheit der Verfassung, dass das *in einer konkreten Situation* von der Würde des Einzelnen Geforderte auch *auf Würde, Leben und Grundrechte Dritter Bedacht* nimmt. Vor allem die Rücksicht auf Würde und Leben anderer, d.h. insoweit bestehende Verantwortungszusammenhänge, prägt den Inhalt dessen mit, was der Würde des Einzelnen im konkreten Fall geschuldet ist."[67]

Legt man diese Formulierung zugrunde, so läuft Herdegens Modell letztlich der Sache nach auf dasselbe hinaus wie Alexys Rekonstruktion der Menschenwürde als abwägungsbezogener Ergebnisbegriff. Auch wenn das (jeweilige) Ergebnis der ‚bilanzierenden Gesamtwürdigung' im Einzelfall einer Abwägung nicht mehr offen stehen soll, ist nicht gewährleistet, dass bei der stets erneut er-

---

[65] *Herdegen*, in: Maunz/Dürig (Hrsg.), Grundgesetz, Art. 1 Abs. 1 (Bearb. Mai 2009) Rn. 47, 73 („Absolute Geltung hat erst der so konkretisierte Würdeanspruch."); Hervorh. jeweils weggelassen; vgl. auch *ders.*, Die Garantie der Menschenwürde: absolut und doch differenziert?, in: Gröschner/Lembcke (Hrsg.), Das Dogma der Unantastbarkeit, S. 93 (105) („Der einmal so ermittelte Würdeanspruch ist dann abwägungsfest."; „Auch diese hier vertretene Sichtweise lässt mithin stabile Handlungsgebote entstehen [...]").

[66] Vgl. *Herdegen*, in: Maunz/Dürig (Hrsg.), Grundgesetz, Art. 1 Abs. 1 (Bearb. Mai 2009) Rn. 46–50.

[67] Ibid. Rn. 46 (Hervorh. geändert); vgl. ferner ibid., Rn. 49 („Zone des Schutzbereichs, in der die Menschenwürde ‚tangierende' Eingriffe ausnahmsweise bei einer bilanzierenden Gesamtwürdigung *aller Umstände* keine Würdeverletzung darstellen"), 50 („*situative Gesamtwürdigung* bei der Konkretisierung des Würdeanspruches *im einzelnen Fall*"), 73 („lässt die Konkretisierung des Würdeanspruches *im einzelnen Fall* Raum für die Berücksichtigung des Schutzes anderer hochrangiger Verfassungsbelange, insbesondere von Würde und Leben anderer"); *ders.*, Die Garantie der Menschenwürde: absolut und doch differenziert?, in: Gröschner/Lembcke (Hrsg.), Das Dogma der Unantastbarkeit, S. 93 (105) („Differenzierungen [...] bei der *in einer bestimmten Situation* gebotenen Ableitung eines bestimmten Anspruches"); Hervorh. jeweils hinzugef.

forderlich werdenden Einzelfallprüfung nicht die gegenläufigen Rechte Dritter dann doch den Vorrang erhalten.[68]

Nach dem Modell der Grundsatznormen wird die Abwägungsfestigkeit eines Rechtes hingegen gerade durch die Hinsichten definiert, in denen sein definitiver Gehalt *losgelöst* von der Prüfung gegenläufiger Normen im Einzelfall (einzelfallinvariabel) bestimmbar ist. Es ist freilich nicht auszuschließen, dass Herdegens Position für eine Klarstellung in diese Richtung zumindest offen ist. Die Rede von einem Ausschluss der Abwägung nach Feststellung des jeweiligen Rechtes spricht dafür, dass der Vorbehalt der Einzelfallprüfung von Herdegen vielleicht nur missverständlich weit formuliert worden ist. Herdegen könnte möglicherweise auch *fallübergreifend* formulierte Konstellationen meinen, wenn er von Differenzierungen nach konkreten oder bestimmten „Situationen",[69] von „situative[r] Gesamtwürdigung",[70] von „situationsgebundene[r] Gesamtwürdigung" oder „situationsbezogener Differenzierung" spricht.[71]

Die Formulierungen, in denen Herdegen dagegen ausdrücklich auf eine Gesamtwürdigung *im konkreten Fall* oder *im Einzelfall* abstellt,[72] erlauben jedoch jedenfalls nach jetzigem Stand auch die weitergehende Deutung, nach der der Einzelfallvorbehalt auch für die Bereiche gelten soll, die von Herdegen als absolut geschützt bezeichnet werden. Jedenfalls wenn diese Formulierungen maßgeblich sind, ist Herdegens Konzept der Gesamtwürdigung dem Alexyschen Modell der Menschenwürdegarantie näher als dem Modell der Grundsatznormen.

---

[68] Vgl. auch die entsprechende Kritik an der These Herdegens, der konkretisierte Würdeanspruch gelte absolut, bei *v. Bernstorff*, Der Streit um die Menschenwürde im Grund- und Menschenrechtsschutz, in: JZ 2013, S. 905 (912); *Felix Hanschmann*, Kalkulation des Unverfügbaren – Das Folterverbot in der Neu-Kommentierung von Art. 1 Abs. 1 GG im Maunz-Dürig, in: Beestermöller/Brunkhorst (Hrsg.), Rückkehr der Folter, S. 130 (134) („fadenscheinige dogmatische Akrobatik"); *Hain*, Konkretisierung der Menschenwürde durch Abwägung?, in: Der Staat 45 (2006), S. 189 (204 f.) („jedenfalls gelingt es Herdegen nicht, seine ‚bilanzierende Gesamtwürdigung' von der Abwägung mit Grundrechten anderer und anderen Verfassungswerten klar zu unterscheiden"); *Teifke*, Das Prinzip Menschenwürde, S. 120 (der diese Konkretisierungen als „konkrete Normen", die „auf bestimmte Fälle bezogen" sind, versteht, also offenbar als *fallbezogene Normen* in dem oben, S. 89 ff., beschriebenen Sinn).

[69] *Herdegen*, in: Maunz/Dürig (Hrsg.), Grundgesetz, Art. 1 Abs. 1 (Bearb. Mai 2009) Rn. 46 („in einer konkreten Situation"); *ders.*, Die Garantie der Menschenwürde: absolut und doch differenziert?, in: Gröschner/Lembcke (Hrsg.), Das Dogma der Unantastbarkeit, S. 93 (105) („in einer bestimmten Situation").

[70] *Herdegen*, in: Maunz/Dürig (Hrsg.), Grundgesetz, Art. 1 Abs. 1 (Bearb. Mai 2009) Rn. 50 („situative Gesamtwürdigung").

[71] Ibid. Rn. 46 Überschrift (unter 4.: „situationsgebundene Gesamtwürdigung"; Hervorh. weggelassen), Rn. 46 („situationsbezogene Differenzierung").

[72] Siehe oben S. 181 (Fn. 67).

Fazit

Die Grundlagenkritik Alexys an der Begründbarkeit abwägungsfester Rechte hat sich als im Kern unbegründet erwiesen. Die Methode der Abwägung im Verfassungsrecht ist deshalb nicht schon als solche abzulehnen.[1] Es ist jedoch zu unterscheiden zwischen dem allgemeinen Abwägen juristischer Gründe, das stets notwendig ist, und dem Abwägen von Prinzipien im Sinne Alexys, das nur dann notwendig ist, wenn Normen die spezifische inhaltliche Unschärfe und Einzelfallabhängigkeit solcher Prinzipien aufweisen.

Der abwägende Charakter aller juristischen Argumentation in Zweifelsfragen, auf den Alexy zu Recht hinweist, lässt sich im Rahmen eines Modells der Abwägung von Grundsatznormen rekonstruieren, das an wesentliche Einsichten der Alexyschen Prinzipientheorie anknüpft, ohne jedoch deren verfehlte Parteinahme für die Einzelfallabhängigkeit aller Norminhalte zu übernehmen. Für die Abwägung von Grundsatznormen gelten die Gesetzmäßigkeiten des Alexyschen Kollisionsmodells, namentlich sein Kollisionsgesetz und seine beiden Abwägungsgesetze, jedoch ohne deren inhaltliche Festlegung auf eine dauerhafte Alexysche Unschärfe. Das Ergebnis einer Abwägung von Grundsatznormen können deshalb abwägungsfeste Rechte sein, die die allgemeineren Grundsatznormen näher konkretisieren und Kollisionen zwischen ihnen abschließend entscheiden. Aus einer außentheoretischen Kollision können danach innentheoretische, absolut geschützte Rechte hervorgehen.

Die Frage, ob das Grundgesetz solche abwägungsfesten Rechte positiviert, kann nicht auf der neutralen Ebene der Normtheorie oder der Begründungstheorie geklärt werden. Sie kann nicht durch einen Verweis auf allgemeine Erkenntnisse über die grundrechtliche Argumentation beantwortet werden, sondern verlangt nach einer Stellungnahme zu konkreten streitigen Fragen *im Rahmen* einer solchen Argumentation. Sie führt daher zwangsläufig auf das Gebiet der, notfalls streitigen, Auseinandersetzung um den Inhalt der konkreten Grundrechtsbestimmungen des Grundgesetzes. In dieser Auseinandersetzung, ist die „Relativität des Richtigen", die Kontingenz und Zeitabhängigkeit aller Erkenntnis zu beachten.[2] Die Behauptung der abwägungsfesten Geltung

---

[1] Siehe dazu bereits oben S. 27 ff. (bei Fn. 99 ff.).
[2] Zur wissenschaftstheoretischen „Relativität des Richtigen" vgl. *Wolfgang Hoffmann-Riem*, Methoden einer anwendungsorientierten Verwaltungsrechtswissenschaft, in:

bestimmter Rechte kann sich darin jedoch ebenso als berechtigt erweisen wie die gegenteilige Behauptung ihrer Relativierbarkeit durch Abwägungen.

Die Begründung und Anwendung abwägungsfester Rechte ist auch in Zweifelsfällen im Einklang mit grundlegenden methodentheoretischen Anforderungen möglich. Abwägungsfeste Rechte sind rechtstheoretisch keine Zauberei. Sie lassen sich juristisch so gut oder schlecht begründen wie andere Rechte auch. Sie sind gegenüber einer argumentativen Infragestellung nicht immun. Die Behauptung ihrer Abwägungsfestigkeit kann sich, wie jede Normbehauptung, als unzutreffend erweisen. Sie kann durch bessere Gegengründe widerlegt werden. Solange dies jedoch nicht geschehen ist, ist es keineswegs irrational, eine solche Behauptung als gültig zu behandeln. Irrational wäre es dann vielmehr, diese Rechte gleichwohl mit einem Abwägungsvorbehalt zu versehen, wie ihn die Alexysche Prinzipientheorie – bislang – für alle grundrechtlichen Positionen fordert.

Eberhard Schmidt-Aßmann/Wolfgang Hoffmann-Riem (Hrsg.), Methoden der Verwaltungsrechtswissenschaft, 2004, S. 9 (28 ff.).

Literaturverzeichnis

Aarnio, Aulis, Taking Rules Seriously, in: Maihofer/Sprenger (Hrsg.), Law and the States in Modern Times, S. 180 ff.
Aleinikoff, T. Alexander, Constitutional Law in the Age of Balancing, in: Yale L. J. 96 (1987), S. 943 ff.
Alexy, Robert, A Theory of Constitutional Rights, Oxford University Press, Oxford 2002.
–: A Theory of Legal Argumentation – The Theory of Rational Discourse as Theory of Legal Justification, Oxford University Press, Oxford 2010.
–: Balancing, Constitutional Review, and Representation, in: Int'l J. Const. L. 3 (2005), S. 572 ff.
–: Begriff und Geltung des Rechts, Alber, Alber-Reihe Rechts- und Sozialwissenschaft, Freiburg i.Br., München 1992.
–: Comments & Responses, in: Klatt (Hrsg.), Institutionalized Reason, S. 319 ff.
–: Die Gewichtsformel, in: Jickeli/Kreutz/Reuter (Hrsg.), Gedächtnisschrift Sonnenschein, S. 771 ff.
–: Die Konstruktion der Grundrechte, in: Clérico/Sieckmann (Hrsg.), Grundrechte, Prinzipien und Argumentation, S. 9 ff.
–: Die logische Analyse juristischer Entscheidungen (1980), in: *ders.*, Recht, Vernunft, Diskurs, S. 13 ff.
–: Grundrechte als subjektive Rechte und als objektive Normen (1990), in: *ders.*, Recht, Vernunft, Diskurs, S. 262 ff.
–: Grundrechte und Verhältnismäßigkeit, in: Schliesky/Ernst/Schulz (Hrsg.), Festschrift Schmidt-Jortzig, S. 3 ff.
–: Grundrechte, Demokratie und Repräsentation, in: Der Staat 54 (2015), S. 201 ff.
–: Grundrechtsnorm und Grundrecht, in: Krawietz (Hrsg.), Politische Herrschaftsstrukturen und neuer Konstitutionalismus, S. 101 ff.
–: Ideales Sollen, in: Clérico/Sieckmann (Hrsg.), Grundrechte, Prinzipien und Argumentation, S. 21 ff.
–: Individuelle Rechte und kollektive Güter (1989), in: *ders.*, Recht, Vernunft, Diskurs, S. 232 ff.
–: Menschenwürde und Verhältnismäßigkeit, in: AöR 140 (2015), S. 497 ff.
–: Normenbegründung und Normanwendung (1993), in: *ders.*, Recht, Vernunft, Diskurs, S. 52 ff.
–: Recht, Vernunft, Diskurs – Studien zur Rechtsphilosophie, Suhrkamp-Taschenbuch Wissenschaft, Suhrkamp, Frankfurt am Main 1995.
–: Rechtsregeln und Rechtsprinzipien (1985), in: Alexy/Koch/Rüßmann (Hrsg.), Elemente einer juristischen Begründungslehre, S. 217 ff.
–: The Argument from Injustice – A Reply to Legal Positivism, Oxford University Press, Oxford 2009.

–: The Construction of Constitutional Rights, in: Law & Ethics of Human Rights 4 (2010), S. 19 ff.

–: Theorie der Grundrechte, Nomos, Studien und Materialien zur Verfassungsgerichtsbarkeit 28, Baden-Baden 1985. Zugl.: Göttingen, Univ., Habil.-Schr., 1984.

–: Theorie der juristischen Argumentation – Die Theorie des rationalen Diskurses als Theorie der juristischen Begründung. Zugl.: Göttingen, Univ., Diss., 1976, 2. Aufl., Suhrkamp, Frankfurt am Main 1991.

–: Thirteen Replies, in: Pavlakos (Hrsg.), Law, Rights and Discourse, S. 333 ff.

–: Two or Three?, in: Borowski (Hrsg.), On the Nature of Legal Principles, S. 9 ff.

–: Verfassungsrecht und einfaches Recht – Verfassungsgerichtsbarkeit und Fachgerichtsbarkeit, in: VVDStRL 61 (2002), S. 7 ff.

–: Zum Begriff des Rechtsprinzips (1979), in: *ders.*, Recht, Vernunft, Diskurs, S. 177 ff.

–: Zur Struktur der Grundrechte auf Schutz, in: Sieckmann (Hrsg.), Die Prinzipientheorie der Grundrechte, S. 105 ff.

–: Zur Struktur der Rechtsprinzipien, in: Schilcher/Koller/Funk (Hrsg.), Regeln, Prinzipien und Elemente im System des Rechts, S. 31 ff.

Alexy, Robert/Dreier, Ralf/Neumann, Ulfrid (Hrsg.), Rechts- und Sozialphilosophie in Deutschland heute – Beiträge zur Standortbestimmung, ARSP-Beiheft 44, Steiner, Stuttgart 1991.

Alexy, Robert/Koch, Hans-Joachim/Rüßmann, Helmut (Hrsg.), Elemente einer juristischen Begründungslehre, Studien zur Rechtsphilosophie und Rechtstheorie 31, Nomos, Baden-Baden 2003.

Alvarez, Silvina, Constitutional Conflicts, Moral Dilemmas, and Legal Solutions, in: Ratio Juris 24 (2011), S. 59 ff.

Arendt, Hannah, The Origins of Totalitarianism, Harcourt, Brace and Co., New York 1951.

Arnauld, Andreas von, Rechtssicherheit – Perspektivische Annäherungen an eine idee directrice des Rechts, Mohr Siebeck, Jus Publicum 148, Tübingen 2006. Zugl. Berlin, Freie Univ., Habil.-Schr., 2005.

Bäcker, Carsten, Begründen und Entscheiden, Nomos, Studien zur Rechtsphilosophie und Rechtstheorie 49, Baden-Baden 2008.

–: Recht als institutionalisierte Vernunft? Zu Robert Alexys diskurstheoretischer Konzeption des Rechts, in: ARSP 97 (2011), S. 346 ff.

Badura, Peter/Dreier, Horst (Hrsg.), Festschrift 50 Jahre Bundesverfassungsgericht, Bd. 2, Mohr Siebeck, Tübingen 2001.

Balkin, Jack M., Living Originalism, Harvard University Press, Cambridge, Mass. 2011.

Barak, Aharon, Proportionality – Constitutional Rights and their Limitations, Cambridge University Press, Cambridge 2012.

Beestermöller, Gerhard/Brunkhorst, Hauke (Hrsg.), Rückkehr der Folter – Der Rechtsstaat im Zwielicht?, Beck'sche Reihe, C. H. Beck, München 2006.

Bittner, Claudia, Recht als interpretative Praxis – Zu Ronald Dworkins allgemeiner Theorie des Rechts, Duncker & Humblot, Schriften zur Rechtstheorie 131, Berlin 1988. Zugl.: Freiburg i.Br., Univ., Diss., 1987.

Black, Charles L., Mr. Justice Black, the Supreme Court, and Bill of Rights (1961), in: *ders.*, The Occasions of Justice, S. 89 ff.

–: The Occasions of Justice – Essays mostly on Law, Macmillan, New York 1963.

Blaschke, Ulrich/Förster, Achim/Lumpp, Stephanie/Schmidt, Judith (Hrsg.), Sicherheit statt Freiheit? – Staatliche Handlungsspielräume in extremen Gefährdungslagen, Schriften zum Öffentlichen Recht 1002, Duncker & Humblot, Berlin 2005.
Blocher, Joseph, Categoricalism and Balancing in First and Second Amendment Analysis, in: N. Y. U. L. Rev. 84 (2009), S. 375 ff.
Böckenförde, Ernst-Wolfgang, Ausnahmerecht und demokratischer Rechtsstaat, in: Vogel/ Simon/Podlech (Hrsg.), Festschrift Martin Hirsch, S. 259 ff.
–: Grundrechte als Grundsatznormen (1990), in: *ders.*, Staat, Verfassung, Demokratie, S. 159 ff.
–: Rechtsstaat und Ausnahmerecht – Eine Erwiderung, in: Zeitschrift für Parlamentsfragen 11 (1980), S. 591 ff.
–: Schutzbereich, Eingriff, verfassungsimmanente Schranken – Zur Kritik gegenwärtiger Grundrechtsdogmatik (2003), in: *ders.*, Wissenschaft, Politik, Verfassungsgericht, S. 230 ff.
–: Staat, Verfassung, Demokratie – Studien zur Verfassungstheorie und zum Verfassungsrecht, Suhrkamp, Frankfurt am Main 1991.
–: Wissenschaft, Politik, Verfassungsgericht, Suhrkamp-Taschenbuch Wissenschaft 2006, Suhrkamp, Berlin 2011.
Böckenförde, Ernst-Wolfgang/Spaemann, Robert (Hrsg.), Menschenrechte und Menschenwürde – Historische Voraussetzungen, säkulare Gestalt, christliches Verständnis, Klett-Cotta, Stuttgart 1987.
Bomhoff, Jacco, Balancing Constitutional Rights – The Origins and Meanings of Postwar Legal Discourse, Cambridge University Press, Cambridge studies in constitutional law, Cambridge 2014.
Borowski, Martin, Abwehrrechte als grundrechtliche Prinzipien, in: Sieckmann (Hrsg.), Die Prinzipientheorie der Grundrechte, S. 81 ff.
–: Grundrechte als Prinzipien – Die Unterscheidung von Prima-facie-Position und definitiver Position als fundamentaler Konstruktionsgrundsatz der Grundrechte, Nomos, Kieler rechtswissenschaftliche Abhandlungen 11, Baden-Baden, 1. Aufl. 1998; 2. Aufl. 2007; 3. Aufl. 2018. Zugl.: Kiel, Univ., Diss., 1997.
–: Limiting Clauses: On the Continental European Tradition of Special Limiting Clauses and the General Limiting of Art 52(1) Charter of Fundamental Rights of the European Union, in: Legisprudence 1 (2007), S. 197 ff.
–: (Hrsg.), On the Nature of Legal Principles. Proceedings of the Special Workshop „The Principles Theory" held at the 23rd World Congress of the International Association for Philosophy of Law and Social Philosophy (IVR), Kraków, 2007, Steiner, Stuttgart 2010.
Bracker, Susanne, Kohärenz und juristische Interpretation, Nomos, Studien zur Rechtsphilosophie und Rechtstheorie 27, Baden-Baden 2000. Zugl.: Kiel, Univ., Diss., 1999/2000.
Brockmöller, Annette (Hrsg.), Ethische und strukturelle Herausforderungen des Rechts – Referate der 2. Tagung der Initiative Junger Wissenschaftlerinnen und Wissenschaftler aus den Bereichen Rechtsphilosophie, Rechtstheorie und Rechtssoziologie vom 10. bis zum 12. November 1995 in Göttingen, ARSP-Beiheft 66, Steiner, Stuttgart 1997.
Brugger, Winfried, Christoph Enders, Die Menschenwürde in der Verfassungsordnung, in: AöR 124 (1999), S. 310 ff.

Bruns, Alexander/Kern, Christoph/Münch, Joachim/Piekenbrock, Andreas/Stadler, Astrid/Tsikrikas, Dimitrios (Hrsg.), Festschrift für Rolf Stürner zum 70. Geburtstag, 1. Teilband, Deutsches Recht 2013.

Bryde, Brun-Otto, Verfassungsentwicklung – Stabilität und Dynamik im Verfassungsrecht der Bundesrepublik Deutschland, Nomos, Baden-Baden 1982. Zugl.: Hamburg, Univ., Habil.-Schr., 1981.

Bundesministerium des Innern (Hrsg.), Bewährung und Herausforderung – die Verfassung vor der Zukunft. Dokumentation zum Verfassungskongreß „50 Jahre Grundgesetz/50 Jahre Bundesrepublik Deutschland" vom 6. bis 8. Mai 1999 in Bonn, 1999 1999.

Chapman, Bruce, Incommensurability, Proportionality, and Defeasibility, in: Law, Probability and Risk 12 (2013), S. 259 ff.

Clérico, Laura, Die Struktur der Verhältnismäßigkeit, Nomos, Kieler rechtswissenschaftliche Abhandlungen 34, Baden-Baden 2001. Zugl.: Kiel, Univ., Diss., 2000.

Clérico, Laura/Sieckmann, Jan-Reinard (Hrsg.), Grundrechte, Prinzipien und Argumentation – Studien zur Rechtstheorie Robert Alexys, Nomos, Baden-Baden 2009.

Cohen-Eliya, Moshe/Porat, Iddo, Proportionality and the Culture of Justification, in: Am. J. Comp. L. 59 (2011), S. 463 ff.

–: The Hidden Foreign Law Debate in Heller – The Proportionality Approach in American Constitutional Law, in: San Diego L. Rev. 46 (2009), S. 367 ff.

Da Silva, Virgilio Alfonso, Comparing the Incommensurable: Constitutional Principles, Balancing and Rational Decision, in: Oxf. J. Legal St. 31 (2011), S. 273 ff.

Derrida, Jacques, Gesetzeskraft – Der „mystische Grund der Autorität", Suhrkamp, Frankfurt am Main 1991.

Desens, Marc, Bindung der Finanzverwaltung an die Rechtsprechung – Bedingungen und Grenzen für Nichtanwendungserlasse, Mohr Siebeck, Jus Publicum 206, Tübingen 2011. Zugl.: Münster, Univ., Habil.-Schr., 2010.

Deutscher Bundestag/Bundesrat (Hrsg.), Der Parlamentarische Rat – 1948–1949, Akten und Protokolle, Bd. 5, Ausschuss für Grundsatzfragen; bearb. von Eberhard Pikart und Wolfram Werner, Boldt, Boppard am Rhein 1993.

–: (Hrsg.), Der Parlamentarische Rat – 1948–1949, Akten und Protokolle, Bd. 9, Plenum; bearb. von Wolfram Werner, Boldt im Oldenbourg Verlag, München 1996.

Dürig, Günter, Der Grundrechtssatz von der Menschenwürde, in: AöR 81 (1956), S. 117 ff.

Dworkin, Ronald, A Matter of Principle, Harvard University Press, Cambridge, Mass. 1986.

–: Bürgerrechte ernstgenommen, Suhrkamp, Frankfurt am Main 1984.

–: Freedom's Law – The Moral Reading of the American Constitution, Oxford University Press, Oxford 1996.

–: Justice for Hedgehogs, Harvard University Press, Cambridge, Mass. 2011.

–: Justice in Robes, Harvard University Press, Cambridge, Mass. 2006.

–: Law's Empire, Hart Publishing, Oxford 1986/1998. Reprint.

–: Social Rules and Legal Theory, in: Yale L. J. 81 (1972), S. 855 ff.

–: Taking Rights Seriously, Harvard University Press, Cambridge, Mass. 1978.

–: The Model of Rules, in: U. Chi. L. Rev. 35 (1967), S. 14 ff.

Emerson, Ralph Waldo, Circles (from Essays, First Series, 1841), in: *ders.*, Selected Essays, Lectures, and Poems, S. 193 ff.

–: Selected Essays, Lectures, and Poems, Bantam Books, New York 1990/2007.

Enders, Christoph, Der Staat in Not – Terrorismusbekämpfung an den Grenzen des Rechtsstaats, in: DÖV 2007, S. 1039 ff.

–: Die Menschenwürde in der Verfassungsordnung – Zur Dogmatik des Art. 1 GG, Mohr Siebeck, Jus Publicum 27, Tübingen 1997. Zugl.: Freiburg i.Br., Univ., Habil.-Schr., 1995/96.
Endicott, Timothy Andrew Orville, Vagueness in Law, Oxford University Press, Oxford, New York 2000.
Ewald, William, The Conceptual Jurisprudence of the German Constitution, in: Const. Comment. 21 (2004), S. 591 ff.
Finkelstein, Claire Oakes, When the Rule Swallows the Exception, in: Quinnipiac L. Rev. 19 (2000), S. 505 ff.
Frenzel, Eike, Zugänge zum Verfassungsrecht – Ein Studienbuch, Mohr Siebeck, Tübingen 2009.
Friauf, Karl Heinrich/Höfling, Wolfram (Hrsg.), Berliner Kommentar zum Grundgesetz, Erich Schmidt Verlag (ESV), Berlin. Loseblatt, Stand Mai 2018.
Friedman, Barry, The wages of stealth overruling (with particular attention to Miranda v. Arizona), in: Georgetown L. J. 99 (2010), S. 1 ff.
Gewirth, Alan, Are there any Absolute Rights?, in: The Philosophical Quarterly 31 (1981), S. 1 ff.
–: There are Absolute Rights, in: Philosophical Quarterly 32 (1982), S. 348 ff.
Goos, Christoph, Innere Freiheit – Eine Rekonstruktion des grundgesetzlichen Würdebegriffs, V & R Unipress, Bonn Univ. Press, Göttingen, Bonn 2011. Zugl.: Bonn, Univ., Diss., 2009.
Greene, Jamal, The Rule of Law as a Law of Standards, in: Georgetown L. J. 99 (2011), S. 1289 ff.
Grimm, Dieter, Die Meinungsfreiheit in der Rechtsprechung des Bundesverfassungsgerichts, in: NJW 1995, S. 1697 ff.
–: Die Würde des Menschen ist unantastbar, Stiftung Bundespräsident-Theodor-Heuss-Haus, Kleine Reihe/Stiftung Bundespräsident-Theodor-Heuss-Haus 24, Stuttgart 2010. Vortrag auf dem Festakt der Stiftung Bundespräsident-Theodor-Heuss-Haus zum 60-jährigen Bestehen des Grundgesetzes am 8. Mai 2009.
Gröschner, Rolf/Lembcke, Oliver W. (Hrsg.), Das Dogma der Unantastbarkeit – Eine Auseinandersetzung mit dem Absolutheitsanspruch der Würde, Politika 2, Mohr Siebeck, Tübingen 2009.
Haft, Fritjof (Hrsg.), Strafgerechtigkeit. Festschrift für Arthur Kaufmann zum 70. Geburtstag, C. F. Müller, Heidelberg 1993.
Hain, Karl-Eberhard, Die Grundsätze des Grundgesetzes – Eine Untersuchung zu Art. 79 Abs. 3 GG, Nomos, Studien und Materialien zur Verfassungsgerichtsbarkeit, Baden-Baden 1999. Zugl.: Göttingen, Univ., Habil.-Schr., 1998.
–: Konkretisierung der Menschenwürde durch Abwägung?, in: Der Staat 45 (2006), S. 189 ff.
Halberstam, Daniel, Desperately Seeking Europe – On Comparative Methodology and the Conception of Rights, in: Int'l J. Const. L. 5 (2007), S. 166 ff.
Haltern, Ulrich R., Die Rule of Law zwischen Theorie und Praxis – Grundrechtsprechung und Verfassungstheorie im Kontext, in: Der Staat 40 (2001), S. 243 ff.
Hanschmann, Felix, Kalkulation des Unverfügbaren – Das Folterverbot in der Neu-Kommentierung von Art. 1 Abs. 1 GG im Maunz-Dürig, in: Beestermöller/Brunkhorst (Hrsg.), Rückkehr der Folter, S. 130 ff.
Hart, Herbert Lionel Adolphus, The Concept of Law, Oxford University Press, Oxford, 2. Aufl. 1994/1997.

Hartmann, Martin/Liptow, Jasper/Willaschek, Markus (*Hrsg.*), Die Gegenwart des Pragmatismus, Suhrkamp Taschenbücher Wissenschaft 2049. Beiträge einer Tagung an der Goethe-Universität Frankfurt am Main im Juni 2007, Suhrkamp, Berlin 2013.

Hassemer, Winfried, Über den argumentativen Umgang mit der Würde des Menschen, in: EuGRZ 2005, S. 300 ff.

–: Unverfügbares im Strafprozeß, in: Kaufmann/Mestmäcker/Zacher (Hrsg.), Festschrift Maihofer, S. 183 ff.

Heckmann, Dirk/Schenke, Ralf P./Sydow, Gernot (*Hrsg.*), Verfassungsstaatlichkeit im Wandel – Festschrift für Thomas Würtenberger zum 70. Geburtstag, Duncker et Humblot, Berlin 2013.

Heinold, Alexander, Die Prinzipientheorie bei Ronald Dworkin und Robert Alexy, Duncker & Humblot, Schriften zur Rechtstheorie, Berlin 2011. zugl.: Erlangen-Nürnberg, Univ., Diss., 2010.

Herberger, Maximilian/Simon, Dieter, Wissenschaftstheorie für Juristen, Metzner, Juristische Lernbücher 15, Frankfurt a.M 1980.

Herdegen, Matthias, Die Garantie der Menschenwürde: absolut und doch differenziert?, in: Gröschner/Lembcke (Hrsg.), Das Dogma der Unantastbarkeit, S. 93 ff.

Hoffmann, Ludger (*Hrsg.*), Sprachwissenschaft – Ein Reader, De Gruyter, Berlin, New York, 2. Aufl. 2000.

Hoffmann-Riem, Wolfgang, Grundrechtsanwendung unter Rationalitätsanspruch – eine Erwiderung auf Kahls Kritik an neueren Ansätzen in der Grundrechtsdogmatik, in: Der Staat 43 (2004), S. 203 ff.

–: Methoden einer anwendungsorientierten Verwaltungsrechtswissenschaft, in: Schmidt-Aßmann/Hoffmann-Riem (Hrsg.), Methoden der Verwaltungsrechtswissenschaft, S. 9 ff.

–: Nachvollziehende Grundrechtskontrolle, in: AöR 128 (2003), S. 173 ff.

Höfling, Wolfram, Die Unantastbarkeit der Menschenwürde – Annäherungen an einen schwierigen Verfassungsrechtssatz, in: JuS 1995, S. 857 ff.

Höfling, Wolfram/Augsberg, Steffen, Luftsicherheit, Grundrechtsregime und Ausnahmezustand, in: JZ 2005, S. 1080 ff.

Hong, Mathias, Caroline von Hannover und die Folgen – Meinungsfreiheit im Mehrebenensystem zwischen Konflikt und Kohärenz, in: EuGRZ 2011, S. 214 ff.

–: Caroline von Hannover und die Folgen – Meinungsfreiheit im Mehrebenensystem zwischen Konflikt und Kohärenz, in: Matz-Lück/Hong (Hrsg.), Grundrechte und Grundfreiheiten im Mehrebenensystem – Konkurrenzen und Interferenzen, S. 251 ff.

–: Das grundgesetzliche Folterverbot und der Menschenwürdegehalt der Grundrechte – Eine verfassungsjuristische Betrachtung, in: Beestermöller/Brunkhorst (Hrsg.), Rückkehr der Folter, S. 24 ff.

–: Der Menschenwürdegehalt der Grundrechte – Grundfragen, Entstehung und Rechtsprechung, Mohr Siebeck, Tübingen 2019.

–: Grundrechte als Instrumente der Risikoallokation, in: Scharrer/Dalibor/Rodi/Fröhlich/Schächterle (Hrsg.), Risiko im Recht – Recht im Risiko, S. 111 ff.

–: Todesstrafenverbot und Folterverbot – Grundrechtliche Menschenwürdegehalte unter dem Grundgesetz, Mohr Siebeck, Tübingen 2019.

Huscroft, Grant/Miller, Bradley W./Webber, Grégoire C. N. (*Hrsg.*), Proportionality and the Rule of Law – Rights, Justification, Reasoning, Cambridge University Press, Cambridge 2014.

Isensee, Josef, Würde des Menschen, in: Merten/Papier (Hrsg.), Handbuch der Grundrechte in Deutschland und Europa, Bd. IV, § 87.
Isensee, Josef/Kirchhof, Paul (Hrsg.), Handbuch des Staatsrechts der Bundesrepublik Deutschland, Bd. IX, C. F. Müller, Heidelberg, 3. Aufl. 2011.
Jackson, Vicki C., Being Proportional about Proportionality, in: Const. Comment. 21 (2004), S. 803 ff.
–: Constitutional Engagement in a Transnational Era, Oxford University Press, Oxford, New York u.a. 2010/2013.
Jansen, Nils, Die Abwägung von Grundrechten, in: Der Staat 36 (1997), S. 27 ff.
–: Die normativen Grundlagen rationalen Abwägens im Recht, in: Sieckmann (Hrsg.), Die Prinzipientheorie der Grundrechte, S. 39 ff.
–: Die Struktur der Gerechtigkeit, Nomos, Studien zur Rechtsphilosophie und Rechtstheorie 16, Baden-Baden 1998. Zugl.: Kiel, Univ., Diss., 1997.
–: Die Struktur rationaler Abwägungen, in: Brockmöller (Hrsg.), Ethische und strukturelle Herausforderungen des Rechts, S. 152 ff.
Jestaedt, Matthias, Glückwunsch – Robert Alexy 70 Jahre alt, in: JZ 2015, S. 823 ff.
–: Grundrechtsentfaltung im Gesetz – Studien zur Interdependenz von Grundrechtsdogmatik und Rechtsgewinnungstheorie, Mohr Siebeck, Jus Publicum 50, Tübingen 1999.
–: Phänomen Bundesverfassungsgericht – Was das Gericht zu dem macht, was es ist, in: *ders.*, Das entgrenzte Gericht, S. 77 ff.
–: The Doctrine of Balancing – its Strengths and Weaknesses, in: Klatt (Hrsg.), Institutionalized Reason, S. 152 ff.
Jestaedt, Matthias/Lepsius, Oliver/Möllers, Christoph/Schönberger, Christoph, Das entgrenzte Gericht – Eine kritische Bilanz nach sechzig Jahren Bundesverfassungsgericht, Edition Suhrkamp, Suhrkamp, Berlin 2011.
Jickeli, Joachim/Kreutz, Peter/Reuter, Dieter (Hrsg.), Gedächtnisschrift für Jürgen Sonnenschein – 22. Januar 1938 bis 6. Dezember 2000. hrsgg. im Auftrag der Rechtswissenschaftlichen Fakultät der Christian-Albrechts-Universität zu Kiel, De Gruyter, Berlin 2003.
Joerden, Jan C., Logik im Recht – Grundlagen und Anwendungsbeispiele, Springer, Berlin, 2. Aufl. 2010.
Kahl, Wolfgang, Vom weiten Schutzbereich zum engen Gewährleistungsgehalt – Kritik einer neuen Richtung der deutschen Grundrechtsdogmatik, in: Der Staat 43 (2004), S. 167 ff.
Kant, Immanuel, Die Metaphysik der Sitten (1797/1798), Suhrkamp, Frankfurt a.M. 1977/1993. Von Wilhelm Weischedel hrsgg. Werkausgabe in 12 Bd., Bd. VIII.
Kaufmann, Arthur/Mestmäcker, Ernst Joachim/Zacher, Hans Friedrich (Hrsg.), Rechtsstaat und Menschenwürde – Festschrift für Werner Maihofer zum 70. Geburtstag, V. Klostermann, Frankfurt am Main 1988.
Keefe, Rosanna, Theories of Vagueness, Cambridge University Press, Cambridge, New York 2000.
Kelsen, Hans, Reine Rechtslehre, Deuticke, Wien, 2. Aufl. 1960.
Kennedy, Christopher, Polar Opposition and the Ontology of „Degrees", in: Linguistics and Philosophy 24 (2001), S. 33 ff.
Klatt, Matthias (Hrsg.), Institutionalized Reason – The Jurisprudence of Robert Alexy, Oxford University Press, Oxford 2012.
–: Integrative Rechtswissenschaft – Methodologische und wissenschaftstheoretische Implikationen der Doppelnatur des Rechts, in: Der Staat 54 (2015), S. 469 ff.

Klatt, Matthias/Meister, Moritz, The Constitutional Structure of Proportionality, Oxford University Press, Oxford 2012.
–: Verhältnismäßigkeit als universelles Verfassungsprinzip, in: Der Staat 51 (2012), S. 159 ff.
Klatt, Matthias/Schmidt, Johannes, Epistemic Discretion in Constitutional Law, in: Int'l J. Const. L. 10 (2012), S. 69 ff.
–: Spielräume im öffentlichen Recht – Zur Abwägungslehre der Prinzipientheorie, Mohr Siebeck, Tübingen 2010.
Klement, Jan Henrik, Common Law Thinking in German Jurisprudence – on Alexy's Principles Theory, in: Klatt (Hrsg.), Institutionalized Reason, S. 173 ff.
–: Schlusswort, in: JZ 2009, S. 561 f.
–: Vom Nutzen einer Theorie, die alles erklärt – Robert Alexys Prinzipientheorie aus der Sicht der Grundrechtsdogmatik, in: JZ 2008, S. 756 ff.
Koch, Hans-Joachim, Die normtheoretische Basis der Abwägung (1996), in: Alexy/Koch/Rüßmann (Hrsg.), Elemente einer juristischen Begründungslehre, S. 235 ff.
Koch, Hans-Joachim/Rüßmann, Helmut, Juristische Methodenlehre und analytische Philosophie, in: Alexy/Dreier/Neumann (Hrsg.), Rechts- und Sozialphilosophie in Deutschland heute, S. 186 ff.
Krawietz, Werner (Hrsg.), Politische Herrschaftsstrukturen und neuer Konstitutionalismus – Iberoamerika und Europa in theorievergleichender Perspektive, Rechtstheorie, Beih. 13, Duncker & Humblot, Berlin 2000.
Kriele, Martin, Grundrechte und demokratischer Gestaltungsraum, in: Isensee/Kirchhof (Hrsg.), Handbuch des Staatsrechts der Bundesrepublik Deutschland, Bd. IX, § 188.
Kuhlen, Lothar, Regel und Fall in der juristischen Methodenlehre (1992), in: Alexy/Koch/Rüßmann (Hrsg.), Elemente einer juristischen Begründungslehre, S. 61 ff.
Kumm, Mattias, Constitutional Rights as Principles – On the Structure and Domain of Constitutional Justice, in: Int'l J. Const. L. 2 (2004), S. 574 ff.
–: Political Liberalism and the Structure of Rights – On the Place and Limits of the Proportionality Requirement, in: Pavlakos (Hrsg.), Law, Rights and Discourse, S. 131 ff.
–: The Idea of Socratic Contestation and the Right to Justification – The Point of Rights-Based Proportionality Review, in: Law & Ethics of Human Rights 4 (2010), S. 141 ff.
Kumm, Mattias/Walen, Alec D., Human Dignity and Proportionality: Deontic Pluralism in Balancing, in: Huscroft/Miller/Webber, Grégoire C. N. (Hrsg.), Proportionality and the Rule of Law, S. 67 ff.
Lange, Friederike Valerie, Grundrechtsbindung des Gesetzgebers – Eine rechtsvergleichende Studie zu Deutschland, Frankreich und den USA, Mohr Siebeck, Grundlagen der Rechtswissenschaft 16, Tübingen 2010. Zugl.: Würzburg, Univ., Diss., 2009.
Larenz, Karl, Methodenlehre der Rechtswissenschaft, Springer, New York, Berlin u.a., 3. Aufl. 1975.
Lepsius, Oliver, Die maßstabsetzende Gewalt, in: ders., Das entgrenzte Gericht, S. 159 ff.
Levinson, Jerrold, Gewirth on Absolute Rights, in: Philosophical Quarterly 32 (1982), S. 73 ff.
Lübbe-Wolff, Gertrude, Rechtsstaat und Ausnahmerecht – Zur Diskussion über die Reichweite des § 34 StGB und über die Notwendigkeit einer verfassungsrechtlichen Regelung des Ausnahmezustandes, in: Zeitschrift für Parlamentsfragen 11 (1980), S. 110 ff.
Luhmann, Niklas, Das Recht der Gesellschaft, Suhrkamp, Frankfurt am Main 1993.

Lyons, John, Bedeutungstheorien (1991), in: Hoffmann (Hrsg.), Sprachwissenschaft, S. 624 ff.
Maihofer, Werner/Sprenger, Gerhard (Hrsg.), Law and the States in Modern Times, ARSP-Beiheft 42, Steiner, Stuttgart 1990.
v. Mangoldt, Hermann/Klein, Friedrich/Starck, Christian/Huber, Peter M./Voßkuhle, Andreas (Hrsg.), Grundgesetz – Kommentar, C. H. Beck, München, 7. Aufl. 2018.
Masing, Johannes, Schmähkritik und Formalbeleidigung – zur Abwägungsdogmatik des Bundesverfassungsgerichts im Recht des Ehrschutzes, in: Bruns/Kern/Münch/Piekenbrock/Stadler/Tsikrikas (Hrsg.), Festschrift Stürner, 1. Teilband, S. 25 ff.
Matz-Lück, Nele/Hong, Mathias (Hrsg.), Grundrechte und Grundfreiheiten im Mehrebenensystem – Konkurrenzen und Interferenzen, Beiträge zum ausländischen öffentlichen Recht und Völkerrecht 229, Springer, Heidelberg 2012.
Maunz, Theodor/Dürig, Günter (Hrsg.), Grundgesetz – Kommentar, begr. v. Theodor Maunz/Günter Dürig, hrsgg. v. Roman Herzog/Rupert Scholz/Matthias Herdegen/ Hans Hugo Klein, in Verbindung mit Peter Badura et al., C. H. Beck, München. Loseblatt, Stand April 2018 (83. Erg.-Lieferung).
Menéndez, Agustín José/Eriksen, Erik Oddvar (Hrsg.), Arguing Fundamental Rights, Springer, New York, Berlin u. a. 2006.
Merten, Detlef/Papier, Hans-Jürgen (Hrsg.), Handbuch der Grundrechte in Deutschland und Europa, Bd. IV, C. F. Müller, Heidelberg 2011.
Michelman, Frank I., Foxy Freedom?, in: Boston University Law Review 90 (2010), S. 949 ff.
Möller, Kai, Balancing and the Structure of Constitutional Rights, in: Int'l J. Const. L. 5 (2007), S. 453 ff.
–: Proportionality and Rights Inflation, in: Huscroft/Miller/Webber, Grégoire C. N. (Hrsg.), Proportionality and the Rule of Law, S. 155 ff.
–: Proportionality: Challenging the Critics, in: Int'l J. Const. L. 10 (2012), S. 709 ff.
–: The Global Model of Constitutional Rights, Oxford University Press, Oxford 2012.
Neumann, Ulfrid, Die Geltung von Regeln, Prinzipien und Elementen, in: Schilcher/Koller/Funk (Hrsg.), Regeln, Prinzipien und Elemente im System des Rechts, S. 115 ff.
–: Juristische Methodenlehre und Theorie der juristischen Argumentation, in: Rechtstheorie 32 (2001), S. 239 ff.
Nida-Rümelin, Julian, Ethische Essays, Suhrkamp, Frankfurt am Main 2002.
–: Rationalität: Kohärenz und Struktur (2000), in: *ders.*, Ethische Essays, S. 174 ff.
Osterkamp, Thomas, Juristische Gerechtigkeit – Rechtswissenschaft jenseits von Positivismus und Naturrecht, Mohr Siebeck, Tübingen 2004. Zugl.: Berlin, Humboldt-Univ., Diss., 2003.
Osterloh, Lerke, Die Verfassung der Freiheit, in: Bundesministerium des Innern (Hrsg.), Bewährung und Herausforderung, S. 79 ff.
Panaccio, Charles-Maxime, In Defence of Two-Step Balancing and Proportionality in Rights Adjudication, in: Canadian J. L. & Jurispr. 2011, S. 109 ff.
Pavlakos, Georg (Hrsg.), Law, Rights and Discourse – The Legal Philosophy of Robert Alexy, Hart Publishing, Oxford 2007.
Petersen, Niels, Verhältnismäßigkeit als Rationalitätskontrolle – Eine rechtsempirische Studie verfassungsgerichtlicher Rechtsprechung zu den Freiheitsgrundrechten, Mohr Siebeck, Jus Publicum 238, Tübingen 2015. Zugl.: Bonn, Univ., Habil.-Schr., 2014.
Philipps, Lothar, Unbestimmte Rechtsbegriffe und Fuzzy Logic, in: Haft (Hrsg.), Strafgerechtigkeit. Festschrift für Arthur Kaufmann zum 70. Geburtstag, S. 265 ff.

Pieroth, Bodo/Schlink, Bernhard, Grundrechte, C. F. Müller, Heidelberg u.a., 27. Aufl. 2011.
Poscher, Ralf, Einsichten, Irrtümer und Selbstmissverständnis der Prinzipientheorie, in: Sieckmann (Hrsg.), Die Prinzipientheorie der Grundrechte, S. 69 ff.
–: Menschenwürde als Tabu – Die verdeckte Rationalität eines absoluten Rechtsverbots der Folter, in: Beestermöller/Brunkhorst (Hrsg.), Rückkehr der Folter, S. 75 ff.
–: The Principles Theory – How Many Theories and What is their Merit?, in: Klatt (Hrsg.), Institutionalized Reason, S. 218 ff.
–: Theorie eines Phantoms – Die erfolglose Suche der Prinzipientheorie nach ihrem Gegenstand, in: Rechtswissenschaft 1 (2010), S. 349 ff.
Raabe, Marius, Grundrechte und Erkenntnis – Der Einschätzungsspielraum des Gesetzgebers, Nomos, Kieler rechtswissenschaftliche Abhandlungen 15, Baden-Baden 1998. Zugl.: Kiel, Univ., Diss., 1997.
Rawls, John, Der Gedanke eines übergreifenden Konsenses, in: *ders.*, Die Idee des politischen Liberalismus, S. 293 ff.
–: Die Idee des politischen Liberalismus – Aufsätze 1978–1989, Suhrkamp, Frankfurt am Main 1994.
–: Political Liberalism, Columbia Univ. Pr., New York 1996.
Reimer, Franz, Verfassungsprinzipien: ein Normtyp im Grundgesetz, Schriften zum Öffentlichen Recht 857, Berlin. Teilw. zugl.: Freiburg (Breisgau), Univ., Diss., 2000 u.d.T.: Zum Verfassungsprinzip als Normtyp im Grundgesetz für die Bundesrepublik Deutschland.
Reimer, Philipp, „… und machet zu Jüngern alle Völker"? Von „universellen Verfassungsprinzipien" und der Weltmission der Prinzipientheorie der Grundrechte, in: Der Staat 52 (2013), S. 27 ff.
Riehm, Thomas, Abwägungsentscheidungen in der praktischen Rechtsanwendung – Argumentation, Beweis, Wertung, Beck, Münchener Universitätsschriften: Reihe der Juristischen Fakultät 212, München 2006. Zugl.: München, Univ., Diss., 2006.
Röhl, Klaus F./Röhl, Hans Christian, Allgemeine Rechtslehre – Ein Lehrbuch, Carl Heymanns Verlag, Köln, München u.a., 3. Aufl. 2008.
Rühl, Ulli F. H, Tatsachen – Interpretationen – Wertungen – Grundfragen einer anwendungsorientierten Grundrechtsdogmatik der Meinungsfreiheit, Nomos, Baden-Baden 1998. Zugl.: Bielefeld, Univ., Habil.-Schr., 1997.
Rusteberg, Benjamin, Der grundrechtliche Gewährleistungsgehalt – Eine veränderte Perspektive auf die Grundrechtsdogmatik durch eine präzise Schutzbereichsbestimmung, Studien und Beiträge zum öffentlichen Recht 1, Tübingen. Zugl.: Freiburg i.Br., Univ., Diss., 2008.
Rüthers, Bernd, Entartetes Recht – Rechtslehren und Kronjuristen im Dritten Reich, C. H. Beck, München, 2. Aufl. 1989.
Rüthers, Bernd/Fischer, Christian/Birk, Axel, Rechtstheorie – mit juristischer Methodenlehre, C. H. Beck, München, 10. Aufl. 2018.
Sauer, Heiko, Jurisdiktionskonflikte in Mehrebenensystemen – Die Entwicklung eines Modells zur Lösung von Konflikten zwischen Gerichten unterschiedlicher Ebenen in vernetzten Rechtsordnungen, Springer, Beiträge zum ausländischen öffentlichen Recht und Völkerrecht 195, Berlin u.a. 2008. Teilw. zugl. Düsseldorf, Univ., Diss., 2005.
Saurer, Johannes, Die Globalisierung des Verhältnismäßigkeitsgrundsatzes, in: Der Staat 51 (2012), S. 3 ff.

Scalia, Antonin, The Rule of Law as a Law of Rules, in: U. Chi. L. Rev. 56 (1989), S. 1175 ff.
Scharrer, Jörg/Dalibor, Marcel/Rodi, Katja/Fröhlich, Katja/Schächterle, Paul (Hrsg.), Risiko im Recht – Recht im Risiko – 50. Assistententagung Öffentliches Recht. Tagung der wissenschaftlichen Mitarbeiterinnen und Mitarbeiter, wissenschaftlichen Assistentinnen und Assistenten vom 23. bis 26. Februar 2010 in Greifswald, Nomos, Baden-Baden 2011.
Schauer, Frederick, Balancing, Subsumption, and the Constraining Role of Legal Text, in: Klatt (Hrsg.), Institutionalized Reason, S. 307 ff.
Schefer, Markus, Die Kerngehalte von Grundrechten – Geltung, Dogmatik, inhaltliche Ausgestaltung, Stämpfli, Bern 2001.
Schilcher, Bernd/Koller, Peter/Funk, Bernd-Christian (Hrsg.), Regeln, Prinzipien und Elemente im System des Rechts, Verlag Österreich, Wien 2000.
Schladebach, Marcus, Praktische Konkordanz als verfassungsrechtliches Kollisionsprinzip – Eine Verteidigung, in: Der Staat 53 (2014), S. 263 ff.
Schliesky, Utz/Ernst, Christian/Schulz, Sönke E. (Hrsg.), Die Freiheit des Menschen in Kommune, Staat und Europa – Festschrift für Edzard Schmidt-Jortzig, Müller, Heidelberg 2011.
Schlink, Bernhard, Abwägung im Verfassungsrecht, Duncker & Humblot, Berlin 1976. Zugl.: Heidelberg, Univ., Diss., 1975.
–: Der Grundsatz der Verhältnismäßigkeit, in: Badura/Dreier (Hrsg.), Festschrift 50 Jahre Bundesverfassungsgericht, Bd. 2, S. 445 ff.
Schmidt-Aßmann, Eberhard/Hoffmann-Riem, Wolfgang (Hrsg.), Methoden der Verwaltungsrechtswissenschaft, Schriften zur Reform des Verwaltungsrechts 10, Nomos, Baden-Baden 2004.
Schnädelbach, Herbert, Hegels Lehre von der Wahrheit – Berliner Antrittsvorlesung (1996), in: *ders.*, Philosophie in der modernen Kultur, S. 64 ff.
–: Philosophie in der modernen Kultur, Suhrkamp, Frankfurt am Main 2000.
–: Rationalitätstypen (1998), in: *ders.*, Philosophie in der modernen Kultur, S. 256 ff.
Schröder, Meinhard, Die Je-desto-Formel des Bundesverfassungsgerichts in der Esra-Entscheidung und ihre Bedeutung für Grundrechtsabwägungen, in: DVBl. 2008, S. 146 ff.
Schwarze, Christoph, Stereotyp und lexikalische Bedeutung (1982), in: Hoffmann (Hrsg.), Sprachwissenschaft, S. 714 ff.
Sen, Amartya, The Possibility of Social Choice, in: The American Economic Review 89 (1999), S. 349 ff.
Sieckmann, Jan-Reinard, Autonome Abwägung, in: ARSP 90 (2004).
–: (Hrsg.), Die Prinzipientheorie der Grundrechte – Studien zur Grundrechtstheorie Robert Alexys, Nomos, Baden-Baden 2007.
–: Grundrechte als Prinzipien, in: Sieckmann (Hrsg.), Die Prinzipientheorie der Grundrechte, S. 17 ff.
–: Modelle des Eigentumsschutzes – Eine Untersuchung zur Eigentumsgarantie des Art. 14 GG, Nomos, Kieler rechtswissenschaftliche Abhandlungen 14, Baden-Baden 1998. Zugl.: Kiel, Univ., Habil.-Schr., 1997.
–: Prinzipien, ideales Sollen und normative Argumente, in: ARSP 97 (2011), S. 178 ff.
–: Regelmodelle und Prinzipienmodelle des Rechtssystems, Nomos, Studien zur Rechtsphilosophie und Rechtstheorie 1, Baden-Baden 1990. Zugl.: Kiel, Univ., Diss., 1987/88.
–: Zum Nutzen der Prinzipientheorie für die Grundrechtsdogmatik – Zu Jan Henrik Klement JZ 2008 756; Erwiderung, in: JZ 2009, S. 557 ff.
–: Zur Begründung von Abwägungsurteilen, in: Rechtstheorie 26 (1995), S. 45 ff.

Sorensen, Roy A., Vagueness and Contradiction, Oxford University Press, Oxford, New York 2001.
Spaemann, Robert, Über den Begriff der Menschenwürde, in: Böckenförde/Spaemann (Hrsg.), Menschenrechte und Menschenwürde, S. 295 ff.
Stone Sweet, Alec/Mathews, Jud, All Things in Proportion? American Rights Doctrine and the Problem of Balancing, in: Emory L. J., S. 797 ff.
–: Proportionality, Balancing and Global Constitutionalism, in: Columbia Journal of Transnational Law 47 (2008), S. 72 ff.
Sullivan, Kathleen M., The Supreme Court 1991 Term – Foreword: The Justices of Rules and Standards, in: Harvard L. Rev. 106 (1992), S. 22 ff.
Teifke, Nils, Das Prinzip Menschenwürde – Zur Abwägungsfähigkeit des Höchstrangigen, Mohr Siebeck, Tübingen 2011. Zugl.: Kiel, Univ., Diss.
Trstenjak, Verica/Beysen, Erwin, Das Prinzip der Verhältnismäßigkeit in der Unionsrechtsordnung, in: EuR 2012, S. 265 ff.
v. Bernstorff, Jochen, Der Streit um die Menschenwürde im Grund- und Menschenrechtsschutz: Eine Verteidigung des Absoluten als Grenze und Auftrag, in: JZ 2013, S. 905 ff.
Verfassungskonvent auf Herrenchiemsee, Protokolle der Sitzungen der Unterausschüsse – Unterausschuss I: Grundsatzfragen 1948. Ablichtungen durch das Bundesarchiv, Koblenz, Bestandssignaturen Z 12/26 und Z 12/27.
Vogel, Hans Jochen/Simon, Helmut/Podlech, Adalbert (Hrsg.), Die Freiheit des Anderen – Festschrift für Martin Hirsch, Nomos, Baden-Baden 1981.
Wahl, Rainer, Der Grundsatz der Verhältnismäßigkeit – Ausgangslage und Gegenwartsproblematik, in: Heckmann/Schenke/Sydow (Hrsg.), Festschrift Würtenberger, S. 823 ff.
Walcke-Wulffen, Jörg von, Bestimmung der Rechtsqualität des Menschenwürdeanspruchs gemäß Artikel 1 Absatz 1 Grundgesetz – ein Schritt zur Verrechtlichung der Menschenwürde, Kovac, Schriftenreihe Verfassungsrecht in Forschung und Praxis 84, Hamburg 2011. Zugl.: Diss., Univ., Hamburg 2010.
Willaschek, Markus, Bedingtes Vertrauen – Auf dem Weg zu einer pragmatistischen Transformation der Metaphysik, in: Hartmann/Liptow/Willaschek (Hrsg.), Die Gegenwart des Pragmatismus, S. 97 ff.
Wittreck, Fabian, Achtungs- gegen Schutzpflicht? – Zur Diskussion um Menschenwürde und Folterverbot, in: Blaschke/Förster/Lumpp/Schmidt (Hrsg.), Sicherheit statt Freiheit?, S. 161 ff.
–: Menschenwürde und Folterverbot – Zum Dogma von der ausnahmslosen Unabwägbarkeit des Art. 1 Abs. 1 GG, in: DÖV 2003, S. 873 ff.

Sachregister

absolute Rechte *siehe* abwägungsfeste Rechte
abwägungsfeste Rechte *siehe* fallbezogene Normen
- als Ergebnis einer Abwägung von Grundsatznormen 5, 52, 145, 159, 161
- Definition 168
- Indifferenzkurve einer Grundsatznorm (Grafik 2 und 3) 165, 166
- kein unendliches Gewicht nötig 166
- Kollisionsverhalten 167
- und Einzelfallprüfung 173
Abwägungsgesetze und Gewichtsformel
- Alexysche 39
- Alexysche (mit Unschärfebedingung) 57
- für Grundsatznormen (ohne Unschärfebedingung und mit Aushärtungsklausel) 157
Alexysche Unschärfe (von Prinzipien) 50, 102, 123, 130, 133, 153, 159, 167, 173

Beweisbarkeitsthese *siehe* Eindeutigkeitsthese

Distinguishing versus Overruling 134, 173

Eingriffsschwellen 176
Exklusivitätsthese (Alexys) 3, 32, 58, 69, 106, 107, 117
- Zurückweisung 125
Exklusivitätsthese (bei anderen Prinzipientheoretikern als Alexy) 137

fixation thesis *siehe* Originalism

Folter (bei Alexy) 120
Folterverbot *siehe* Misshandlungsverbot (Art. 104 Abs. 1 Satz 2 GG)

Indifferenzkurven *siehe* abwägungsfeste Rechte
innentheoretische Rechte (nach Borowski) 169
- und Kollisionen 170

Kernpositionsthese (Alexys) 112, 116, 118, 122
- Zurückweisung 132
Kernpositionsthese (bei anderen Prinzipientheoretikern als Alexy) 137
Kollisionsgesetz
- für Grundsatznormen (ohne Unschärfebedingung und mit Aushärtungsklausel) 157

Menschenwürde (bei Alexy) 113

Optimierungsgebote 35
- Regelcharakter 75

Prinzipientheorie (Alexysche)
- keine Theorie ohne Gegenstand (Poschers Einwand) 100

Sorites-Paradox 179

Trennungsthese
- norminhaltliche (statt normstruktureller) 102
Typusdenken 174

Jus Publicum

Beiträge zum Öffentlichen Recht

Die Schriftenreihe *Jus Publicum. Beiträge zum öffentlichen Recht* (JusPubl) soll den öffentlichrechtlichen Habilitationsschriften, aber auch Monographien der Ordinarien, eine ansprechende Heimstatt geben. Die Reihe deckt die „klassischen" Felder des öffentlichen Rechts ab, insbesondere also das Verfassungsrecht (einschließlich Grundrechtstheorie, Methodenlehre und Allgemeiner Staatslehre) und das Verwaltungsrecht. Das schließt fächerübergreifende, aber auch fachgebietsübergreifende Themenstellungen nicht aus, solange der Schwerpunkt der Arbeit im Öffentlichen Recht zu finden ist. Kaum eine Arbeit beschränkt sich auf das deutsche Recht, denn die Fragestellungen sind oft vom Europarecht beeinflusst und auch der rechtsvergleichende Blick in fremde Rechtsordnungen gewinnt zunehmend an Bedeutung; dies gilt auch für das Völkerrecht. Die anspruchsvolle und auch äußerlich ansprechende Reihe bietet mehr als nur einen zufälligen Ausschnitt gegenwärtiger Forschung im öffentlichen Recht: Sie spiegelt auch den Standard dessen wider, was (öffentlichrechtliche) Rechtswissenschaft gegenwärtig in Deutschland bedeutet und ist deshalb schon in kurzer Zeit im In- und Ausland zu einem Begriff geworden.

ISSN: 0941-0503
Zitiervorschlag: JusPubl

Alle lieferbaren Bände finden Sie unter *www.mohrsiebeck.com/juspubl*

Mohr Siebeck
www.mohrsiebeck.com